本书为贵州省高校乡村振兴研究中心研究成果，获得贵州乡村振兴 2011 协同创新中心、贵州省高校人文社会科学重点研究基地、贵州省哲学社会科学 2021 年度十大创新团队、贵州省人文社科示范基地等相关项目经费资助

贵州易地扶贫搬迁移民可持续生计研究

贾效儒 / 著

贵州大學出版社
Guizhou University Press
· 贵 阳 ·

图书在版编目（CIP）数据

贵州易地扶贫搬迁移民可持续生计研究 / 贾效儒著．贵阳：贵州大学出版社，2024．7．-- ISBN 978-7-5691-0937-5

Ⅰ．F127.73；D632.4

中国国家版本馆 CIP 数据核字第 20248CM570 号

贵州易地扶贫搬迁移民可持续生计研究

著　　者：贾效儒

出 版 人：闵　军
责任编辑：杨小娟
装帧设计：陈　艺　方国进

出版发行：贵州大学出版社有限责任公司
地址：贵阳市花溪区贵州大学东校区出版大楼
邮编：550025　电话：0851-88291180
印　　刷：贵州思捷华彩印刷有限公司
开　　本：720 毫米 ×1000 毫米　1/16
印　　张：18
字　　数：277 千字
版　　次：2024 年 7 月第 1 版
印　　次：2024 年 7 月第 1 次印刷

书　　号：ISBN 978-7-5691-0937-5
定　　价：54.00 元

前　言

我国的易地扶贫搬迁历经了初步探索、试点推进、全面推进和决胜脱贫攻坚四个阶段，已经由最初的地方区域性探索实践工程上升至“十三五”期间由国家顶层设计并广泛推行的系统性扶贫工程。其目标是从根本上“拔穷根”，出发点是从源头解决人与环境的矛盾，基本路径是从过程中促进城乡公共服务均等化，最终的落脚点是从结果上紧抓“扶人”根本、实现人的发展。随着我国易地扶贫搬迁工程的顺利推进和阶段性目标的顺利实现，围绕易地扶贫搬迁的学术成果也不断涌现，但其研究的重点主要集中在政策回顾、背景解读和脱贫总结等方面。相比之下，围绕易地扶贫搬迁移民后续生计发展的研究成果略有欠缺。而“十三五”期间大规模搬迁的易地扶贫人口能否在迁入地“落地生根”，其生计能否可持续发展，直接关系着国家脱贫攻坚成果的巩固和乡村振兴战略的有序展开。基于此，笔者选择以全国贫困面最大，贫困程度最深，贫困人口、减贫人数、易地扶贫搬迁人口最多的贵州省为研究区域，专门研究该区域易地扶贫搬迁移民的可持续生计。

本书共七章。第一章：绪论。主要内容包括问题的提出及研究意义、国内外研究现状、基本概念及理论基础。重点内容是提出研究问题，并在详细梳理和分析国内外相关文献的基础上界定核心概念和分析基础理论。第二章：研究设计及研究情况介绍。主要介绍研究方法及内容、变量及研究假设、抽样及研究过程。重点内容是借鉴已有研究成果及借助 DFID（英国国际发展署）可持续生计框架设计调查问卷、关键变量和研究指标体系，并从研究准备、实地研究和研究总结三个阶段简要介绍研究历程。第三章至第七章为本书的主体部分。其中，第三章分析贵州易地扶贫搬迁移民生计资本现状。第三章在分析调查样本区移民搬迁基本情况及对比搬迁前后基本条件的基础上，以 DFID 可持续生计框架为理论分析框架，从自然资本、物质资本、人力资本、社会资本和金融资本五个维度定性分析移民的生计基本情况和定量研究移民的生计资本水平。第四章研究贵州易地扶贫搬迁移民生计发展现状。第四章主要分析移民的生计策略、生计结果以及生计所面临的主要问题。即，采用比较法定性分析搬迁前后移民家庭生计模式及收支变化情况，采用回归分析法分析生计资本对生计策略、生计结果的影响，最后从政府、社会及移民三个层面分析移民生计面临的主要问题。第五章：贵州易地扶贫搬迁移民生计可持续发展模式构建。第五章首先介绍宁夏吊庄及贵州塘约两个成功的生计发展模式，其次分析移民目前的生计资本组合方式和可供移民选择的可持续生计资本组合，最后探讨移民可持续生计的基本架构、驱动机制和拟达到的生计发展目标。第六章探讨贵州易地扶贫搬迁移民的生计可持续发展路径。第六章在分析提升移民生计可持续发展能力可行性的基础上，从政府、社会及移民三个层面寻求移民生计可持续发展的具体路径。第七章：总结与思考。主要内容为回顾研究历程、总结研究存在的问题和不足、展望未来此领域的研究动向。

本书紧跟国内有关易地扶贫搬迁的研究前沿，从贵州易地扶贫搬迁移民的生计资本水平出发，并紧紧抓住移民后续发展中的生计这一核心构建移民的生计可持续发展模式和寻求实现移民生计可持续发展的现实路径，并且有针对性地提出了一些实现移民生计可持续发展的策略，希望能够为贵州易地扶贫搬迁后续工作的顺利有序推进提供一定的理论指导和实践借鉴。鉴于笔者的研究能力和写作水平有限，书中难免会存在一些问题和不足，敬请广大读者批评指正。

本书由安顺学院乡村振兴专项经费资助出版，在此向安顺学院及安顺学院科研处表示衷心的感谢！本书在研究和撰写过程中得到了安顺学院研究生教育工作办公室主任李仕蓉教授、安顺学院马克思主义学院专职副书记潘光才副教授的倾心指导和鼎力帮助，在此向两位老师表示衷心的感谢！另外，本书的成果中也凝聚了笔者所指导毕业论文的社会工作专业学生的辛劳和汗水。他们是 2017 级的张鹏飞和 2018 级的田仁林、姚杨、王定华、龚林玉、黄爱华、龙燕，在此一并致谢！同时，向为本书的出版付出辛勤劳动的安顺学院科研处的从春蕾老师、贵州大学出版社的编辑表示最诚挚的谢意！

目　　录

第一章　绪论

第一节　问题的提出及研究意义

一、问题的提出

易地扶贫搬迁是以减贫为目的，将居住在生态环境恶劣地区的贫困人口迁移到自然条件较好地区，以及与此联系的社会经济系统重建活动。[①] 而党中央、国务院提出的从根本上解决“一方水土养不起一方人”的专项扶贫工程，更是一种能够有效改善扶贫开发与生态环境之间紧张关系的新型扶贫方式。[②]1982年12月，国务院启动实施的甘肃河西地区、定西地区和宁夏西海固地区（简称“三西”）农业建设扶贫工程，首开中国乃至人类历史上有计划、有组织、大规模“开发式扶贫”的先河。[③] 此后，全国各地开始竞相探寻适宜本地区发展的易地扶贫搬迁模式。[④]20世纪八九十年代中期，这种开发式扶贫工程主要在粤北、广西的部分地区实施；20世纪90年代末至21世纪初，开发式易地扶贫搬迁模式逐渐在全国铺开。从2001年开始，国家发展和改革委员会安排专

---

① 郑瑞强、王英、张春美：《扶贫移民适应期生计风险、扶持资源承接与政策优化》，《华中农业大学学报（社会科学版）》2015年第4期。

② 许源源、熊瑛：《易地扶贫搬迁研究述评》，《西北农林科技大学学报（社会科学版）》2018年第3期。

③ 李从军、刘思扬、朱玉等：《“三西”扶贫记》，《光明日报》2012年6月21日。

④ 卢岳华：《全面建设小康社会与我国中西部农村扶贫开发的思考》，《求索》2004年第2期。

项资金，组织开展全国范围内的易地扶贫搬迁试点工程。2015 年 10 月，习近平同志在减贫与发展高层论坛上正式明确了易地扶贫搬迁的重要地位，而且首次提出的“五个一批”（发展生产脱贫一批、易地搬迁脱贫一批、生态补偿脱贫一批、发展教育脱贫一批、社会保障兜底一批）开辟了中国特色精准扶贫、有效脱贫的新道路。[①] 同年 11 月的中央扶贫开发会议和 12 月的全国易地扶贫搬迁工作电视电话会议，将易地扶贫搬迁工作推向了一个新高潮。[②]2016 年年初，国家在出台的《“十三五”时期易地扶贫搬迁工作方案》中明确提出，用 5 年时间对“一方水土养不起一方人”地方的建档立卡贫困人口实施易地扶贫搬迁，旨在帮助生存在恶劣条件中的 1000 万贫困人口“挪穷窝、换穷业、拔穷根”，帮助他们与全国人民同步进入小康社会。2018 年 12 月 18 日，财政部、国家税务总局联合发布通知，明确易地扶贫搬迁有关税收优惠政策，助力易地扶贫搬迁工作。在 2015—2019 年的 5 年时间里，全国共完成 930 万人易地扶贫搬迁，建成集中安置区 3.9 万个，建成安置住房 260 多万套，建档立卡贫困人口从 5575 万人减少到 551 万人。全国的减贫成效也非常显著，贫困人口从 2012 年底的 9899 万人减少到 2019 年底的 551 万人，连续 7 年减贫 1000 万人以上，贫困发生率由 10.2% 降至 0.6%，区域性整体贫困基本得到解决，贫困地区基本生产生活条件也明显改善。2020 年，随着全面脱贫攻坚战的圆满收官，我国实现了绝对贫困的历史性消除，而作为“五个一批”中脱贫措施之一的易地扶贫搬迁，不仅解决了近 1000 万贫困群众“两不愁三保障”问题，还通过挪穷窝、换穷业、拔穷根，从根本上阻断了贫困的代际传递，取得了良好的经济、社会和生态效益。[③]

综上所述，经过几十年的实践，我国的易地扶贫搬迁先后经历了由试点到

---

① 习近平：《携手消除贫困　促进共同发展——在 2015 减贫与发展高层论坛的主旨演讲》，中国共产党新闻网：http://cpc.people.com.cn/n/2015/1017/c64094-27709104.html。

② 汪洋：《攻坚克难 扎实工作 确保易地扶贫搬迁顺利推进》，《学习与研究》2016 年第 3 期。

③ 《全国易地扶贫搬迁工作进入收尾阶段》，中国经济网：http://tuopin.ce.cn/zg/202006/15/t20200615_35136410.shtml。

推广，再到大范围、大规模实施的发展历程并取得了显著成效，在全面建成小康社会进程中成为全面打赢脱贫攻坚战的关键性有力举措之一。同时，易地扶贫搬迁也是一项系统工程，需要不断完善移民搬迁扶持政策，确保搬迁群众“搬得出、稳得住、能致富”①。“搬得出、稳得住、能致富”作为易地扶贫搬迁工作中三个环环相扣、紧密相连的环节，它们各自的含义为：“搬得出”是易地扶贫的基础，如果老百姓“搬得出”，说明他们认可易地扶贫搬迁政策；“稳得住”是易地扶贫的保障，“稳得住”说明后续服务做得好；“能致富”是易地扶贫的目标，如果在迁入地移民生活富裕了，说明对他们的就业创业工作抓得到位。同时，“搬得出、稳得住、能致富”在逻辑上还有上下篇之分。其中，“搬得出”为上篇，决定着整个搬迁工程的规模：“稳得住”“能致富”为下篇，决定着整个搬迁工程的成功。

作为全国脱贫攻坚主战场之一的贵州省，其易地搬迁脱贫这场硬仗打得很彻底，所取得的成效也非常显著。截至2019年底，贵州省全面完成188万人的易地扶贫搬迁②，非常出色地谱写出了易地扶贫搬迁工程的“搬得出”之上篇，广大易地搬迁移民的生活也从此翻开了崭新的一页。但是，这些移民如何在迁入地“落地生根”，完全依赖于易地扶贫搬迁工程的“稳得住”“能致富”之下篇。笔者曾于2018年年末至2019年年初的几个月时间里，参与了贵州民族大学原副校长、博士生导师吴晓萍教授主持的国家社科基金重点项目“西南民族地区生态移民的社会适应研究”③的后期数据统计分析等工作④，对贵州省易地搬迁后续大考验的感触颇深：贵州省易地扶贫搬迁移民的经济适应总

---

① 李丁乔：《既要搬得出也要稳得住，更要能致富》，中国新闻网：https://www.chinanews.com.cn/gn/2020/06-11/9209967.shtml。

② 马刚：《奇迹是这样炼成的——写在贵州全面完成188万人易地扶贫搬迁之际》，《当代贵州》2020年第3期。

③ 该项目已于2019年9月结项，项目代码为14ASH010。

④ 吴晓萍、刘辉武等：《西南民族地区易地扶贫搬迁移民的社会适应研究》，人民出版社，2021，第62—63页。

体水平不高，部分搬迁移民有返贫迹象或已经返贫。导致移民返贫的主要原因一方面是移民的生计资本缺乏或不足。具体表现为：一是因健康问题、智力问题、教育程度问题等引起的劳动力缺乏，影响了人力资本的提升；二是许多家庭搬迁后建房带来了沉重的家庭债务，导致金融资本不足；三是政府对许多移民实行无土集中安置，导致移民在安置区缺少赖以生存的土地等基本生产生活资源，即自然资本不足；四是移民与本地居民的交往呈现浅层化状态，其在迁入地未能有效构建起社会资本而得不到有效的社会支持。另一方面，移民安置点的后续产业发展不足，导致移民就业不足，收入来源少且不稳定。部分移民在搬迁后每天奔波于原住地与安置点之间，为保障家庭的最低生活需求而在原住地从事农业生产活动。总体来看，贵州省较大比例的移民还未真正找到比较稳定的可持续生计方式，生计困难（挣钱难）仍是他们生活中面临的最大困难。值得注意的是，各级政府针对移居到迁入地不久的移民的后续帮扶也是比较有限的，而且有些帮扶措施缺乏有效性。另外，政府规划中提及比较多的职业培训既不普遍也缺乏效率。其他一些措施或者停留在规划层面，或者缺乏实施的保障条件。西南民族地区易地扶贫搬迁移民的经济适应状况给笔者的启示是，贵州省易地扶贫搬迁后续工作还需进一步经历“稳得住”“能致富”的大考验。因为，仅仅依靠易地扶贫搬迁不一定能够完全改变搬迁对象原有的生产生活面貌，不一定能让他们真正走上致富路。在这种形势下，政府及全社会对移民的后续帮扶就理所当然地成为需要不断加强的关键性工作。因此，习近平同志 2021 年 2 月 25 日在《在全国脱贫攻坚总结表彰大会上的讲话》中指出：“对脱贫地区产业要长期培育和支持，促进内生可持续发展。对易地扶贫搬迁群众要搞好后续扶持，多渠道促进就业，强化社会管理，促进社会融入。对脱贫县要扶上马送一程，设立过渡期，保持主要帮扶政策总体稳定。”而关于贵州省易地扶贫搬迁移民的后续发展，笔者进一步思考的问题是，如何促进易地扶贫搬迁移民的“内生可持续发展”？如何搞好对易地扶贫搬迁群众的后续扶持，多渠道促进他们就业，强化对移民社区的管理，促进移民的社会融入？如何有针对性地将移民社区“扶上马送一程，设立过渡期，保持主要帮扶政策总体稳定”？等等。

以上这些问题，是关乎贵州易地扶贫搬迁移民能否真正实现“有出路、能发展、能致富”之生计发展目标的关键性大问题。带着这些问题，笔者以贵州省易地扶贫搬迁工程试点运行以来的易地扶贫搬迁移民为研究对象，以“精准扶贫”期间建档立卡、无土集中安置在县城的移民为研究重点，以深入剖析易地扶贫搬迁移民所面临的生计问题和探求其生计可持续发展路径为主要研究内容，开启了寻求答案的学术研究之旅。

二、研究意义

在“一方水土养不起一方人”地区的经济、人口、环境之间的矛盾不断凸显的大背景下，我国所实施的易地扶贫搬迁工程对于有效解决这些矛盾和保障移民“稳发展、能致富”具有十分重大的战略性意义和无可厚非的划时代意义。在此基础上，研究贵州易地扶贫搬迁移民的生计可持续发展具有非常重要的理论和实践意义。

（一）理论意义

从理论层面来看，围绕贵州易地扶贫搬迁移民的生产生活实际，深入研究移民的生计可持续发展现状及问题，以及寻求移民生计可持续发展的路径，一方面，能够为贵州易地扶贫搬迁移民的后续扶持工作思路寻找事实依据和提供理论支撑。另一方面，研究贵州易地扶贫搬迁移民的生计可持续发展，有助于社会学、民族学、经济学等交叉学科理论知识的运用和深化有关理论。即，运用以上交叉学科知识和理论分析解释移民生计发展方面存在的问题和深入剖析问题的根源，不断拓展有关理论的适用领域，以便能够促进贵州本土化的易地扶贫搬迁移民生计可持续发展理论的形成。

（二）实践意义

从实践层面来看，在深入分析贵州易地扶贫搬迁移民生计资本及生计发展现状的基础上，通过大量的实证研究，深层次破解制约移民生计可持续发展的瓶颈性难题，并围绕问题有针对性地提出可供参考和实践的移民生计可持续发展路径，对于今后有关易地扶贫搬迁移民后续发展的研究，乃至易地扶贫搬迁移民生计可持续发展模式的进一步构建和运用，以及易地扶贫搬迁移民生计发展目标的实现等，均具有一定的实践指导价值。

第二节　国内外研究现状

一、国外研究现状

（一）关于易地搬迁移民的相关研究

1. 关于移民及移民迁移的相关研究

国外学者对于人口迁移以及人口迁移的原因等进行系统研究，大约是从18世纪后期开始的。如，亚当·斯密（Adam Smith）(1776）在其《国富论》中首次对移民的具体概念做了界定。[①]但直到20世纪初，国外学者才开始对自然环境对移民产生的影响展开研究，并在随后将研究方向汇聚在移民迁移动因和整合两方面。[②]美国科学家考尔斯于21世纪初首次提出“易地扶贫搬迁”这一完整概念。[③]在考尔斯看来，为了让贫困区域的自然环境不受破坏，而且在保护迁入地的生态环境的基础上，将贫困区域超出环境承载力的人口迁移到生态良好、承载能力高的地区的过程称为易地扶贫搬迁。[④]当然，也有学者认为，易地搬迁不仅是一个与环境密切相关的过程，而且还是容易引发许多社会

---

① 亚当·斯密：《国富论》，富强译，陕西师范大学出版社，2010，第196页。

② 陈梓焓：《贵州省易地移民生计可持续性研究》，硕士学位论文，贵州大学，2018，第3页。

③ 王永平、周丕东、黄海燕等：《生态移民与少数民族传统生产生活方式的转型研究——基于贵州世居少数民族生态移民的调研》，科学出版社，2014，第96页。

④ Jan Hesselberg, JosephA, “An Assessment of the Extent and Causes of Food Insecurity in Northern Ghana Using a Livelihood Vulnerability Framework,”*Geo Journal* 67(2006): 41-45.

问题及涉及经济、社会、环境等多个领域的工程。[①]

2. 关于移民迁移的动力研究

英国学者雷文斯坦（E. G. Ravenstien）最早研究了人口迁移。该学者在1885年发表的一篇题为《人口迁移之规律》的论文中阐述了人口迁移规律，并提出了著名的迁移法则，从而奠定了人口迁移“推-拉”理论的基础。[②]20世纪60年代，博格（D. J. Bagne）在以上人口迁移规律的基础上提出了推拉理论。在巴格纳看来，改善生活条件是人口流动的目的所在，流动的拉力是流入地那些有利于改善生活条件的因素，推力是流出地不利的生活条件，在这两股力量的前拉后推下人口流向生活条件好的地方。[③] 在此基础上，美国学者E.S.Lee提出了系统的人口迁移理论——“推拉理论”。[④]

3. 关于移民迁移的原因等的研究

联合国人口基金的Richard Leete等专家专门研究了世界移民、自然环境和贫穷之间的内在联系，最后得出了这样的结论：全世界2500万左右的移民搬迁的原因是，恶劣的自然环境导致移民因贫困而通过搬迁另谋生计。[⑤]Meisner等人研究发现，历史及制度因素在老挝与柬埔寨的生态环境与贫困间的关系方面起到了重要作用。[⑥]Alexandra Winkels等认为移民虽为重要的生存策略，但有利有弊，移民只有正确评估迁移所带来的不利因素，才能在

---

① Michael M Cernea, “For a New Economics of Resettlement: A Sociological Critique of the Compensation Principle,” *International Social Science Journal* 55(2003): 37-45.

② E. G. Ravenstein, “The Laws of Migration,” *Journal of the Statistical Society of London* 48, no.2(1885): 167-235.

③ D. J. Bagne, *Principles of Demography* (New York:Johnson Wiley and Sons, 1969), p.96.

④ E.S.Lee, “A theory of Migration,”*Demography* 3, no.1(1966): 47-57.

⑤ Leete R.,“Perlis’s Human Development Progress and Challenges,”*United Nations Development Programme* 17(2005): 222.

⑥ Dasgupta S.,Deichmann U.,Meisner C.,Wheeler D.,“Where is the Poverty-environment Nexus?Evidence from Cambodia, Lao PDR, and Vietnam,”*World Development* 33, no.4(2005): 617-638.

迁移后更好地生活。[①] 国际移民组织于 2007 年准确定义了易地移民搬迁，认为由于原居住地生态环境恶化，使该地不适合人们生存和发展而发生的被动迁移称为易地移民搬迁。[②]David J.Wrathall 认为，人口迁移是一种人口分化机制，迁移增加了迁入地的阶级分化程度[③]；而且社会关系网络是促成迁移的重要媒介[④]。Luisa Veronis 认为，环境是促成移民搬迁的重要因素。[⑤]Seda Erkan 等人发现，移民搬迁与地形之间的负相关关系显著——农村人口流动随地势的倾斜度、海拔和离中心地区距离的增加而增加。[⑥]

（二）关于易地扶贫搬迁移民可持续生计的研究

“易地扶贫搬迁移民”是我国专有的名词，国外与易地扶贫搬迁移民相对应的是生态移民，国外的生态移民可持续生计研究与我国的易地扶贫搬迁移民可持续生计研究是对应的。在国外的众多学者看来，人口贫困与生活环境的破坏有关，造成生态环境问题的动因是农户生计资本低下。对此，Bigsten 和 Haan 认为，这种恶性循环必须通过人口迁移来有效打破。[⑦]Bilsborrow 和

---

① WN Adger, PM Kelly, A Winkels, LQ Huy, C Locke,“Migration, Remittances, Livelihood Trajectories, and Social Resilience,” *AMBIO: A Journal of the Human Environment* 31, no.4(2002): 358-366.

② Luisa Veronis, “Environmental Influences on African Migration to Canada: Focus Group Findings from Ottawa-Gatineau,” *Population and Environment* 36(2014): 234-251.

③ David J. Wrathall, “Migration Amidst Social-Ecological Regime Shift: The Search for Stability in Villages of Northern Honduras,”*Human Ecology* 40, no.4(2012): 583–597.

④ David J. Wrathall, “Labor Migration Amidst Ecological Change,”*Migration and Development* 2(2016): 314-329.

⑤ Luisa Veronis,“Environmental Influences on African Migration to Canada: Focus Group Findings from Ottawa-Gati-neau,”*Population and Environment* 36(2014): 234-251.

⑥ Bugday, Seda Erkan, Ozden, Sezgin, “The Relationship Between Terrain and Rural Migration (1965–2013) on the North of Turkey (The Case of Kastamonu),”*Environmental Monitoring and Assessment* 189, no.4(2017): 154.

⑦ A.Bigsten,“The Circular Migration of Smallholders in Kenya,” *Journal of African Economies* 5, no.1(1996): 1-20.

A. DeHaan,“ Livelihoods and Poverty: The Role of Migration - a Critical Review of the Migration Literature,” *The Journal of Devel-opment Studies* 36, no.2(1999): 1-47.

Ogendo 指出，人口外迁可能是一个缓解贫困、解决土地因过度利用而出现退化问题的有效途径，移民能够改善生态环境和生计资本，而且具有增加自身可持续生计能力的能力。① 而 Yang Du 等学者则认为，移民的迁移成本高昂，而且迁移存在不可预知的风险，不能将移民作为提高家庭生计能力的策略。② 可能更糟糕的情况是，如果因保护环境而需要移民非自愿搬迁时，导致的结果往往是搬迁后移民的家庭生计状况更糟糕。③ 因此，进行合理的补偿有可能会使非自愿移民转变为自愿移民。这种补偿不仅能够维持移民搬迁后必要的生计条件，而且能够增加其可持续生计能力。④ 征收移民的土地会减少移民的福利和降低移民的可持续生计能力，所以在移民过程中征收移民的土地也需要合理的货币及实物补偿。⑤ 社会学家 Cernea 认为，迁移后移民的生计水平应保持不变或有所提高，否则就达不到移民的目标。⑥

二、国内研究现状

（一）关于易地扶贫搬迁的相关研究

2006 年，我国颁布了第一个易地扶贫搬迁的纲领性文件《易地扶贫搬迁

① R. E. Bilsborrow and H. Ogendo,"Population-driven Changes in Land Use in Developing Countries," *AMBIO: A Journal of the Human Environment* 21, no.1(1992): 37.

② Y. Du , A. Park and S. Wang," Migration and Rural Poverty in China ," *Journal of Comparative Economics* 33, no.4(2005): 688-709.

③ S. P. Kothari , T. E. Laguerre and A. J. Leone,"Capitalization Versus Expensing: Evidence on the Uncertainty of Future Earningsfrom Capital Expenditures Versus R&D Outlays," *Review of Accounting Studies* 7(2002): 355-382.

④ S. Jackson and A. Sleigh, "Resettlement for China's Three Gorges Dam:Socio-economic Impact and Institutional Tensions," *Communist and Post-communist Studies* 33, no.2(2000): 223-241.

⑤ Gina Koczberski and George N. Cur-ry,"Making a Living: Land Pressures and Changing Livelihood Strategies Among Oil Palm Settlers in Papua New Guinea," *Agri-cultural Systems* 85, no.3(2005):324-339.

⑥ Michael M Cernea, "Public Policy Responses to Development-induced Population Displacements," *Economic and Political Weekly* 31, no.24(1996):1515-1523.

“十一五”规划》，明确提出在2006—2010年搬迁农村贫困人口150万，标志着我国易地移民搬迁进入了中央统筹、地方推进的阶段。2016年9月，《全国“十三五”易地扶贫搬迁规划》提出，到2020年完成1000万建档立卡贫困人口的搬迁任务、实现稳定脱贫，共涉及全国22个省（区、市）约1400个县（市、区）。

随着易地扶贫搬迁工程的实施、稳步推进及全面完成，国内围绕易地扶贫搬迁所展开的研究层出不穷，研究成果也越来越丰富。总结起来，学者们主要从以下几个方面对我国的易地扶贫搬迁进行了深入探讨和研究。

1. 易地扶贫搬迁的相关概念

国家计划委员于2001年正式提出“易地扶贫搬迁”概念。国家发展和改革委员会在2006年颁布的《易地扶贫搬迁“十一五”规划》中提出：易地扶贫搬迁，亦称生态移民，是党和政府在新时期探索实施的一项重要扶贫举措，主要是通过对生活在不适宜人类生存地区的贫困人口实施搬迁，达到消除贫困和改善生态的双重目标。2012年7月，国家发展和改革委员会编制并印发的《易地扶贫搬迁“十二五”规划》中对“易地扶贫搬迁”做出了更加明确的阐释：“易地扶贫搬迁是开发式扶贫的重要内容，是在贫困地区组织实施的一项重要专项扶贫工程，通过对生存环境恶劣地区的农村贫困人口实施易地搬迁，根本改善其生存和发展环境。”学界在研究易地扶贫搬迁的过程中大都引用国家发展和改革委员会界定的这一定义，但也有学者为了研究之便，在上述定义的基础上，对易地扶贫搬迁的概念做出了补充或说明。如，将易地扶贫搬迁定义为“由地方政府组织实施，以‘政府引导，群众自愿’的原则，将生活在缺乏生存条件地区的贫困人口搬迁安置到基础设施较为完善、生态环境较好的地方，并在后期给予移民产业扶持及技能培训帮助，调整其经济结构和拓展其增收渠道，帮助搬迁人口逐步脱贫致富”①；或者认为易地扶贫搬迁“是基于减贫

① 程丹、王兆清、李富忠：《易地扶贫搬迁研究——以山西省五台县为例》，《天津农业科学》2015年第1期。

而进行的贫困人口从生态环境恶劣地区向自然条件较好地区的迁移以及与此联系的社会经济系统重建活动”[①]；等等。

2. 易地扶贫搬迁的政策

（1）易地扶贫搬迁政策的演进及存在的不足。从20世纪80年代开始，我国的易地扶贫搬迁政策先后经历了从针对个别区域到多个区域、从点到面、从整体设计到全面推进的历史演进过程。[②]纵观这一历史演进过程，我国易地扶贫搬迁大致经历了试点探索、全面推进和脱贫攻坚三个阶段，具有搬迁基本原则由政府引导型到政府主导型演变、搬迁机制由整村搬迁到精准搬迁转变、各政策维度不断完善且初步形成了有中国特色的易地扶贫搬迁政策体系等政策发展演进特征。[③]但在易地扶贫搬迁移民的适应期生计发展扶持政策实施过程中，存在“政策对接有落差、政策衔接有缝隙、政策承接有障碍”等资源承接问题[④]，“从而导致精准识别的错位。另外，在搬迁过程中制度衔接的缺失与行政联合的缺场使扶贫治理陷入了碎片化的困境，背离了精准帮扶与精准管理的目标要求。最后，国家、地方政府、贫困户各自行动逻辑、制度选择与利益诉求的差异使扶贫搬迁陷于了一定的制度性逻辑困境之中，搬迁后的村民生计式微，威胁到了扶贫移民的可持续生计”[⑤]。

（2）易地扶贫搬迁的政策执行问题。在易地扶贫搬迁政策执行方面，学者们主要对组织扶贫移民的机构、扶贫移民的过程等方面进行了分析，发现尚存在一些问题：一是扶贫管理服务主体单一、水平有限以及部分政策执行者急

---

① 李博、左停：《遭遇搬迁：精准扶贫视角下扶贫移民搬迁政策执行逻辑的探讨——以陕南王村为例》，《中国农业大学学报（社会科学版）》2016年第2期。

② 陆汉文、覃志敏：《我国扶贫移民政策的演变与发展趋势》，《贵州社会科学》2015年第5期。

③ 王宏新、付甜、张文杰：《中国易地扶贫搬迁政策的演进特征——基于政策文本量化分析》，《国家行政学院学报》2017年第3期。

④ 郑瑞强、王英、张春美：《扶贫移民适应期生计风险、扶持资源承接与政策优化》，《华中农业大学学报（社会科学版）》2015年第4期。

⑤ 李博、左停：《遭遇搬迁：精准扶贫视角下扶贫移民搬迁政策执行逻辑的探讨——以陕南王村为例》，《中国农业大学学报（社会科学版）》2016年第2期。

功近利或有畏难情绪等[①]；二是政策执行机构各自为政，各行其是，导致扶贫治理的条块化与细碎化，严重影响了扶贫开发的效率与进度[②]；三是政策执行环境方面存在土地紧缺、资金缺口多、融资难度大、产业支撑与社会保障乏力[③]、移民社区治理困难以及乡村精英缺乏与基层治理不善等制约因素[④]；等等。另外，移民搬迁政策在实践中存在"搬富不搬穷""见户不见人""四移四不移"以及"背皮"搬迁等执行偏差现象，导致搬迁对象难以公平享受政策，加重搬迁对象的经济负担，阻碍移民搬迁的均衡发展，也削弱了政策公信力与预期效果。[⑤]

3. 易地扶贫搬迁安置

（1）易地扶贫搬迁对象选择。"参与易地扶贫搬迁的贫困农户能够得到住房补贴，还可能获得更多就业机会和教育资源、更好的交通水电等基础设施和医疗等公共服务，但并不是所有有搬迁意愿的贫困农户都能有机会搬迁。"[⑥]虽然国家规定的易地扶贫搬迁户必须是自然生态环境恶劣地区的建档立卡贫困人口，但在识别过程中因受农村熟人社会的各类人情关系和村级治理体系不健全等的影响，导致识别的搬迁户与国家要求的标准有偏差。[⑦]在实际的搬迁运

---

① 郑瑞强、徐元刚、施国庆：《连片特困区政府减贫行为供需对接障碍与机制优化》，《青海社会科学》2015 年第 3 期。

② 李博、左停：《遭遇搬迁：精准扶贫视角下扶贫移民搬迁政策执行逻辑的探讨——以陕南王村为例》，《中国农业大学学报（社会科学版）》2016 年第 2 期。

③ 何得桂、党国英、杨彦宝：《集中连片特困地区精准扶贫的结构性制约及超越——基于陕南移民搬迁的实证分析》，《地方治理研究》2016 年第 1 期。

④ 何得桂、党国英、张正芳：《精准扶贫与基层治理：移民搬迁中的非结构性制约》，《西北人口》2016 年第 6 期。

⑤ 何得桂、党国英：《西部山区易地扶贫搬迁政策执行偏差研究——基于陕南的实地调查》，《国家行政学院学报》2015 年第 6 期。

⑥ 许源源、熊瑛：《易地扶贫搬迁研究述评》，《西北农林科技大学学报（社会科学版）》2018 年第 3 期。

⑦ 李博、左停：《谁是贫困户？精准扶贫中精准识别的国家逻辑与乡土困境》，《西北农林科技大学学报（社会科学版）》2017 年第 4 期。

行中也出现了主体选择的高度弹性化[①]，而且在物质、人力和社会资本等方面具有先天优势、较富裕的农户更愿意选择参与搬迁[②]，以及因种种因素的限制，导致一些负担能力最弱、原本需优先搬迁的最贫困家庭在易地扶贫搬迁计划中被有效地排除了。解决这一问题，需要“在遴选异地安置人口的时候，必须确保社会资本稀缺但有迁移意愿并符合条件的特困人口有现实的迁移机会，以保证扶贫异地安置实践不偏离根本性的扶贫目标群体”[③]。另外，政策执行不当等其他原因也会导致搬迁对象选择偏离，而且恶劣的自然环境既会威胁到贫困人口，也会威胁到非贫困人口。[④]

（2）易地扶贫搬迁安置主体及安置方式。一方面，易地扶贫搬迁的安置主体主要包括政府、农户和企业等。政府组织的搬迁是利用强有力的行政管理手段、行政网络以及舆论工具进行的，具有良好的社会动员能力[⑤]，而且在资源、土地权属、政策、资金、服务体系等方面享有的权力[⑥]，能够为搬迁移民提供一定的资金、住房、土地以及生产、生活资料等，而使得这类搬迁占主导地位，其搬迁规模通常较大且速度快[⑦]。农户自主搬迁的主要形式是投亲靠友。这类搬迁的农户有闯劲且有一定生产技能[⑧]，自谋生路的意愿比较强烈，

---

① 覃明兴：《扶贫自愿性移民的迁移决策及主体选择性研究》，《南方人口》2007年第4期。

② 唐丽霞、林志斌、李小云：《谁迁移了——自愿移民的搬迁对象特征和原因分析》，《农业经济问题》2005年第4期。

③ 覃明兴：《扶贫自愿性移民的迁移决策及主体选择性研究》，《南方人口》2007年第4期。

④ 王晓毅：《易地扶贫搬迁方式的转变与创新》，《改革》2016年第8期。

⑤ 王金涛、陈琪：《动员力度、心理聚合与搬迁绩效——以陇中某地易地搬迁为例》，《中国行政管理》2019年第9期。

⑥ 王娟、程小放、欧阳书品等：《云南异地移民扶贫开发的类型分析》，《生态经济》2002年第11期。

⑦ 许源源、熊瑛：《易地扶贫搬迁研究述评》，《西北农林科技大学学报（社会科学版）》2018年第3期。

⑧ 文冰、宋媛、张体伟等：《生态移民的搬迁形式研究——云南永善县马楠乡案例分析》，《生态经济》2005年第1期。

返迁率低。企业承包的搬迁能够帮助移民进行统一的农业开发、生产和经营管理[①]，也有助于提高贫困地区（贫困农民）的市场参与能力[②]。另一方面，从地域空间来看，易地扶贫搬迁的具体安置形式主要有村内安置，本乡镇安置、邻乡镇安置和跨市域安置几种模式。其中跨市域安置的成本最高，安置难度大。[③]从安置的集中程度来看，主要有集中安置和分散安置模式。许多地方政府在搬迁安置实践中允许移民保留旧房屋，为村民搬迁安置提供了更大的安全性[④]；在安置区域选择上，主要考虑迁入地区的土地资源、自然环境、基础设施条件、移民素质以及搬迁成本、政府管理成本等多种因素[⑤]。

4. 易地扶贫搬迁的效益评估

（1）易地扶贫搬迁效益评估主体。作为易地扶贫搬迁工作的主导者，政府要对整个工作的执行情况和实施效果进行全面监督检查[⑥]，以确保扶贫项目的正常有序运行[⑦]。在具体的监督检查中，有的地方政府在评估方法、内容、重点、结果等方面存在诸多问题，甚至为了评估达标而以各种方式应付考核。[⑧]为了克服这些问题，需要引入第三方评估机构来参与评估工作。

---

① 赵昌文、郭晓鸣：《贫困地区扶贫模式：比较与选择》，《中国农村观察》2000 年第 6 期。

② 文冰、宋媛、张体伟，等：《生态移民的搬迁形式研究——云南永善县马楠乡案例分析》，《生态经济》2005 年第 1 期。

③ 李王鸣、金登杨：《扶贫移民安置模式分析与实证——以浙江省瑞安市为例》，《经济地理》2008 年第 2 期。

④ Longyi Xue, Mark Y. Wang, Tao Xue,"'Voluntary' Poverty Alleviation Resettlement in China," Develoment and Change 44, no.5(2013): 1159-1180.

⑤ 张茹、王耀麟、张爱国等：《陕西省定边县扶贫移民安置模式分析》，《中国人口·资源与环境》2014 年第 11 期。

⑥ 郑瑞强、施国庆：《扶贫移民权益保障与政府责任》，《重庆大学学报（社会科学版）》2011 年第 5 期。

⑦ 汪三贵、曾小溪、殷浩栋等：《中国扶贫开发绩效第三方评估简论——基于中国人民大学反贫困问题研究中心的实践》，《湖南农业大学学报（社会科学版）》2016 年第 3 期。

⑧ 何得桂、党国英、张正芳：《精准扶贫与基层治理：移民搬迁中的非结构性制约》，《西北人口》2016 年第 6 期。

（2）易地扶贫搬迁效益评估指标体系。国家明确提出了精准扶贫工作的四个考核维度：减贫成效、精准识别、精准帮扶和扶贫资金。有研究者从迁入贫困人口和迁入地出发，提出了四类易地开发性移民扶贫综合效益评价指标：一是经济扶贫效益指标，包括人均纯收入、人均粮食产量、劳务输出率等；二是持续发展效益指标，包括适龄儿童入学率、人均荒地面积等；三是生态环境效益指标，包括果林覆盖率、水土流失面积百分比等；四是社会整合效益指标，包括通婚率、语言交流无障碍率等。[①] 从经济、社会、生态和缓解贫困等方面提出若干评价指标。[②] 如今易地扶贫搬迁移民虽已脱贫，但他们可能会因种种原因返贫，所以能够反映易地扶贫搬迁社会效果的指标应该是一个历时态的、系统的、综合性指标。[③]

（3）易地扶贫搬迁效益评估结果。有学者通过分析“三西”等地区的扶贫搬迁项目，认为扶贫搬迁提高了当地贫困农民的收入和农业产出，耕地紧张情况也因此得到了缓解，移民生活观念进一步得以更新。[④] 也有学者在分析移民搬迁前后的生计资本变化情况的基础上，考察赣南地区易地扶贫政策的减贫效应，并且得出该地区农户减贫有较为明显的效果这一结果。[⑤] 整体看来，我国的易地扶贫搬迁效果明显，既促进了生态环境的改善，也带动区域发展及新农村建设，同时也提升了贫困群众抵御自然灾害风险的能力。[⑥]

（二）关于易地扶贫搬迁移民后续发展的研究

易地扶贫移民搬迁后，其生产生活方式、人际关系等都会发生很大的改

---

① 孔令强：《易地开发性移民扶贫及其效益评价指标体系》，《学术交流》2006 年第 7 期。

② 白南生、卢迈：《中国农村扶贫开发移民：方法和经验》，《管理世界》2000 年第 3 期。

③ 许源源、熊瑛：《易地扶贫搬迁研究述评》，《西北农林科技大学学报（社会科学版）》2018 年第 3 期。

④ 白南生、卢迈：《中国农村扶贫开发移民：方法和经验》，《管理世界》2000 年第 3 期。

⑤ 陈胜东、蔡静远、廖文梅：《易地扶贫搬迁对农户减贫效应实证分析——基于赣南原中央苏区农户的调研》，《农林经济管理学报》2016 年第 6 期。

⑥ 郑瑞强：《我国西部生态脆弱地区移民工作方式探讨——生态环境保护与扶贫双重目标的移民政策与实践》，《人民长江》2011 年第 5 期。

变，而且有可能会在较长时间内面临文化、生计、心理等方面的适应问题和各种致贫风险。笔者将这些问题称为“涉及移民后续发展的问题”。

1. 移民易地扶贫搬迁后面临的问题

虽然移民搬迁后的发展积极性会更加高涨一些，但也不可避免的会面临诸如发展目标方法不明、合作精神不够强等问题①，生产技能不足、土地损失、收入减少、生活成本增加等困难，以及社会关系网络受损、社会边缘化等风险②。尤其某些少数民族移民还有可能面临民族文化差异以及自我情感孤立等困境。③

2. 易地扶贫搬迁移民的适应与发展

易地扶贫搬迁移民迁入新的居住地后，经过一段时间的适应，接下来就要谋划在迁入地如何发展的问题了。搬迁后的移民会慢慢调整其生计策略，而且生计策略不同，其产生的效果也各异。如，采取非农专业化和传统生计专业化策略的农户比采取补贴依赖型、生计多样化策略的农户的恢复状况要好一些④；迁入新居住地后，为了生存和发展，移民会努力去适应当地人的生产生活方式，逐步改变和放弃原有的宗教信仰和风俗习惯，淡化“搬迁户”的身份，适应当地社会文化⑤。政府会提供一定的经济扶持、职业技能培训、产业发展扶持和社会保障⑥，政府的这些帮扶尤其体现在对精准扶贫期间的易地扶

① 郑瑞强、王英、涂海华：《适应期扶贫移民生计贫困多维测度与政策蕴含》，《商业研究》2015 年第 11 期。

② Rogers S, Xue T, “Resettlement and Climate Change Vulnerability: Evidence from Rural China” *Global Environ-mental Change* 35(2015): 62-69.

③ 徐君：《割舍与依恋——西藏及其他藏区扶贫移民村考察》，《西藏大学学报》2011 年第 4 期。

④ 黎洁：《陕西安康移民搬迁农户的生计适应策略与适应力感知》，《中国人口·资源与环境》2016 年第 9 期。

⑤ 杨甫旺：《异地扶贫搬迁与文化适应——以云南省永仁县异地扶贫搬迁移民为例》，《贵州民族研究》2008 年第 6 期。

⑥ 何得桂、党国英：《秦巴山集中连片特困地区大规模避灾移民搬迁政策效应提升研究——以陕南为例》，《西北人口》2015 年第 6 期。

贫搬迁移民的扶持上。移民的后续发展是检验易地扶贫搬迁成败的关键。对此，有学者提出，要将外部帮扶与内部提升相结合，在保证政府的措施落实到位的同时，从根本上改变移民的思想，提升移民的素质，以实现移民搬迁后的可持续发展。[①]当然，在移民的后续发展帮扶方面，为了避免移民在政府帮扶退出后返贫，应设法破除部分移民因政府帮扶所产生的"等靠要"、畏难和安于现状的思想，加强对移民的思想教育，提高其自身发展能力和综合素质。[②]另外，重视对移民子女的教育，防止贫困的代际传递也是很有必要的。当然，也有学者对贵州易地扶贫搬迁移民的后续扶持和发展问题进行了探讨，如针对贵州易地扶贫搬迁的一些后续问题，提出了促进社会融入、增强搬迁群众的创收能力、提高社区治理能力、促进随迁子女融入教育等对策。[③]也有学者从贵州易地扶贫搬迁的现状出发，分析出现的生计、文化服务、社区治理、公共服务供给等问题，提出保障移民就业、构建公共文化服务体系、完善安置区治理机制以及加强基层党建体系等相应的对策和建议。[④]

（三）对易地扶贫搬迁移民可持续性生计的专门研究

1. 对易地扶贫搬迁移民可持续生计概念的进一步阐释

学者们对于移民可持续生计的概念大致做了如下补充性界定：一是认为搬迁移民可持续生计是指"搬迁安置后，移民个人或家庭及其后代为改善长远的生活状况所拥有和获得的谋生能力、资产和有收入的活动，通过对自身资源的配置和政府的干预，至少保持生活水平不低于搬迁前"[⑤]。二是认为搬迁移民的

---

① 彭玮：《当前易地扶贫搬迁工作存在的问题及对策建议——基于湖北省的调研分析》，《农村经济》2017 年第 3 期。

② 曹国庆、郑瑞强：《移民扶贫政策运行系统解构与关键问题研究》，《农林经济管理报》2015 年第 6 期。

③ 王海：《贵州省易地扶贫搬迁后续问题及对策思考》，《理论与当代》2020 年第 10 期。

④ 王珏珏：《贵州省易地扶贫搬迁的后续困难与对策》，《广东蚕业》2021 年第 2 期。

⑤ 严登才、施国庆、伊庆山：《水库建设对移民可持续生计的影响及重建路径》，《水利发展研究》2011 年第 6 期。

可持续生计是指搬迁移民在脆弱性生计背景下，在经受非自愿迁移等外力冲击的同时，为减轻既有生计秩序的冲击和避免生计能力受损、生计资本断裂和生计策略失效，不断进行的以生计为核心的经济、社会和环境恢复和重建活动，最终实现移民经济社会可持续发展的目标。①

2. 以移民可持续生计的影响因素为出发点的研究

移民的可持续生计既存在能够促进其发展的有利因素，又有阻碍其发展的不利因素。针对其不利因素，需要构建有效推动移民可持续生计的基本框架，以政策理念为中心，推动移民可持续生计问题的解决；以可持续发展为方向，从宏观、中观、微观三个层面完善可持续生计发展基本模型。②移民综合素质低、搬迁的负面影响、补偿机制和利益分配机制的缺陷、失去土地等是造成移民可持续生计出现问题的根源，需要通过加强对移民的技能培训、对移民子女实施教育扶持、培育社区精英等途径加以解决，以实现移民生计的可持续发展。③值得注意的是，搬迁后移民面对新的环境导致人力资本、社会资本对经济收入的改善作用失灵，功能发生中断，需要通过培训这一有效途径和手段来恢复其功能；提升移民安置地劳动力的市场化程度，为拥有较好人力资本积累的农户提供施展的平台；帮助移民重构社会网络；鼓励移民积极建立和参加各种专业合作组织，以提升其利用资源和机会的能力、改变其所处的边缘社会地位和获得更多的经济发展机会；给予移民和当地农户平等的待遇，满足其经济发展需求。④在不同易地扶贫搬迁模式下，易地扶贫搬迁整体上有助于增强农

---

① 石智雷、杨云彦、田艳平：《非自愿移民经济再发展：基于人力资本的分析》，《中国软科学》2011 年第 3 期。

② 苏冰涛、李松柏：《“生态贫民”可持续生计问题研究——以陕南秦巴山区为例》，《中国农业资源与区划》2013 年第 5 期。

③ 严登才：《广西岩滩库区移民贫困成因与可持续生计路径分析》，《广西民族研究》2013 年第 2 期。

④ 冯伟林、李树茁、李聪：《生态移民经济恢复中的人力资本与社会资本失灵——基于对陕南生态移民的调查》，《人口与经济》2016 年第 1 期。

户生计资本，其中，人力资本对于增强贫困农户生计资本的作用最为明显。[①]从微观层面来看，城镇化社区安置和新农村安置的移民政策通过人力资本、社会资本、金融资本和物质资本对农户收入均有正向作用。[②]其中，影响农户策略选择最显著的因素是物质资本与金融资本，自然资本次之，人力资本与社会资本最不显著。[③]对于纯农型农户而言，自然资本和物质资本是影响最为显著的资本；对于农兼型农户而言，社会资本和物质资本的影响最为显著；对于兼农型农户而言，金融资本的影响最为显著。[④]

3. 围绕生计资本展开的移民可持续生计个案研究

一是以南水北调（中线）工程库区为例研究移民的可持续生计。[⑤]代表性的结论为，库区农户生计资本整体脆弱，生计资本的社会融合程度低，农户必须借助移民开发政策与生态补偿机制实现生计资本的优化和转型；各级政府应重点开展以人力资本为主线的生计可持续发展能力培育，以创造生计模式向可持续转化的条件。二是以陕南移民为例研究移民的可持续生计。[⑥]代表性的结论为，搬迁工程影响着生计资本的获得和使用，农户的自然资本受到一定程度损失，但物质资本、金融资本、社会资本和人力资本在一定程度得到提升；同时，集中安置在提升农户生计资本方面表现出一定优势。三是以福建省“造福

① 金梅、申云：《易地扶贫搬迁模式与农户生计资本变动——基于准实验的政策评估》，《广东财经大学学报》2017年第5期。

② 黄志刚、陈晓楠、李健瑜：《生态移民政策对农户收入影响机理研究——基于形成型指标的结构方程模型分析》，《资源科学》2018年第2期。

③ 李健瑜、陈晓楠：《可持续生计视域下生态移民工程效果探析——基于陕南599份农户问卷的实证分析》，《干旱区资源与环境》2018年第12期。

④ 赵文娟、杨世龙、王潇：《基于Logistic回归模型的生计资本与生计策略研究——以云南新平县干热河谷傣族地区为例》，《资源科学》2016年第1期。

⑤ 杨云彦、赵锋：《可持续生计分析框架下农户生计资本的调查与分析——以南水北调（中线）工程库区为例》，《农业经济问题》2009年第3期。

⑥ 李聪、柳玮、黄谦：《陕南移民搬迁背景下农户生计资本的现状与影响因素分析》，《当代经济科学》2014年第6期。

工程”为例研究移民的可持续生计。[①] 代表性的观点为，搬迁农户的物质资本增加和金融资本减少最为明显，而且搬迁农户家庭平均文化水平普遍偏低，家庭成员技能培训过少，生活来源基本依靠农业生产，生计策略单一，要加强教育和培训，提供更多非农就业机会。四是以湖北省宜昌市为例研究移民的可持续生计。[②] 代表性观点为，宜昌市易地搬迁移民的生计资本总和为 1.57，表明移民生计资本的脆弱性十分突出，需要着力解决移民的生计问题、提高移民人力资本水平、培育迁入地的主导产业和促进移民增收。五是以贵州省移民为例研究移民的可持续生计。[③] 有关成果显示，贵州易地扶贫搬迁移民的生计不可持续，其生计资本值只有 0.539，需要围绕生计资本内涵培养移民可持续生计的累积能力。六是以广西壮族自治区河池市巴马瑶族自治县为例研究移民的可持续生计。[④] 代表性的结论为，搬迁后移民的生计资本整体水平提高；安置方式对移民生计资本增长率的影响顺序为有土分散安置＞有土集中安置＞无土集中安置，且搬迁到乡镇的移民比搬迁到县城的移民生计资本增长快；未来需要进一步加强农村基本公共服务均等化建设，以提升移民的人力资本。七是以新疆南疆深度贫困地区为例研究移民的可持续生计。[⑤] 代表性的观点为，搬迁后移民的生计资本有了较大提高，其中，人力资本、自然资本、物质资本、金融资本都有了不同程度的提升，而社会资本则出现了一定的下降；有土集中安置移民的生计资本略高于无土集中安置移民的生计资本。提高移民的可持续生计能力，需要

---

① 叶菁菁、王文烂：《福建省“造福工程”成效探讨——基于搬迁农户生计资本的视角》，《发展研究》2016 年第 2 期。

② 刘宗华、邬兰娅、刘魏等：《易地搬迁移民可持续生计研究——以湖北省宜昌市为例》，《三峡大学学报（人文社会科学版）》2019 年第 3 期。

③ 徐锡广、申鹏：《易地扶贫搬迁移民的可持续性生计研究——基于贵州省的调查分析》，《贵州财经大学学报》2018 年第 1 期。

④ 夏艳玲：《易地扶贫搬迁移民的可持续生计研究——以广西巴马瑶族自治县为例》，《西南民族大学学报（人文社会科学版）》2019 年第 9 期。

⑤ 谢大伟：《易地扶贫搬迁移民的可持续生计研究——来自新疆南疆深度贫困地区的证据》，《干旱区资源与环境》2020 年第 9 期。

积极拓宽移民的社会关系网络，增强移民参与社会组织的积极性；提高移民的社会资本，激发移民的内生动力；探寻生计资本与内生动力的优化途径，提高资源的使用效率；针对不同安置方式建立移民能力提升机制，增加就业机会。

4.评价移民的可持续生计

对移民可持续生计进行评价的研究成果主要集中在以下四个方面：一是采用层次分析法和统计分析法并结合模糊物元模型，通过实证研究评价伊犁河谷水库移民可持续生计状况，最后得出的结论为，该区域的移民总体生计处于维持搬迁前的水平，离生计可持续目标还存在较大的距离，建议通过健全组织管理机构、增加移民认可度和完善帮扶保障体系来实现伊犁河谷水库移民生计的可持续发展。[①] 二是以阿马蒂亚·森的可行能力理论为基础，利用贵州省城镇安置模式下生态移民户的微观数据，运用模糊评价法分析出生态移民搬迁后的可持续发展能力的变化情况：城镇安置模式有利于提升移民可行能力，但部分搬迁农户的社交网络功能与经济收入功能提升程度有所降低，移民同质平等地分享搬迁成果会因城镇安置模式不同而有差异。[②] 三是评价贵州易地扶贫搬迁移民的可持续性生计，认为实施易地扶贫搬迁后，移民收入较搬迁前已有一定幅度的提高，但仍属较低水平，且外出打工成为移民的主要收入来源。[③] 四是构建可持续生计评价体系，并采用熵值法来调查分析和评价巴马瑶族自治县的易地扶贫搬迁农户的生计情况，认为移民搬迁在一定程度上对农户的生计资本起到了促进作用，但选择集镇安置的农户的生计资本增长率高于县城安置方式。[④]

① 黄兴、蒲春玲、马旭等：《基于模糊物元的新疆伊犁河谷水库移民可持续生计评价研究》，《浙江农业学报》2015年第3期。

② 黄海燕、王永平：《城镇安置生态移民可持续发展能力评价研究——基于贵州生态移民家庭的调研》，《农业现代化研究》2018年第4期。

③ 徐锡广、申鹏：《易地扶贫搬迁移民的可持续性生计研究——基于贵州省的调查分析》，《贵州财经大学学报》2018年第1期。

④ 夏艳玲：《易地扶贫搬迁移民的可持续生计研究——以广西巴马瑶族自治县为例》，《西南民族大学学报（人文社会科学版）》2019年第9期。

（四）对易地扶贫搬迁移民生计可持续发展模式的探索和研究

有学者运用DFID提出的可持续生计框架，以宁夏回族自治区移民安置区农户的可持续生计问题为导向，在分析安置区农户生计资本组合方式的基础上，简要探讨了可能的可持续生计资本组合，最后给出可能的可持续生计资本组合方式，并根据现有生计资本组合简要分析了其实现路径。[①] 即通过创业、就业等途径增加收入来源；通过职业技能培训等途径提高人力资本的质量；借助金融机构借款增加流动资金拥有量，提高金融资本使用效率；增强对社会资本重要性的认识，培养认为社会资本与其他生计资本同样重要的意识；降低农户生计风险，并结合移民的生产实际提出了具体的实施策略，例如种植时令蔬菜或大棚蔬菜、药材及生长时间较短的中卫沙坡头区硒砂瓜等收入较高的农作物以提高土地利用率，增加收入，从而增加生计的可持续性。也有学者运用理论分析方法和案例分析方法，研究资本下乡对农户生计的影响及农户可持续生计模式构建，认为“资本下乡对农户生计环境和生计资本既有优化效应又有冲击效应；农户生计受资本规模、资本嵌入性、地域特征、政策环境、基层政府角色定位等多种因素影响。构建农户可持续生计模式有赖于通过增强资本的社会结构嵌入性、实现资本规模结构优化与良性互动、增强利益联结模式与地域条件匹配度、优化政策环境、明晰基层政府角色定位等方面来实现结构与制度转变”。[②]

三、总结与评价

（一）国内外研究现状总结

通过对国内外有关易地扶贫搬迁、易地扶贫搬迁移民及其可持续生计文献的梳理发现，国内外学者对易地扶贫搬迁、易地扶贫搬迁移民、易地扶贫搬迁

① 冯利盈：《宁夏移民安置区农户可持续生计研究》，硕士学位论文，宁夏大学经济管理学院，2017，第36页。

② 李云新、吕明煜：《资本下乡中农户可持续生计模式构建》，《华中农业大学学报（社会科学版）》2019年第2期。

移民的可持续生计的关注度在逐年提升，研究成果也越来越丰富。

国外对于生态移民可持续生计的关注和研究大致始于20世纪80年代，学者们广泛运用英国国际发展署所建立的可持续生计框架，重点围绕易地扶贫搬迁的概念、移民迁移的动因、移民可持续生计几个方面展开研究。如，从“推-拉”理论角度寻求移民搬迁的动力，探讨移民迁移的原因，并从改善生态环境和生计资本、对非自愿移民进行补偿以及生计资本水平等角度分析移民所要达到的目标等。国内关于易地扶贫搬迁移民及其可持续生计研究主要集中在两大方面：一是关于易地扶贫搬迁的研究。主要研究易地扶贫搬迁的概念、易地扶贫搬迁的政策、易地扶贫搬迁安置方式及易地扶贫搬迁的效益。二是对易地扶贫搬迁移民的相关研究。主要集中在对易地扶贫搬迁移民后续发展的宏观研究及易地扶贫搬迁移民可持续生计的专门研究两大层面。关于易地扶贫搬迁移民后续发展的宏观研究，侧重于分析移民搬迁后面临的问题和适应性发展；关于易地扶贫搬迁移民可持续生计的专门研究，主要以进一步阐释易地扶贫搬迁移民可持续生计的概念为起点，围绕移民可持续生计的影响因素，用可持续生计分析框架分析和评价移民的可持续生计，其中有针对贵州等地区易地扶贫搬迁移民的可持续生计所开展的研究，以及关于易地扶贫搬迁移民生计可持续发展模式构建所开展的探索性研究。

（二）对国内外研究现状的评价

从整体来看，随着全球化不断推进，世界范围内的经济、政治、社会、文化等在日益趋于一体化发展的同时，不同国家和地区的各领域之间的相互制约、相互影响，推动了国外对易地扶贫搬迁及易地扶贫移民可持续生计的研究，使这些研究内容和研究方向日益呈现出多学科、多领域交叉融合的良好局面，研究成果也越来越丰富。国外学者关于易地扶贫搬迁移民可持续生计研究所形成的研究方法和核心观点，对我国易地扶贫搬迁移民后续发展相关政策的制定和有关机制的完善都具有很重要的参考和借鉴价值，对本书分析贵州易地扶贫搬迁移民生计可持续性问题和构建移民生计可持续发展模式也有重要的启示意义和指导价值。在国内，近年来，随着易地扶贫搬迁工程的顺利推进，有关易地扶贫搬迁移民可持续生计研究的成果越来越多，研究领域也日趋多元化，而且正在向多学科交叉和研究越来越系统化的趋势发展。国内易地扶贫搬迁移民可持续生计的相关研究成果，既充实了本书的理论基础，也进一步拓宽了本书的研究思路和丰富了本书的研究方法。不过，国内外关于易地扶贫搬迁移民及其可持续生计的研究在以下四个方面尚需进一步深化。

第一，在研究对象上，当前国内外关于移民可持续生计研究涉及水库移民、自然灾害移民等的成果较多，关于易地扶贫搬迁移民的研究成果相对较少。而且，在既有的易地扶贫搬迁移民的可持续生计研究成果中，以某一区域为个案的研究较多，针对全国移民的研究成果较少。在区域性研究成果中，有关少数民族贫困地区易地扶贫搬迁移民生计可持续发展的研究成果也较少。

第二，在研究方法上，无论是国外还是国内，学者们对易地扶贫搬迁移民可持续生计的研究基本上都是采用问卷调查法和访谈法来收集第一手资料，而且多运用定性研究方法分析问题，定量研究成果相对较少。尤其是灵活运用方差分析、因子分析、回归分析等高级统计方法分析移民可持续生计的成果较少，定量研究移民生计可持续发展的成果相对更少。

第三，在研究内容上，一是关于移民可持续生计的研究主要集中在运用DFID可持续生计框架分析移民的生计资本现状，而相对忽视了结合移民后续扶持政策及移民后续发展状况，来提出提升移民生计可持续发展的有效策略；关于移民生计可持续性的根源以及产生的机理的研究，基本还停留在表象性的阐释层面，无法用来指导移民可持续生计水平提升的实践；对于提升移民可持续生计水平所提出的对策和建议略显表层化，指导性和实用性有待加强。二是对于易地移民搬迁后移民的生产生活方式的改变、后续生计的维持、可持续发展能力的培育等的政策性研究较少；对生计问题多主观分析，较少量化分析诸多生计评价指标，而且对基于可持续生计分析框架所得出的有关结论的应用效果缺少必要的检验性分析。三是关于易地扶贫搬迁可持续生计的研究不够系统完整，也未形成可供易地扶贫搬迁移民可持续生计相关研究参考的理论框架或理论体系，而且目前尚且缺少较为系统、实用性较强的易地扶贫搬迁移民生计可持续发展模式。

第三节 基本概念及理论基础

一、基本概念

（一）易地扶贫搬迁

易地扶贫搬迁是针对生活在“一方水土养不起一方人”地区的贫困人口实施的一项专项扶贫工程，目的是通过“挪穷窝”“换穷业”，实现“拔穷根”，从根本上解决搬迁群众的脱贫发展问题。

在国内，易地扶贫搬迁最早被称为“异地扶贫搬迁”和“自愿移民搬迁”，2007 年“十一五”规划出台后将其正式定名为现在的名称。国内关于易地扶贫搬迁的研究是从 1983 年“三西”移民搬迁研究开始的，对“异地扶贫”的研究成果最早发表于 1994 年[①]，随后出现了一些以“异地扶贫开发”为主题的研究成果。这一时段所研究的“异地扶贫开发”虽然用词不同，但其内涵与现阶段的“易地扶贫搬迁”基本一致。[②] 直到 2002 年，即全国范围内开展易地扶贫搬迁试点工程的第二年，国内学界才出现第一篇以“易地扶贫搬迁”为主题的研究成果——《宁夏实施国家易地扶贫搬迁试点工程初步设想》。该篇文章从必要性、原则、范围和任务、政策措施、组织领导等方面，对易地扶贫搬迁试点工程的实施展开分析和论述。笔者认为，实施易地扶贫搬迁的原因在于：“一方面，由于生态环境恶劣，群众的生产生活条件难以改善，生存环境日益恶化；另一方面，人们的日常活动也对生态环境造成了持续性破坏。”[③] 本

① 杨柳：《特困地区异地安置效果好——凌云县异地安置扶贫试点的调查》，《广西农村经济》1994 年第 5 期。

② 许源源、熊瑛：《易地扶贫搬迁研究述评》，《西北农林科技大学学报（社会科学版）》2018 年第 3 期。

③ 马明、仇旭辉、张闽剑：《宁夏实施国家易地扶贫搬迁试点工程初步设想》，《市场经济研究》2002 年第 2 期。

研究在阐释易地扶贫搬迁的内涵方面，基本沿用《中华人民共和国国民经济和社会发展第十二个五年规划纲要》及《贵州省新一轮易地扶贫搬迁政策宣传提纲》中的定义：易地扶贫搬迁是政府主导、群众自愿，有组织、有计划的人口流动形式，是指将居住在自然条件恶劣地区的农村贫困人口搬迁到生存与发展条件较好地方，根本改善其生产生活条件，实现脱贫致富的一种扶贫方式。

按照以上定义，易地扶贫搬迁的对象是生活在由于环境恶劣、生态脆弱而导致“一方水土养不起一方人”区域的农村贫困人口。这些区域包括深山区、石山区、荒漠区、高寒区、自然灾害多发区、地方病多发区等。易地扶贫搬迁工程的实施范围主要是中西部地区（不含新疆和西藏），其中的重点区域是连片特困地区以及国家扶贫开发工作重点县、贫困革命老区等。“十三五”期间，我国一共对 22 个省（区、市）约 1400 个县（市、区）的 981 万建档立卡贫困人口实施了易地扶贫搬迁。①

（二）生计与可持续生计

从 20 世纪 80 年代开始，国外学界对于生计的界定逐渐丰富起来，但不同学者界定的侧重点有所不同。如，R.Chambers 和 G.Conway 认为，生计是一种“谋生的方式，该谋生方式建立在能力、资产（包括储备物、资源、要求权和获得权）和活动基础之上”②。D.Carney 将生计定义为：“包括能力（capacities）、资产（assets）以及一种生活方式所需要的活动（activities）。”③Ian Scoones 在生计可持续性研究中指出：“生计由生活所需要的能力、资产（包

① 国务院：《国务院关于印发“十三五”脱贫攻坚规划的通知》，中国政府网：https://www.gov.cn/zhengce/content/2016-12/02/content_5142197.htm。

② R. Chambers, G. Conway,“ Sustainable Rural Livelihoods: Practical Concepts for the 21st Century,” IDS Dis-cussion Paper 296, Brighton: Institute of Development Studies, 1992.

③ D. Carney, *Implementing a Sustainable Livelihood Approach*(London: Department for International Development, 1998), pp.52-69.

括物质资源和社会资源）以及行动组成。”[①]Ellis将生计定义为：“生计包括资产（自然、物质、人力、金融和社会资本），行动和获得这些资产的途径（受到制度和社会关系的调节），这决定了个人和家庭的生活质量与生活水平。”[②] R. Chambers和G. Conway用生计思想来解释贫困问题。[③]当然，也有学者从生计安全[④]、生计多样性[⑤]、土地利用与农户生计[⑥]、能源消费与农户生计[⑦]等方面对生计进行了研究。另外，Brian King以南非为例研究空间与生计之间的相互影响。[⑧]Marisa C. Goulden等学者专门研究了社会资本和生计在适应环境变化中的多样化策略。[⑨]

1987年世界环境和发展委员会提出可持续生计概念。1990年，可持续生计在联合国计划开发署发布的人类发展报告中第一次被概念化。1992年召开的联合国第一次环境与发展大会为可持续生计研究起到了里程碑的作用。1995

---

① Ian Scoones,“Sustainable Rural Livelihood: A Framework for Analysis,” IDS Working Paper 72, Brighton: IDS,1998.

② F. Ellis, *Rural Livelihoods and Diversity in Development Countries* (New York: Oxford University Press, 2000), pp.26-78.

③ R. Chambers, G. Conway, “Sustainable Rural Livelihoods: Practical Concepts for the 21st Century,” IDS Discussion Paper296, Brighton: Institute of Development Studies, 1992.

④ P. K. Singh, B. N. Hiremath, “Sustainable Livelihood Security Index in a Developing Country: A Tool for Development Planning,” *Ecological Indicators* 10, no.2(2010): 442-451.

⑤ D. R. Smith, A. Gordon, K. Meadows and Karen Zwick, “Livelihood Diversification in Uganda: Patterns and Determinants of ChangeAcross Two Rural Districts,” *Food Policy* 26, no.4(2001): 421-435.

⑥ E. Soini, “Land Use Change Patterns and Livelihood Dynamics on the Slopes of Mt. Kilimanjaro, Tanzania, ” *Agricultural Systems* 85, no.3(2005): 306-323.

⑦ J. A. Cherni, Y. Hill, “Energy and Policy Providing for Sustainable Rural Livelihoods in Remote Locations — The Case of Cuba,” *Geoforum* 40, no.4(2009): 645-654.

⑧ Brian King,“Specializing Livelihoods: Resource Access and Livelihood Spaces in South Africa,” *Transactions of the Institute of British Geographers* 36(2011): 297-313.

⑨ Marisa C.Gouledn, W. Neil Adger, Edward H. Allison, et al.,“Limits to Resilience From Livelihood Diversifying and Social Capital in Lake Social-ecological Systems,” *Annals of the Association of American Geographers* 103(2013): 906-924.

年的哥本哈根社会发展世界峰会上所通过的《哥本哈根宣言》对可持续生计进行了概括，认为“使所有男人和妇女通过自由选择的生产性就业和工作，获得可靠和稳定的生计”。这一概念被提出的最初目的是基于在政策的制定中加入对社会经济问题和生态保护问题的思考。[①] 国外学界对于可持续生计的研究主要集中在可持续生计框架构建、可持续生计分析框架与贫困问题的关系，以及生计策略的运用研究。

英国萨塞克斯大学发展研究所（IDS）一位名为Robert Chambers的学者早在1992年就提出了可持续性生计定义。该学者认为，生计是人类通过实践来实现的一种生活方式，它依赖于个人的谋生能力、所具有的权利以及所拥有的物资。后来Ian Scoones对可持续生计概念进行了说明，认为“某一个生计由生活所需要的能力、有形和无形资产以及活动组成。如果能够应对压力和冲击且恢复，并在不过度消耗其自然资源的同时维持或改善其能力和资产，那么该生计具有可持续性”。该可持续性应该包括工作时间、幸福感和能力、减少贫困、适应性、自然资源、脆弱性和恢复力五个方面。[②]DFID认为，一种能够应对压力和打击，并在压力和打击下得到恢复，而且能够在不损坏自然资源的基础上保持甚至加强其能力和资产的生计才是可持续性的。而联合国开发计划署（UNDP）从贫困视角入手，从消除贫困方面去定义可持续生计。UNDP在探讨穷人所拥有的资产的基础上定义可持续性生计，希望通过提供良好的教育环境、充足的就业机会和适当倾斜的减贫政策来提高贫困人口自身的生计能力、文化水平及就业对口的专业技能，以便能够实现其生计的可持续性。[③] 在《让生计可持续》一文中，纳列什·辛格、乔纳森·吉尔曼等提出消除贫困目标的实

---

① 纳列什·辛格、乔纳森·吉尔曼：《让生计可持续》，《国际社会科学杂志（中文版）》2001年第4期。

② Ian Scoones, “ Sustainable Rural Livelihood: A Framework for Analysis,” IDS Working Paper 72, Brighton: IDS,1998.

③ 苏芳、徐中民、尚海洋：《可持续生计分析研究综述》，《地球科学进展》2009年第1期。

现在于提高个体、家庭和社区改善生计系统的能力这一论断。[①]IDS 团队成员对于可持续生计的这一界定，后来被 DFID 采纳，并且逐步得到了学界的广泛认可。[②] 笔者认同 IDS 团队成员及 Ian Scoones 提出的可持续生计概念，在具体的研究中也将严格按照这一概念进行概念的操作化，设计研究思路和研究流程。

二、理论基础

（一）可持续生计框架

从 20 世纪 90 年代开始，随着可持续生计在农村贫困现象及应对方案等的理论研究和实践中的广泛应用，逐渐产生了多种可持续生计分析框架和研究方法。[③] 可持续生计框架主要包含造成农户贫困的脆弱性环境、农户自身生计资本、可供采取的生计方案以及生计结果四大部分内容。采用可持续生计框架分析农户的生计，目的在于寻求如何使农户通过自身拥有的资产、技能等，乃至各影响因素间的相互作用来最终实现农户生计可持续的途径和方法。[④] 关于可持续性生计分析方法（sustainable approach），有学者认为，该分析方法既是有效工具，能够为研究人员提供理论支持和实际应用指导；也是一种有效方法，可以精准分析农户生计资本状况，并通过识别生计影响因素的复杂多样性，揭示生计资本各项指标之间的关系，进而为解决农户生计问题而提出相应的生计策略选择[⑤]，以实现农户收入稳定、生活状况得以改善、不再返贫的生计可持续

---

① 纳列什・辛格、乔纳森・吉尔曼：《让生计可持续》，《国际社会科学杂志（中文版）》2001 年第 4 期。

② R. Chambers, G. Conway, “Sustainable Rural Livelihoods: Practical Concepts for the 21st Century,” IDS Discussion Paper296, Brighton: Institute of Development Studies, 1992.

③ 崔晓明：《基于可持续生计框架的秦巴山区旅游与社区协同发展研究——以陕西安康市为例》，博士学位论文，西北大学，2018，第 21 页。

④ 刘红、马博、王润球：《基于可持续生计视角的阿拉善生态移民研究》，《中央民族大学学报（哲学社会科学版）》2014 年第 5 期。

⑤ Farrington J., “Sustainable Livelihoods, Rights and the New Architecture of Aid,” *Overseas Development Institute*, no. 69(2001).

目标。可见，以可持续生计框架为理论和实践指导，能够达到解决易地扶贫搬迁移民生计可持续发展问题之目的。

1.可持续生计框架的主要类型

20 世纪末到 21 世纪初期，英国学者 Ian Scoones 首次提出了可持续生计分析框架（SLA）。Carney 总结了前人提出的可持续生计分析框架。Bebbington 从农户所具备的能力和拥有的资产切入，在分析农户生计所面临的风险的基础上构建农户生计脆弱性和贫困的框架。[①]Ellis 认为，构建不同类型的生计分析框架应从多样化的角度出发。[②] 学者们对可持续生计分析框架中的生计资本、内容、类型以及生计策略选择等进行延伸和扩展分类，使得其概念更清晰、内容更丰富、构成要素类型更齐全、生计策略选择更多样化。尤其是 20 世纪 90 年代末，在诸如世界银行、英国国际发展署等一些机构的共同推动和影响下，可持续生计分析框架逐步臻于系统和完善，形成了具有较高参考价值、应用最广泛、认可度较高的生计安全框架〔由国际关怀组织（CARE）提出〕、可持续生计方案〔由联合国开发计划署（UNDP）提出〕、可持续生计分析框架〔由英国国际发展署（DFID）提出〕三种类型，其中，实用价值和使用频率较高的是 DFID 可持续生计分析框架。如在国内，仅以 DFID 可持续生计分析框架为理论视角，专门研究易地搬迁移民可持续生计的成果越来越多。据统计，近 5 年来此类研究成果有 40 多篇论文，代表性的学者有金梅、申云[③]，徐锡广、申鹏[④]，夏艳玲[⑤]，

① Bebbington A.,"Capitals and Capabilities: A Framework for Analyzing Peasant Viability, Rural Livelihoods and Poverty,"*World Development* 27, no.12(1999):2021-2044.

② Ellis, *Rural Livelihoods and Diversity in development Countries* (New York: Oxford University Press,2000), p.88.

③ 金梅、申云：《易地扶贫搬迁模式与农户生计资本变动——基于准实验的政策评估》，《广东财经大学学报》2017 年第 5 期。

④ 徐锡广、申鹏：《易地扶贫搬迁移民的可持续性生计研究——基于贵州省的调查分析》，《贵州财经大学学报》2018 年第 1 期。

⑤ 夏艳玲：《易地扶贫搬迁移民的可持续生计研究——以广西巴马瑶族自治县为例》，《西南民族大学学报（人文社会科学版）》2019 年第 9 期。

刘宗华、邬兰娅、刘魏、田红宇[①]，谢大伟[②]，等等。基于以上原因，本书采用DFID可持续生计分析框架，分析贵州易地扶贫搬迁移民的生计可持续发展状况。更为重要的是，这个框架是研究分析和解决贫困问题的实用工具，能够就如何真正解决农户的贫困问题给出切实的答案——在分析造成农户贫困的外部脆弱性环境及自身内在影响两大因素的基础上，提供有效解决农户生计问题的建议，也为分析贫困产生的原因及要素提供了新的视角和为减贫脱贫提供新的路径。

2. DFID可持续生计分析框架

DFID可持续生计分析框架由生存环境的脆弱性背景、生计资本、生计策略、结构及过程、生计结果五部分组成。其结构图详见图1-1。

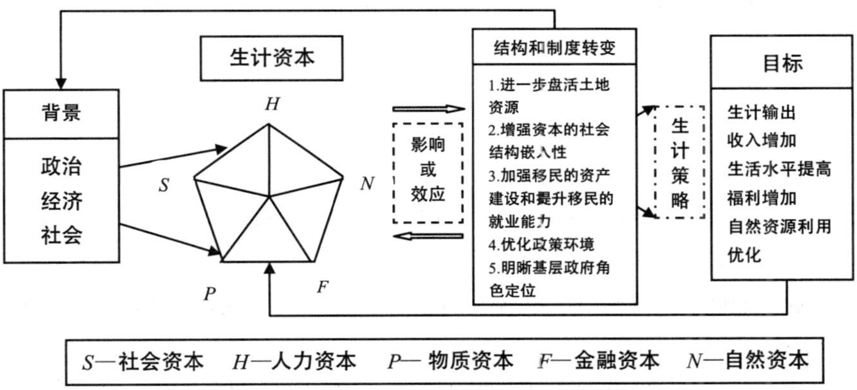

图1-1 DFID可持续生计分析框架

（1）脆弱性背景。“脆弱性”概念引自生态学。学界对于脆弱性的研究始于20世纪五六十年代的自然灾害领域，后来逐步拓展到人文社会科学领域。生态学领域的脆弱性指的是，由于生态系统或区域在外界压力的干扰下，组

① 刘宗华、邬兰娅、刘魏等：《易地搬迁移民可持续生计研究——以湖北省宜昌市为例》，《三峡大学学报（人文社会科学版）》2019年第3期。

② 谢大伟：《易地扶贫搬迁移民的可持续生计研究——来自新疆南疆深度贫困地区的证据》，《干旱区资源与环境》2020年第9期。

织结构与功能性质持续面向不利于自身的方向发展的状况。[①]Timmerman 明确提出脆弱性概念，认为“脆弱性代表某种弹性，系统在应对风险冲击时，其自身弹性大小影响系统对风险的响应程度”[②]。Chambers 认为，脆弱性是指面临危险、冲击和压力时所表现出的抵御能力的不足以及不安全和易受灾的程度。[③]在贫困研究领域，脆弱性是贫困的重要特征。[④]面对越来越多的生计风险，贫困农户的生计保障能力十分脆弱。[⑤]“世界粮食计划署（WFP）提出关于农户脆弱性的分析框架。该框架将风险因素、抵御风险的能力和社会服务体系三个维度综合起来以反映研究对象的脆弱性。”[⑥]对于如何恢复生计，Chinwe 提出将生计恢复力分解为缓冲能力、自组织能力和学习能力三个维度[⑦]；Mehdi Khayyati 在分析干旱对伊朗农户生计资本影响的基础上，评估每种资源的脆弱性及其成因，以提高生计适应能力[⑧]；也有学者基于可持续生计框架，评估

---

① 唐文浩：《普惠金融背景下农户脆弱性研究——基于苏北地区的实证分析》，博士学位论文，南京农业大学，2017，第 26 页。

② Timmerman P.,“Vulnerability, Resilience and the Collapse of Society,” *Environmental Monograph* 21, no.3(1981):164-173.

③ Chambers R., “Vulnerability, Coping and Policy (Editorial Introduction),” *IDS Bulletin* 20, no.2(1989):1-7.

④ 何仁伟、刘邵权、陈国阶等：《中国农户可持续生计研究进展及趋向》，《地理科学进展》2013 年第 7 期。

⑤ 陈传波、丁士军：《中国小农户的风险及风险管理研究》，中国财政经济出版社，2005，第 125 页。

⑥ 郭圣乾、张纪伟：《农户生计资本脆弱性分析》，《经济经纬》2013 年第 3 期。

⑦ Ifejika Speranza C,Wiesmann U,Rist S.,“An Indicator Framework for Assessing Livelihood Resilience in the Context of Social-ecological Dynamics,” *Global Environmental Change* 28(2014):109-119.

⑧ Khayyati M,Aazami M.,“Drought Impact Assessment Onrural Livelihood Systems in Iran,” *Ecological Indicators* 69(2016): 850-858.

生计资本脆弱性及其三个维度[①]，从家庭规模角度定量研究生计恢复力[②]；等等。国内学者目前主要从生计风险、抵御生计风险的能力、生计风险适应性三个方面研究农户生计的脆弱性[③]，但目前的研究重点主要集中在分析生计脆弱性及研究生计恢复力两大层面。如，唐丽霞、李小云、左停建立了“可持续生计—脆弱性—社会排斥”的三维贫困分析框架。[④]韦惠兰、罗万云研究发现：“农户年龄与生计脆弱性呈倒‘U’型趋势，农户收入对生计脆弱性的影响存在‘门槛’效应，其门槛值为人均收入 1 万元左右。”[⑤]陈佳、杨新军、尹莎发现，高质量劳动力人口结构以及合理多样化的收入方式两大因素对农户贫困恢复力具有正向效应。[⑥]刘伟、黎洁、徐洁研究构建易地扶贫移民生计恢复力评价指标体系，并从微观农户视角分析和评估易地扶贫移民的生计恢复力及其影响因素。[⑦]这些研究成果为本书分析易地扶贫搬迁移民的生计脆弱性提供了很好的分析视角和研究思路。

（2）生计资本。生计资本是可持续生计分析框架中的核心部分，主要由人力资本、自然资本、物质资本、金融资本和社会资本五个部分构成，在形状结

---

① Pandey R,Jha S K,Alatalo J M,et al.,“Sustainable Livelihood Framework-based Indicators for Assessing Climate Change Vulnerability and Adaptation for Himalayan Communities,” *Ecological Indicators* 79(2017): 338-346.

② Quandt,Amy,“Measuring Livelihood Resilience:The Household Livelihood Resilience Approach (HLRA),”*World Development* 107(2018): 253-263.

③ 何仁伟、刘邵权、陈国阶等：《中国农户可持续生计研究进展及趋向》，《地理科学进展》2013 年第 7 期。

④ 唐丽霞、李小云、左停：《社会排斥、脆弱性和可持续生计：贫困的三种分析框架及比较》，《贵州社会科学》2010 年第 12 期。

⑤ 韦惠兰、罗万云：《精准扶贫视角下农户生计脆弱性及影响因素分析——基于甘肃省贫困地区的实证调查》，《河南师范大学学报（哲学社会科学版）》2018 年第 2 期。

⑥ 陈佳、杨新军、尹莎：《农户贫困恢复力测度、影响效应及对策研究：基于农户家庭结构的视角》，《中国人口 · 资源与环境》2016 年第 1 期。

⑦ 刘伟、黎洁、徐洁：《连片特困地区易地扶贫移民生计恢复力评估》，《干旱区地理》2019 年第 3 期。

构上构成一个稳定的五边形。这种结构既能衡量生计资本的总体概况，又隐含了各资本之间的关系。

人力资本（Human Capital）是生计资本中最重要的资本。人力资本与研究对象家庭人口的数量和质量直接相关。其中，人口数量专指处在法定的劳动年龄范围、具有劳动能力的人数，人口质量指的是劳动力的接受教育程度、健康状况以及所掌握的技术能力等指标。提高家庭劳动力的质量，尤其是提高其受教育水平及增加其技能培训，能够实现人力资本值增加的生计结果和目标。① 本书中的人力资本主要涉及易地扶贫搬迁移民家庭的劳动力人数及劳动力参加技能培训等内容。

自然资本（Natural Capital）有广义和狭义之分。广义的自然资本是指研究对象所拥有的诸如能够维持自身生活的耕地、草木等有形资源，以及如生态环境等的无形资源；狭义的自然资本一般专指研究对象所拥有的土地。许多农户由于所处的脆弱性环境导致其自然资本最易受损，如受大自然环境变化的影响，其土地极易遭受破坏，加之农户的农业生产力比较低下，影响土地收入。这是造成农户自然资本普遍降低的主要原因。在研究贵州易地扶贫搬迁移民的自然资本过程中，笔者主要分析移民搬迁前后的土地变化情况。涉及的土地主要包括耕地（包括灌溉及排水条件）、山林地、鱼塘等。

物质资本（Physical Capital）通常指的是研究对象可以利用的生产生活资料及其生活区域内的公共基础设施等。其中，生活生产资料涵盖了研究对象种植业或养殖业所使用的农机具、饲养设备等；基础设施指为提高生产生活质量和满足生产生活需求，由政府无偿建设完善的交通、医疗等公共服务系统。本书依据易地扶贫搬迁移民的生产生活实际，设计的物质资本主要有住房、耐用消费品、生产工具及交通工具，以及基础条件等。

金融资本（Financial Capital）指的是研究对象在日常生产、生活消费中所

---

① 张宸嘉：《柯西河流域农户生计资本评价与生计可持续性研究》，博士学位论文，中国科学院大学，2020，第123页。

拥有的金融产品。要求这种金融产品既能够通过拥有金钱数量多少来衡量，又能够有效利用，而且必须是农户的种植、务农等收入，以及养老金或信贷收入等。本书涉及的移民金融资本主要包括家庭收入及信贷情况等。

社会资本（Social Capital）是指研究对象在追求生计目标的过程中所利用的社会资源。[①] 可持续生计分析框架中的社会资本是指人们为提高生计水平所利用的一切社会资源。这些资源通常可借助家庭亲朋好友、邻里、救助者及合作者等指标进行评价。社会资本包括人们在社会活动中可利用的人际关系、社会关系等资源。这些资源的多少在很大程度上取决于人们本身拥有的关系网及所处社会关系网的体系架构。较多的社会资本能够对人际的合作共处关系起到增强作用。本书中涉及的社会资本主要有移民的家人、亲朋中有无村干部或正式工作人员、有困难时找谁帮忙、参与集体事务程度、用于家庭人情送礼的费用多少、用于通信的费用多少等。

（3）组织结构与制度转化。结构和制度的转化也称为“政策、机构和过程”，是指影响人们生计的制度、组织、政策和立法。[②] 具体而言，为了能够提高农户生计水平，政府依据实际情况会制定一系列援助政策、保护制度，成立组织落实机构等，从有关的政策法规和组织环境方面确保不同地区农户发展应享有的权利和机遇。结构是指能够促使可持续生计发展的各级政府组织、企业、金融机构、非政府组织和社会团体等，其主要职能是制定政策、履行责任与义务，以增强防范内外部风险的能力和实现预期的生计目标。制度转化主要是调整影响生计的相关制度文件等，对可持续生计起辅助作用。结构和制度相辅相成、相互促进，共同作用于可持续生计的各个方面，共同推动生计资本的变化发展。对于贵州易地扶贫搬迁移民来说，组织结构与制度转化对其生计可持续发展所起的作用主要体现在，它能够直接影响农户各种资本的获得能力、

---

① 苏芳、徐中民、尚海洋：《可持续生计分析研究综述》，《地球科学进展》2009 年第 1 期。

② 何仁伟、刘邵权、陈国阶等：《中国农户可持续生计研究进展及趋向》，《地理科学进展》2013 年第 7 期。

开发资产的动力、生计策略的选择能力、生计风险防范能力等的提升。①

（4）生计策略。为增加收入和实现更好的生活，农户在生产活动中所采取的灵活调整自身拥有资产的相互配置的策略称为生计策略。选择生计策略的目的在于实现令其满意的生计结果。Ian Scoones 将生计策略划分为资本集约型、扩张型、多样组合型及资本迁移型四种类型。贵州易地扶贫搬迁移民迁入城镇以后，由于受到外界各因素的影响，他们在生计策略选择上正处于动态变化之中，想要实现可持续的生计，需要立足其自身特点，寻求合理有效的多元化生计策略。

（5）生计结果。采取某种更适合的生计策略类型所产生的结果被称为生计结果。采取某种生计策略的前提是必须依据自身的生计资本拥有状况，并进行合理的安排。生计结果一般有三种：正向结果——农户生计水平目标提升，生计资本不变——生计策略实施前后资本变化不显著，负向结果——生计策略实施后生计资本反而下降。构建切实可行的生计发展模式，确保贵州易地扶贫搬迁移民生计朝着正向的结果可持续发展，是本书研究贵州易地扶贫搬迁移民生计的目标所在。

（二）资源配置理论

稀缺资源配置问题历来都是经济学的核心问题，而且是资源的稀缺性导致了资源配置效率问题的产生。资源配置的概念最早起源于古典经济学，而真正对现代资源配置理论产生重要影响的人是古典经济学家亚当・斯密。②1776年，“亚当・斯密在《国富论》中关于‘看不见的手’作用的理论表述并没有直接使用‘资源配置’这个概念，然而，‘看不见的手’事实上却是资产阶级经济学关于市场在资源配置中起决定作用的最初理论表述”③。亚当・斯密提出

---

① 何仁伟、刘邵权、陈国阶等：《中国农户可持续生计研究进展及趋向》，《地理科学进展》2013 年第 7 期。

② 周月秋：《资源配置理论探索》，《金融管理科学（双月刊）》1994 年第 2 期。

③ 刘学梅、李明、丁堡骏：《对社会主义国家资源配置理论的再认识——习近平系列重要讲话中政治经济学思想研究》，《毛泽东邓小平理论研究》2015 年第 1 期。

的“看不见的手”的相关理论构成了古典经济学资源配置理论的基石，西方经济学家们以亚当·斯密的资源配置理论为起点，开始致力于资源配置的相关研究。[①]古典经济学中资源配置的基本理论思想为：自由市场是实现资源配置的唯一方式，通过利益诱导可以对资源实现优化配置。[②]到19世纪70年代，合理的资源配置成为经济学领域重点关注的问题。随着对古典经济学有关社会法律制度分析的放弃，以及对“自由配置”的资源配置理论的开始重视，逐渐产生了新古典经济学资源配置理论。新古典经济学家认为，之所以充分合理利用资源，以追求资源利用效益的最大化，原因在于社会生产和再生产的资源不是无限的。新古典经济学资源配置理论的基本内涵包括资源稀缺性假设、价格均衡的基础作用、市场配置资源的主导作用、帕累托最优与帕累托改进等。后来，由于市场调节和国家调控在一定条件下的失灵，逐渐产生了尝试解释和解决这一问题的新古典综合学派资源配置理论。该理论的核心思想为：强调市场作为资源配置的主要力量[③]，正视资源配置过程中的“市场失灵”问题，基于“市场失灵”而提出政府干预资源配置的观点，资源配置也会存在“政府失灵”情况。新古典综合学派综合前人的资源配置理论，提出了这样的观点：市场需要在资源配置中发挥基础性作用，政府也需要采取一定的措施来弥补“市场失灵”，从而实现资源的最优化配置。[④]1952年，哈里·马科维茨（Markowitz）在其资产组合的相关理论基础上指出，将资产进行合理组合，使之对实现人们生计的可持续发挥重要的作用。[⑤]20世纪60年代中期，西方的一些发展经济学家开始致力于研究经济全面协调发展的主要影响因素和制约条件，并且认为

① 陈梓焓：《贵州省易地移民生计可持续性研究》，硕士学位论文，贵州大学，2018，第17页。

② 张立新：《基于资源配置理论的城市土地合理利用研究——以长江经济带城市为例》，博士学位论文，中国农业大学资源与环境学院，2018，第24页。

③ 韩冰华：《农地资源合理配置的制度经济学分析》，博士学位论文，华中农业大学，2005，第58页。

④ 尹敬东、周绍东：《基于劳动价值论的资源配置理论研究》，《经济学动态》2015年第5期。

⑤ Markowits.H.M,“Portfolio Selection,”*Journal of Finance* 7, no.1(1952): 77-91.

各类资本是影响和制约经济全面发展的重要因素，提高科技水平和增加人力资本能够为经济发展提供有利的条件。如，迈克尔·谢若登提出要建立和完善福利制度，以增加人们的各项资本和贫困人口的资产积累，以便能够为他们实现可持续生计打下比较坚实的基础。①

研究贵州易地扶贫搬迁移民的生计可持续发展问题，可以以资源配置理论为理论指导，在研究过程中注重对移民生计资本的重组和配置，以期能够达到“帕累托持续改进”的生计发展状态——在大多数移民收入水平提高和享受的福利待遇增加的前提下，全体移民都能达到较高的生计水平；同时，对各项资产进行合理优化配置，以实现资本的最大化利用，从而积累可持续发展的资产基础。本书在后文将借助资源配置理论的脉络和思路，配置各项资本的组合，优化各种资源的利用率，以寻求贵州易地扶贫搬迁移民的生计可持续发展的最优路径。

（三）可持续发展理论

1972 年的斯德哥尔摩联合国人类环境研讨会上正式提出可持续发展理念；1980 年，由世界自然保护联盟（IUCN）发表的《世界自然资源保护策略》对可持续发展理论做了较为系统的解释；1987 年，布伦特兰在其报告《我们共同的未来》中第一次阐述了可持续发展理论的内涵，并给出可持续发展的定义：“既满足当代人的需要，又不对后代人满足其需要的能力构成危害的发展。”②此后，世界各国陆续认定可持续发展理论为经济发展战略的指导性理论，而且在此理论的引领下，人类也逐渐开始进入可持续发展的新阶段。

可持续发展理论的目的是达到共同、协调、公平、高效、多维的发展，涉及经济、社会、环境、资源、技术等各个领域，每个领域的可持续发展构成了可持续发展整体系统的一个个子系统。推进可持续发展既要认识到各子系统与

---

① 迈克尔·谢若登：《资产与穷人：一项新的美国福利政策》，高鉴国译，商务印书馆，2005，第 294 页。

② 世界环境与发展委员会：《我们共同的未来》，王之佳等译，吉林人民出版社，1997，第 52 页。

整个系统之间的关联，也要处理好各个子系统之间的协同关系。[①] 党的十六大以来，我国提出的科学发展观将“以人为本”的思想、人的全面发展与可持续发展理念相结合，创新了可持续发展理论，拓展了可持续发展内涵。[②]

从可持续发展理论视角来看，我国实施易地扶贫搬迁工程的优势在于，一方面，通过搬迁的方式将农户的活动与脆弱的生态环境隔离开，恢复被破坏的生态，实现迁出地的生态可持续。另一方面，移民迁入新的区域以后获得了更广阔的发展空间，通过增加收入来实现经济可持续。本书在探讨贵州易地扶贫搬迁移民的生计可持续发展过程中，尝试将移民的全面发展与可持续发展理论相结合，为探索移民生计的可持续发展路径提供必要的理论支撑。

（四）赋权增能理论

无论是“赋权”，还是“增能”或“增权”，其英文都是“empowerment”，意思是让人有更大、更多的责任感，有能力去做自己应该做的事。增能是个人在与他人及环境的积极互动过程中，逐渐获得更大的对生活空间的掌控能力和自信心，并促进对环境资源和机会的有效利用，从而进一步帮助个人提升多方面能力的过程。因此，赋权增能理论也可称为增权理论。增权概念在社会工作中被广泛应用。[③] 巴巴拉·所罗门（Barbata Solomon,1976）在其《黑人的增权：受压迫社区的社会工作》一书中通过对美国黑人群体的研究，初步构成了一个赋权增能理论的研究框架。所罗门给赋权所下的定义为：以减少或消除个体因作为被污名化的团体的成员而遭受的无权状态为目的的一系列活动。[④]20 世纪 90 年代以来，社会工作领域已将增能作为重要价值观念和工作模式之一加

① 康晓辉：《基于可持续发展理论的京津冀建筑产业化发展水平评价研究》，硕士学位论文，北京建筑大学，2020，第 14 页。

② 常江、王忠民：《科学发展观对可持续发展理论的创新与发展》，《西北大学学报（哲学社会科学版）》2010 年第 3 期。

③ 何雪松：《社会工作理论》，上海人民出版社，2007，第 169 页。

④ Solomon, B. B. Black, *Empowerment Social Work Oppresses Communities* (New York: Columbia University Press, 1976), p.23.

以大力提倡。而早期的增能理论是以贫困群体或弱势群体为研究核心的。这说明，该理论从一开始就是为研究贫困群体或弱势群体而产生的。当然，正是由于“empowerment”一词有“赋权”“增权”“增能”三种中文意思，所以也有部分学者对这些概念进行区分，并将“赋权”和“增能”视为能够改变贫困的两个相互补充的概念，在中国特色社会主义反贫困中具有重要意义。[①] 但我们在依据赋权增能理论分析和研究贵州易地扶贫搬迁移民生计发展时，不对“赋权”和“增能”进行严格区分，并将“赋权增能”与“增能”视为同一概念来使用。[②]

赋权增能理论的基本假设为：第一，由于环境的排挤和压迫而导致个人产生无力感。导致无力感的根源在于：①受压迫群体的自我负向评价；②与外在环境互动过程中所形成的负面经验；③在社会中有效行动的宏观环境阻碍。弱势群体的弱势地位是由于他们长期缺乏参与机会，而非他们自身缺陷所致。第二，社会环境中障碍人们能力发挥的一些直接和间接因素是可以改变的。第三，社会互动能够帮助人们不断增加能力。第四，服务对象是有能力、有价值的。社会工作者通过向服务对象开展活动，能够帮助他们去除因环境的压制而产生的无力感，并使他们获得能力和正常发挥他们的社会功能。第五，社会工作者、服务对象与环境之间能够实现有效互动，从而使服务对象能实现自我价值。

时代背景不同，赋权增能理论的指导含义可能会有所不同。整体而言，这一理论离不开对案主权能的增加，对易地扶贫搬迁移民的关注不能仅限于经济收入是否增加，还应关注并重视其能力的提升和潜能的发挥。研究贵州易地扶贫搬迁移民的生计可持续发展问题，可以运用赋权增能理论，从移民主体和发展载体两个层面研究安置在城区的移民的生计可持续发展的可能性，以期能够

---

① 李俊俊：《赋权与增能：农民工弱势地位改变的根本途径》，《重庆文理学院学报（社会科学版）》2012 年第 1 期。

② 王宏新：《中国易地扶贫搬迁政策的演进特征——基于政策文本量化分析》，《国家行政学院学报》2017 年第 3 期。

为开辟移民生计可持续发展路径提供必要的理论支撑和思路指导。

（五）资产建设理论

资产建设理论是当代社会科学领域一个重要的新理论。该理论是美国（圣路易斯）华盛顿大学教授、社会福利学者迈克尔·谢若登（Michael Sherraden）于20世纪90年代在其著作《资产与穷人》中提出的。资产建设理论也是一个社会政策框架，其基本假设是，把资产积累看作促进穷人发展的积极福利政策。[①]谢若登认为，“收入只能维持消费，而资产则能改变人们的思维和互动方式”[②]，社会福利政策“供养了弱者，但无助于使他们变强”[③]，“收入只能填饱人们的肚子，资产则能改变人们的头脑”[④]。也就是说，对于穷人来说，贫困者贫穷的恶性循环之所以难以打破，根本原因是他们难以积累起资产。[⑤]“所谓资产建设，是指政府有组织地引导和帮助穷人进行资产积累与投资，而非简单地直接增加其收入与消费。”[⑥]通过积累资产与投资能够实现发展。因为，在谢若登看来，对于一个家庭而言，想要长久地改善其生活条件，在教育、住房、产业等方面进行投资和积累是非常有必要的。资产的重要福利效应在于，能够刺激包括人力资本等在内的其他资产的投入，还能够促进家庭稳定，增加个人效能、政治参与及社会影响等。对于穷人来说，有了资产以后就有追求更高或长期目标的可能，更为重要的是，通过积累资产，还能够潜在地提升穷人的意识，改变其行为方式等。

---

① 钱宁：《资产建设理论与中国的反贫困》，《社会建设》2019年第2期。

② 迈克尔·谢若登：《资产与穷人：一项新的美国福利政策》，高鉴国译，商务印书馆，2005，第6页。

③ 迈克尔·谢若登：《资产与穷人：一项新的美国福利政策》，高鉴国译，商务印书馆，2005，第3页。

④ 迈克尔·谢若登：《资产与穷人：一项新的美国福利政策》，高鉴国译，商务印书馆，2005，第6页。

⑤ 迈克尔·谢若登：《资产与穷人：一项新的美国福利政策》，高鉴国译，商务印书馆，2005，第6页。

⑥ 王思斌主编《社会工作概论》，高等教育出版社，2014，第328页。

在《资产与穷人》中，谢若登还提出了一个类似于个人退休账户的资产建设政策方案——个人发展账户。该账户建立在个人名下，实质为“资产（资本）账户”，是可选择的、有增值的和税收优惠的账户，政府“对穷人的存款给予配给金或补贴，并通过私人部门或账户持有者自己的努力形成创造性经营的潜力”，有利于“促进未来取向、长远计划、储蓄和投资、个人创新、个人选择和实现目标”。[①] 美国目前已经在多个州采用了某种形式的个人发展账户政策，而谢若登所提出的个人发展账户也正作为一种社会政策工具逐渐走向全球。[②]

资产建设理论目前已“被运用到政策理论的建构和社会工作的实务探索中，成为当代中国社会福利和社会工作研究的重要理论资源”[③]，而且对于贵州易地扶贫搬迁移民的家庭资产积累具有非常重要的启示和借鉴意义：将个人发展账户政策引入移民的生计可持续发展中，培植移民的家庭资产，对其家庭稳定、生计可持续发展，增加其个人效能、政治参与及社会影响等具有重要的促进意义。

---

① 迈克尔·谢若登：《资产与穷人：一项新的美国福利政策》，高鉴国译，商务印书馆，2005，第265页。

② 王思斌主编《社会工作概论》，高等教育出版社，2014，第328页。

③ 钱宁：《资产建设理论与中国的反贫困》，《社会建设》2019年第2期。

第二章　研究设计及研究情况介绍

第一节　研究方法、研究思路及主要内容

一、研究方法

本书采用定量为主、定性与定量相结合的研究方式，灵活运用问卷法、访谈法、观察法等方法收集资料，并借助统计分析软件描述贵州易地扶贫搬迁移民的基本情况，分析移民的可持续生计发展水平和生计发展现状及问题，为提出可供选择的移民生计可持续发展路径提供事实支撑。

（一）定性研究

首先，笔者采用归纳推理的方法分析和总结国内外有关易地扶贫搬迁移民可持续性生计的文献，为本书寻求理论支撑和研究的切入点。其次，在贵州省各市、县分别选择几个有代表性的易地扶贫搬迁移民社区开展观察、访谈和问卷调查。即对移民、易地扶贫搬迁执行和管理部门的干部、移民迁入地的原住民等进行参与式观察、无结构访谈和问卷调查，收集能够反映移民生产生活等方面基本状况的资料。最后，运用 SPSS25.0 中的频数分析模型和比较分析法分析移民在各个层面的基础性数据。通过以上定性研究，为定量分析结果的验证和解释提供理论依据。

（二）定量研究

运用有关计算方法和借助统计分析软件 SPSS25.0 分析统计问卷数据。一是运用有关综合指标值计算方法测算移民各生计资本值及生计资本总水平；二

是运用聚类分析、回归分析等高级统计分析方法，分析移民所选择的生计策略类型，以及移民生计策略、生计结果的影响因素；三是运用多元线性回归模型促进移民生计资本最优组合方式的形成。笔者通过以上定量研究，为探寻移民生计可持续发展路径提供事实依据。

二、研究思路及主要内容

（一）研究思路

本书按照提出问题—分析问题—解决问题的研究思路，首先，深入分析有关易地扶贫搬迁移民可持续生计的相关研究成果，为本书寻求必要的理论支撑；其次，在分析贵州易地扶贫搬迁移民生计资本现状的基础上，运用比较分析法、聚类分析法和回归分析法，从生计策略和生计结果两个层面详细分析移民的生计发展现状及问题；再次，以 DFID 可持续生计分析框架为基本理论支撑，探讨构建移民生计可持续发展模式；最后，从政府、社会和移民个人三个层面提出移民生计可持续发展模式的具体实现路径。笔者所采用的技术路线如图 2-1 所示。

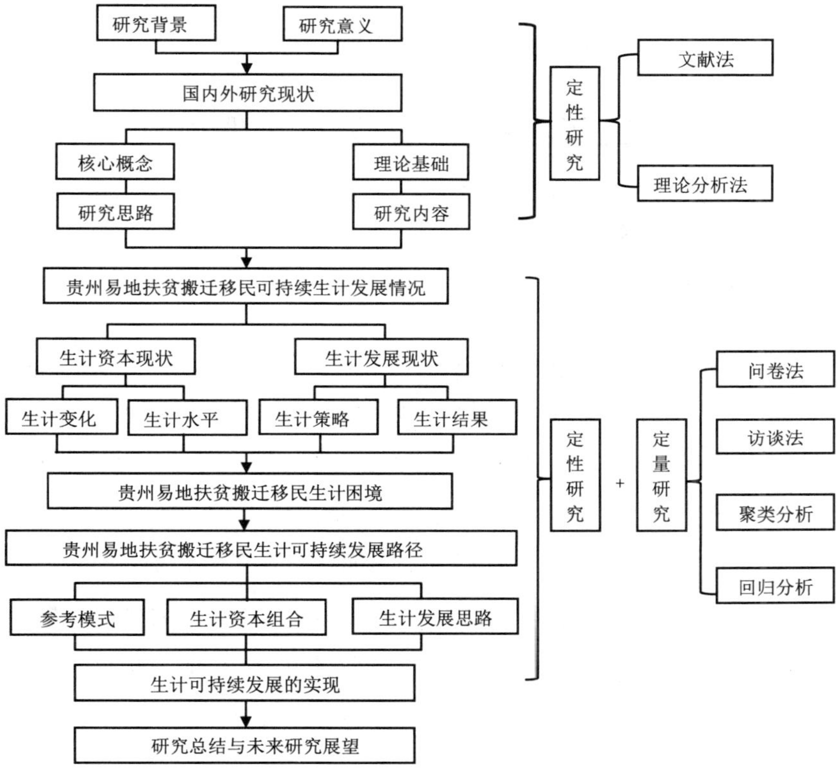

图 2-1 研究技术路线

（二）主要内容

按照以上研究思路和技术路线，本书的重点内容有三：

1. 分析贵州易地扶贫搬迁移民的生计发展情况及所面临的主要问题。一方面，从自然资本、物质资本、社会资本、人力资本、金融资本五种生计资本出发，分析移民的生计变化情况及生计资本水平；从移民的生计策略和生计结果两个层面研究移民的生计发展状况。另一方面，以 DFID 可持续生计分析框架为理论指导，主要从政府、社会和移民个人三个层面深入分析移民生计发展所面临的主要问题。

2. 构建贵州易地扶贫搬迁移民的生计可持续发展模式。

3. 实现贵州易地扶贫搬迁移民生计可持续发展的路径选择。

第二节　关键变量及研究假设

一、关键变量

本书依据 DFID 可持续生计分析框架的资本分类维度及内容，参考和借鉴了徐锡广、孔鑫鑫、陈梓焓、吕晓璐、杨梦蓉、夏艳玲、刘宗华等学者提出的指标内容（如表 2-1 所示）及指标体系构建方式，共设计了四个关键性变量：脆弱性、生计资本（人力资本、自然资本、物质资本、金融资本、社会资本）、生计策略和生计结果。在具体的指标选择方面，笔者考虑到研究对象是精准扶贫期间的易地扶贫搬迁移民，尤其以 2018—2020 年迁入县城集中安置的移民为重点研究对象，同时结合他们在城市移民社区的生产生活实际，所选取的研究指标对自然资本和物质资本所涉及的内容做了具体调整。如，在设计土地资本的测量内容方面相对弱化了土地面积，侧重于对原有土地功能转化等的测度。又如，由于城市社区移民一般都没有条件在新住地搞养殖，所以在设计其物质资本的指标时取消了养殖方面的内容，相应地增加了社区中基础设施类指标。另外，需要特别说明的是，为了能够比较客观地评估贵州易地扶贫搬迁移民的生计可持续发展情况，笔者将涉及的变量分为自变量和因变量两大类。最终设计的移民生计变量及指标体系如表 2-2 所示。

表 2-1 既有研究成果中的变量及指标汇总

<table>
<tr><th>研究者</th><th colspan="2">变量</th><th>指标</th></tr>
<tr><td rowspan="5">徐锡广
申鹏[①]</td><td rowspan="5">生计资本</td><td>人力资本</td><td>文化程度、家庭劳动力数量、是否参加技能培训</td></tr>
<tr><td>自然资本</td><td>耕地面积、耕地质量</td></tr>
<tr><td>物质资本</td><td>房屋面积、安置地基础设施评价</td></tr>
<tr><td>金融资本</td><td>是否有劳动力稳定非农就业、月收入、能否借款、能否贷款</td></tr>
<tr><td>社会资本</td><td>人际交往、与亲朋好友往来、获得基层组织帮助、能否适应安置地的生活方式</td></tr>
<tr><td rowspan="7">孔鑫鑫[②]</td><td rowspan="5">生计资本</td><td>人力资本</td><td>受教育程度、家庭的劳动力质量、家庭总人口数</td></tr>
<tr><td>自然资本</td><td>人均耕地面积以及人均林地面积</td></tr>
<tr><td>物质资本</td><td>住房面积、家庭住房类型、家庭耐用品消费情况、农业用具/车辆拥有量</td></tr>
<tr><td>金融资本</td><td>家庭年收入、是否有未还的贷款债务</td></tr>
<tr><td>社会资本</td><td>该学者未设计具体指标</td></tr>
<tr><td colspan="2">生计策略</td><td>政府对就业的培训指导和搬迁户兼业经营</td></tr>
<tr><td colspan="2">生计结果</td><td>能够表征生计输出增加，即农户生计基本可持续的指标</td></tr>
<tr><td rowspan="7">陈梓焓[③]</td><td rowspan="5">生计资本</td><td>人力资本</td><td>家庭文化程度、是否参加过技能培训、健康状况和家庭劳动力数量</td></tr>
<tr><td>自然资本</td><td>家庭耕地面积、土地质量、土地灌溉和排水条件、是否有用于农业生产的土地、如何处置搬迁前的土地和每年获得多少土地流转资金</td></tr>
<tr><td>物质资本</td><td>住房面积、住房结构、生产工具数量、耐用消费品数量</td></tr>
<tr><td>金融资本</td><td>年收入的变化情况、申请金融机构贷款情况、借钱的可获性</td></tr>
<tr><td>社会资本</td><td>亲戚朋友中有无公务员、集体事务参与程度、家里遇到困难获得帮助的途径、搬迁前后与乡镇的距离</td></tr>
<tr><td colspan="2">生计策略</td><td>搬迁前后移民职业的比较、搬迁后生计模式的变化</td></tr>
<tr><td colspan="2">生计结果</td><td>收入和支出水平发生的变化</td></tr>
</table>

① 徐锡广、申鹏：《易地扶贫搬迁移民的可持续性生计研究——基于贵州省的调查分析》，《贵州财经大学学报》2018 年第 1 期。

② 孔鑫鑫：《易地扶贫搬迁农户可持续生计影响因素研究——以保定市涞源县为例》，硕士学位论文，河北经贸大学，2020，第 23—24 页。

③ 陈梓焓：《贵州省易地移民生计可持续性研究》，硕士学位论文，贵州大学，2018，第 41—42 页。

续表

研究者	变量		指标
吕晓璐[①]	脆弱性		面临的风险、拥有生计资本状况以及农户搬迁后的自身适应能力
	生计资本	人力资本	家庭成员基本概况
		自然资本	土地面积
		物质资本	房屋、经营设备
		金融资本	收入、储蓄
		社会资本	亲友关系、邻里关系
杨梦蓉[②]	生计资本	人力资本	移民健康状况、教育年限、知识和拥有的技能、劳动能力等
		自然资本	土地资本、水资源、森林、生物等
		物质资本	各种基础设施
		金融资本	工资（报酬）储蓄、贷款及借贷等金融资产
		社会资本	与社会的联系、与他人的信任程度、参与的正式和非正式的组织数量和程度等
夏艳玲[③]	生计资本	人力资本	劳动力人口、家庭抚养比、是否参加过技能培训
		自然资本	可耕地面积、耕地质量、是否有森林资源
		物质资本	村庄道路类型、家里拥有的设备、村庄内是否有村部或社区服务中心及教育服务机构、村庄是否配有卫生室、村庄的基础设施完善程度
		金融资本	月收入、经济困难时是否可以借到款或获得贷款、是否有易变现的物件
		社会资本	与原村民 / 外村民的交往关系、对新村庄的适应情况、是否获得过基层组织的帮助

① 吕晓璐：《陕南脱贫攻坚移民搬迁可持续生计研究》，硕士学位论文，上海海洋大学，2020，第16—17页。

② 杨梦蓉：《可持续生计框架下生态移民生计变迁研究》，硕士学位论文，贵州财经大学，2016，第34页。

③ 夏艳玲：《易地扶贫搬迁移民的可持续生计研究——以广西巴马瑶族自治县为例》，《西南民族大学学报（人文社会科学版）》2019年第9期。

续表

研究者	变量		指标
刘宗华 邬兰娅 刘魏 田红宇①	生计资本	人力资本	身体状况、心理状况、生活适应、生产适应、劳动能力、技能培训
		自然资本	菜地种植面积、菜地质量
		物质资本	住房面积、是否可以搞养殖
		金融资本	存款、年收入、融资渠道
		社会资本	本村人际交往、搬迁户内部交往、红白喜事参与次数及人情支出、通信支出

表 2-2 移民生计变量及指标体系

变量			指标
自变量	脆弱性		贫困类型、搬迁时间、搬迁时政府提供的条件、搬迁前后交通条件变化等
	生计资本	人力资本	文化程度、家庭劳动力数量及其健康状况、是否参加技能培训及培训内容、培训效果
		自然资本	土地面积及质量、土地经营流转情况及土地收入
		物质资本	房屋面积及结构、耐用消费品及生产工具和交通工具、社区基础设施完善情况
		金融资本	需要借钱时找谁、是否申请过金融机构的贷款、收支情况
		社会资本	家人、亲戚或朋友中有没有村干部或正式的工作人员，有困难时找谁帮忙，参与村里集体事务情况，人情送礼，通信费用等
	生计策略		具体职业、家庭收入途径
因变量	生计结果		能够表征生计输出增加，即移民生计基本可持续的指标：家庭收入水平、支出水平等

① 刘宗华、邬兰娅、刘魏等：《易地搬迁移民可持续生计研究——以湖北省宜昌市为例》，《三峡大学学报（人文社会科学版）》2019 年第 3 期。

二、研究模型及研究假设

（一）研究模型的构建

本书在分析贵州易地扶贫搬迁移民的生计发展问题时，主要考虑各生计资本、生计策略在搬迁前后的变化情况，生计资本、生计策略相互之间的影响情况，以及生计资本、生计策略对生计结果的影响情况等，同时结合移民的生产生活实际，构建如图 2-2 所示的研究模型。

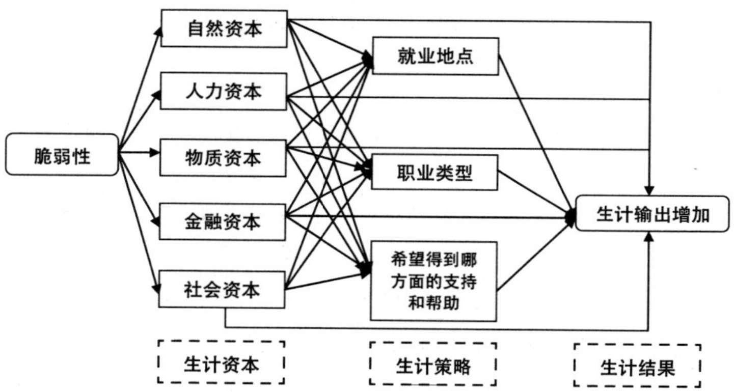

图 2-2　易地搬迁农户可持续生计各因素之间关系的理论模型

（二）研究假设的提出

依据以上研究模型，结合既有研究成果及贵州易地扶贫搬迁移民生产生活实际，本书提出如下三个方面的研究假设。

1. 移民生计资本假设

在可持续生计分析框架中，生计资本是核心部分。陈梓焓指出，贵州省易地扶贫移民搬迁后的生计资本总值为 1.245，与理想化值差距较大。[①] 徐锡广、申鹏研究发现，贵州易地扶贫搬迁移民生计资本值为 0.539，移民生计不可持

① 陈梓焓：《贵州省易地移民生计可持续性研究》，硕士学位论文，贵州大学，2018，第 46 页。

续。[①] 王海认为贵州省的搬迁群众可持续生计能力较弱，而且受知识结构、技能水平的影响，难以有效增加收入。[②] 王珏珏研究发现，搬迁农民寻找工作的能力弱、农户搬迁后因安置点周围没有可供耕作的土地而被迫与生产资料相分离、搬迁农民文化程度整体较低，这些因素导致贵州省农户搬迁后生计存在问题。[③]

根据以上研究结论，结合贵州易地扶贫搬迁移民的实际，关于移民的生计资本水平，笔者提出研究假设一。

假设一：贵州易地扶贫搬迁移民的生计资本水平与理想化值差距较大，提高其生计资本水平难度也较大。

2. 移民生计资本与生计策略的关系假设

"实现不同生计策略的能力依赖于农户所拥有的各类生计资本存量的多少。"[④] 拥有较大量自然资本和物质资本的农户会对原有农业生计活动具有较大的依赖性，从而选择以农业为主的生计策略；而选择以非农业为主的生计策略的农户往往拥有较多的金融资本、人力资本及社会资本存量。[⑤] 研究发现，山区农户的自然资本与其选择专业型的农业生计策略，金融资本、社会资本与其选择非农的单一化生计策略均呈一定的正向影响[⑥]；旅游区农户的社会资本、

---

① 徐锡广、申鹏：《易地扶贫搬迁移民的可持续性生计研究——基于贵州省的调查分析》，《贵州财经大学学报》2018 年第 1 期。

② 王海：《贵州省易地扶贫搬迁后续问题及对策思考》，《理论与当代》2020 年第 10 期。

③ 王珏珏：《贵州省易地扶贫搬迁的后续困难与对策》，《广东蚕业》2021 年第 2 期。

④ 阙晓冬、李兰英：《农户可持续生计资本研究进展》，《福建农业科技》2020 年第 11 期。

⑤ 伍艳：《贫困山区农户生计资本对生计策略的影响研究——基于四川省平武县和南江县的调查数据》，《农业经济问题》2016 年第 3 期。

⑥ 伍艳：《贫困山区农户生计资本对生计策略的影响研究——基于四川省平武县和南江县的调查数据》，《农业经济问题》2016 年第 3 期。徐定德、张继飞、刘邵权等：《西南典型山区农户生计资本与生计策略关系研究》，《西南大学学报（自然科学版）》2015 年第 9 期。

金融资本、人力资本会对其生计策略的选择产生一定的影响；[①] 而自然资本对农户选择以旅游业为生计策略产生积极还是消极作用，至今尚未形成定论[②]。对于易地扶贫搬迁移民而言，不同生计策略依赖于不同的生计资本：农林种植依赖于自然资本、物质资本、人力资本和金融资本，外出务工依赖于物质资本和人力资本，非农自营依赖于人力资本和金融资本。[③] 对于少数民族地区水库移民来说，不同生计资本变化的组合导致不同的生计策略。[④] 具体而言，人力资本对打工收入具有显著的正向影响，而自然资本则对打工收入产生显著的反向影响；物质资本和社会资本均促进了农户养殖收入的提高，人力资本与自然资本也显著促进了农户的种植收入的提升。[⑤] 根据以上研究结论，关于移民生计资本与生计策略之间的关系，笔者提出研究假设二。

假设二：生计策略的选择依赖于生计资本的存量，贵州易地扶贫搬迁移民的生计资本影响其生计策略的选择，他们根据自己所拥有的金融资本、社会资本和物质资本选择非农的单一化生计策略。

---

① 王瑾、张玉钧、石玲：《可持续生计目标下的生态旅游发展模式——以河北白洋淀湿地自然保护区王家寨社区为例》，《生态学报》2014 年第 9 期。刘延国、王青、廖彦淞等：《可持续生计视域下的岷江上游山区生态旅游发展模式》，《旅游研究》2018 年第 2 期。

② 何昭丽、米雪、喻凯睿等：《农户生计资本与旅游生计策略关系研究：以西北 A 区为例》，《广西民族大学学报（哲学社会科学版）》2017 年第 6 期。王永静、胡露月：《乡村旅游视角下农户生计资本对生计策略影响研究——基于重庆乡村旅游地农户调查数据》，《生态经济》2020 年第 3 期。

③ 王君涵、李文、冷淦潇等：《易地扶贫搬迁对贫困户生计资本和生计策略的影响——基于 8 省 16 县的 3 期微观数据分析》，《中国人口·资源与环境》2020 年第 10 期。

④ 李丹、许娟、付静：《民族地区水库移民可持续生计资本及其生计策略关系研究》，《中国地质大学学报（社会科学版）》2015 年第 1 期。

⑤ 王晓轩、耿天学、赵周华：《补助政策、生计资本对农户生计策略和生计结果的影响——以农牧交错带贫困地区样本为例》，《农业科学研究》2020 年第 3 期。

3. 移民生计资本与生计结果的关系假设

关于农户生计结果的影响因素，孔鑫鑫研究发现，农户生计输出受到多种生计资本因素的影响，具体表现为：对农户生计输出影响最大的是人力资本因素，且农户人力资本对农户生计输出的直接影响强于对其产生的间接影响；金融资本和物质资本对农户生计结果产生的影响差异不大，都能够直接或间接地影响到农户生计结果。农户生计策略对农户生计输出结果的影响表现为：农户兼业经营行为与农户生计技能培训二者对搬迁农户生计结果的影响都比较显著，但农户的生计技能培训对生计结果的影响更大。农户自然资本对生计输出无显著影响。[①] 刘伟等学者研究发现，易地搬迁农户的物质资本和社会资本分布不均衡对农户生计资本分化产生作用，物质、金融和社会资本积累水平以及环境、健康服务可及性等均是搬迁户提升生计恢复力的前提和基础，而搬迁类型对移民生计恢复力表现出显著的负向作用。[②] 孙海兵研究发现，社会资本中的基层帮扶、与金融资本相关的收入变化、物质资本中的家庭住房、自然资本中的土地面积、金融资本中的信贷机会对移民生计结果有重要影响，应采取加强教育培训、创造就业机会、分享工程效益、创新社区治理等措施重点提高移民的人力、金融与社会资本，促进移民实现可持续生计。[③] 综合以上研究结论，关于生计资本与生计结果之间的关系，笔者提出了研究假设三。

假设三：贵州易地扶贫搬迁移民的社会资本、金融资本是影响其生计结果的重要因素。

① 孔鑫鑫：《易地扶贫搬迁农户可持续生计影响因素研究——以保定市涞源县为例》，硕士学位论文，河北经贸大学，2020，第 45 页。

② 刘伟、黎洁、徐洁：《连片特困地区易地扶贫移民生计恢复力评估》，《干旱区地理》2019 年第 3 期。

③ 孙海兵：《南水北调库区移民可持续生计研究》，《水利发展研究》2015 年第 5 期。

第三节　抽样及研究历程

一、抽样及有关情况说明

（一）抽样方法及过程

本书采用多段抽样的方法抽取调查样本。抽样过程共分为四个步骤：第一步，以各市（州）为单位，随机抽取三个市（州）作为一级样本。所抽取的一级样本为毕节市、黔东南苗族侗族自治州、安顺市。第二步，以一级样本所辖的所有县（市、区）为单位，各抽取一个县（市、区）作为二级样本。所抽取的二级样本为关岭布依族苗族自治县（简称“关岭县”）、剑河县、威宁彝族回族苗族自治县（简称“威宁县”）。第三步，在所抽取的二级样本中各选择两个易地扶贫搬迁移民社区作为三级样本。所选择的移民社区分别为关岭布依族苗族自治县百合街道同康社区、同心社区，剑河县仰阿莎街道思源社区、幸福社区，威宁县五里岗街道五里岗社区阳光馨区、雄山街道平山社区小康馨区。第四步，以所抽取的三级样本为单位抽取最终调查对象。

（二）有关情况说明

这里需要进一步说明的是，考虑到所选择的研究对象绝大多数是精准扶贫期间建档立卡的移民以及调查样本的代表性问题，所以笔者在第三步抽样中选择的样本点不是按照随机原则抽取，而是从 2018 年底仍未脱贫的县（市、区）中选出来的。各样本县（市、区）的贫困特征详见图 2-3 和表 2-3。

遵义市	赤水市	桐梓县	凤冈县	湄潭县	习水县	务川县	道真县	正安县		
六盘水市					六枝特区	盘州市	水城县			
安顺市			西秀区	平坝区	普定县	镇宁县	关岭县	[illegible]		
毕节市				黔西县	大方县	织金县	[illegible]	[illegible]	[illegible]	
铜仁市	碧江区	万山区	江口县	玉屏县	石阡县	印江县	思南县	德江县	松桃县	[illegible]
黔东南苗族侗族自治州		丹寨县	麻江县	施秉县	黄平县	岑巩县	天柱县	锦屏县		
		三穗县	雷山县	镇远县	剑河县	台江县	黎平县	[illegible]	[illegible]	
黔南布依族苗族自治州	瓮安县	龙里县	惠水县	贵定县	荔波县	独山县	平塘县	罗甸县	长顺县	三都县
黔西南布依族苗族自治州	兴仁县	安龙县	普安县	册亨县	贞丰县	[illegible]	[illegible]			

2016 年退出的贫困县　2017 年退出的贫困县　2018 年退出的贫困县

2019 年退出的贫困县　2020 年退出的贫困县

图 2-3　贵州省贫困县名单

表 2-3　贵州省贫困县及深度贫困村所在县（含脱贫摘帽县）名单

序号	所在地区	县（市、区）名	备注
1	遵义市	汇川区	深度贫困村所在县
2		播州区	深度贫困村所在县
3		桐梓县	贫困县（2017 年脱贫摘帽）、深度贫困村所在县
4		正安县	深度贫困县（2019 年脱贫摘帽）、深度贫困村所在县
5		道真县	贫困县（2018 年脱贫摘帽）、深度贫困村所在县
6		习水县	贫困县（2017 年脱贫摘帽）、深度贫困村所在县
7		仁怀市	深度贫困村所在县
8		务川县	贫困县（2018 年脱贫摘帽）、极贫乡镇所在县
9		赤水市	贫困县（2016 年脱贫摘帽）
10		湄潭县	贫困县（2017 年脱贫摘帽）
11		凤冈县	贫困县（2017 年脱贫摘帽）

续表

序号	所在地区	县（市、区）名	备注
12	安顺市	平坝区	贫困县（2017 年脱贫摘帽）、深度贫困村所在县
13		普定县	贫困县（2018 年脱贫摘帽）、深度贫困村所在县
14		镇宁县	贫困县（2018 年脱贫摘帽）、极贫乡镇及深度贫困村所在县
15		关岭县	贫困县（2019 年脱贫摘帽）、深度贫困村所在县
16		紫云县	深度贫困县、极贫乡镇及深度贫困村所在县
17		西秀区	贫困县（2017 年脱贫摘帽）
18	铜仁市	碧江区	贫困县（2017 年脱贫摘帽）、深度贫困村所在县
19		万山区	贫困县（2017 年脱贫摘帽）、深度贫困村所在县
20		玉屏县	贫困县（2017 年脱贫摘帽）、深度贫困村所在县
21		江口县	贫困县（2017 年脱贫摘帽）、深度贫困村所在县
22		松桃县	贫困县（2019 年脱贫摘帽）、深度贫困村所在县
23		沿河县	深度贫困县、深度贫困村所在县
24		德江县	贫困县（2019 年脱贫摘帽）、极贫乡镇及深度贫困村所在县
25		思南县	贫困县（2019 年脱贫摘帽）、深度贫困村所在县
26		印江县	贫困县（2018 年脱贫摘帽）、深度贫困村所在县
27		石阡县	贫困县（2018 年脱贫摘帽）、极贫乡镇及深度贫困村所在县
28	毕节市	七星关区	贫困县（2019 年脱贫摘帽）、深度贫困村所在县
29		大方县	贫困县（2018 年脱贫摘帽）、深度贫困村所在县
30		黔西县	贫困县（2017 年脱贫摘帽）、深度贫困村所在县
31		织金县	贫困县（2019 年脱贫摘帽）、深度贫困村所在县
32		金沙县	深度贫困村所在县
33		纳雍县	深度贫困县、极贫乡镇及深度贫困村所在县
34		威宁县	深度贫困县、极贫乡镇及深度贫困村所在县
35		赫章县	深度贫困县、极贫乡镇及深度贫困村所在县
36	黔东南苗族侗族自治州	凯里市	深度贫困村所在县
37		黄平县	贫困县（2019 年脱贫摘帽）、极贫乡镇及深度贫困村所在县
38		施秉县	贫困县（2018 年脱贫摘帽）、深度贫困村所在县
39		三穗县	贫困县（2018 年脱贫摘帽）、深度贫困村所在县
40		镇远县	贫困县（2018 年脱贫摘帽）、深度贫困村所在县
41		岑巩县	贫困县（2019 年脱贫摘帽）、深度贫困村所在县
42		天柱县	贫困县（2019 年脱贫摘帽）、深度贫困村所在县

续表

序号	所在地区	县（市、区）名	备注
43	黔东南苗族侗族自治州	锦屏县	深度贫困县（2019 年脱贫摘帽）、深度贫困村所在县
44		剑河县	深度贫困县（2019 年脱贫摘帽）、深度贫困村所在县
45		台江县	贫困县（2019 年脱贫摘帽）、深度贫困村所在县
46		黎平县	贫困县（2019 年脱贫摘帽）、深度贫困村所在县
47		榕江县	深度贫困县、极贫乡镇及深度贫困村所在县
48		从江县	深度贫困县、极贫乡镇及深度贫困村所在县
49		雷山县	贫困县（2018 年脱贫摘帽）、极贫乡镇及深度贫困村所在县
50		麻江县	贫困县（2018 年脱贫摘帽）、深度贫困村所在县
51		丹寨县	贫困县（2018 年脱贫摘帽）、深度贫困村所在县
52	黔西南布依族苗族自治州	兴仁县	贫困县（2017 年脱贫摘帽）、深度贫困村所在县
53		普安县	贫困县（2019 年脱贫摘帽）、深度贫困村所在县
54		晴隆县	深度贫困县、极贫乡镇及深度贫困村所在县
55		贞丰县	贫困县（2019 年脱贫摘帽）、极贫乡镇及深度贫困村所在县
56		望谟县	深度贫困县、极贫乡镇及深度贫困村所在县
57		册亨县	深度贫困县（2019 年脱贫摘帽）、极贫乡镇及深度贫困村所在县
58		安龙县	贫困县（2018 年脱贫摘帽）、深度贫困村所在县
59	黔南布依族苗族自治州	都匀市	深度贫困村所在县
60		福泉市	深度贫困村所在县
61		荔波县	贫困县（2019 年脱贫摘帽）、深度贫困村所在县
62		贵定县	贫困县（2018 年脱贫摘帽）、深度贫困村所在县
63		独山县	贫困县（2019 年脱贫摘帽）、深度贫困村所在县
64		平塘县	贫困县（2019 年脱贫摘帽）、极贫乡镇及深度贫困村所在县
65		罗甸县	深度贫困县（2019 年脱贫摘帽）、深度贫困村所在县
66		长顺县	贫困县（2019 年脱贫摘帽）、极贫乡镇及深度贫困村所在县
67		龙里县	贫困县（2017 年脱贫摘帽）、深度贫困村所在县
68		惠水县	贫困县（2018 年脱贫摘帽）、深度贫困村所在县
69		三都县	深度贫困县（2019 年脱贫摘帽）、深度贫困村所在县
70		瓮安县	贫困县（2017 年脱贫摘帽）

续表

序号	所在地区	县（市、区）名	备注
71	六盘水市	六枝特区	贫困县（2018年脱贫摘帽）、深度贫困村所在县
72		水城县	深度贫困县（2019年脱贫摘帽）、极贫乡镇及深度贫困村所在县
73		盘州市	贫困县（2018年脱贫摘帽）、极贫乡镇及深度贫困村所在县

表中数据来源：贵州省人民政府网。

二、研究历程简介

本研究历时2年（2019年8月—2021年8月），大致经历了以下三个阶段的调查研究过程。

（一）研究准备

1. 初步探索

2019年8月，笔者开始阅读有关易地扶贫搬迁移民的研究文献，学习全国特别是贵州省有关易地扶贫搬迁的政策性文件，了解贵州省易地扶贫搬迁工程的整体实施情况。在此基础上，笔者选择了安顺市关岭县百合街道同康社区作为前期调查点，并利用2019年暑假时间到该调查点进行初步探索性研究，走访移民、当地居民、移民社区及百合街道有关工作人员、该县移民局分管易地扶贫搬迁的领导干部，初步了解移民的生产生活情况。

2. 设计调查问卷和访谈提纲并开展试调查

笔者参考既有文献资料和根据初步探索了解到易地扶贫搬迁移民在县城内的安置情况及生产生活情况，2019年9—12月经过反复论证、调整和修改，设计出调查问卷和访谈提纲的初稿。原打算2020年过完春节后到关岭县百合街道同康社区进行试调查，但因受新型冠状病毒感染影响，试调查以及根据试调查结果修改完善调查问卷、访谈提纲等工作直到2020年暑假才彻底完成。

（二）实地研究

笔者原计划在2020年9—12月开展正式调研工作，但由于笔者在学期内的工作比较繁忙，只能利用周末及节假日开展田野调查。鉴于此，笔者考虑选择了 5—8 名学生来协助完成田野调查工作，但因当年秋季开学后学校实行全封闭管理而缺少人手，影响了田野调查工作的进程，最后利用 2020 年 9—12 月的周末时间，断断续续地在关岭县百合街道同康社区、同心社区开展了一些田野调查工作，但工作进展较慢，完成的任务量也比较少。如，只访谈了关岭县移民局局长，完成了对 80 多个移民的问卷调查。2021 年春季开学后的 3—4 月份才真正全面铺开外业工作，笔者先后奔赴关岭县百合街道同康社区、同心社区，威宁县五里岗街道五里岗社区阳光馨区、雄山街道平山社区小康馨区，以及剑河县仰阿莎街道思源社区、幸福社区继续开展田野调查工作，最后于 2021 年 4 月底完成第一手资料收集工作。

（三）研究总结

2021 年 5 月以后，虽然研究进入了全面内业工作阶段，但在研究过程中笔者又发现，由于受新型冠状病毒感染影响，田野调查不够充分，还需要进一步补充调查。遂在 2021 年 5 月，奔赴大方县凤山彝族蒙古族乡（简称“凤山乡”）栖凤社区幸福二村了解恒大集团援建的移民点的情况，为比较分析乡村无土安置移民与县城无土安置移民生计差异提供依据；前往普定县猴场苗族仡佬族乡猴场村移民点调研乡村有土安置移民的生产生活状况，为比较研究不同安置方式移民的生计发展状况提供材料。总之，在 2021 年 5—8 月 4 个月的时间里，笔者同时开展内外业工作，即在进行问卷的编码、问卷数据分析及访谈资料整体归纳的同时，定期或不定期地开展补充性实地调查，最后结合问卷数据统计分析结果及访谈资料撰写研究成果并最终完成研究任务。

第三章　贵州易地扶贫搬迁移民生计资本现状

易地扶贫搬迁是精准脱贫的主要方式之一，是将“贫困人口从生态环境恶劣地区向自然条件较好地区的迁移以及与此联系的社会经济系统重建活动”①。易地扶贫搬迁的核心任务是使移民获得生计的可持续性发展。搬迁的成效如何，主要是看移民的生计状况是否得到明显改善，移民是否真的能够“移得出”“留得住”“逐渐能致富”②。而搬迁后的移民，其生计能否实现可持续发展是建立在生计资本带来移民生计模式的转型的基础上的。③想要了解贵州易地扶贫搬迁移民的生计可持续发展状况，首先需要准确评估其生计资本在搬迁前后的变化情况。关于易地扶贫搬迁移民的生计现状，国内代表性的研究成果有：谢大伟通过研究新疆深度贫困地区搬迁移民发现，移民生计资本较之搬迁前有了较大提高，其中人力资本、自然资本、物质资本、金融资本都有了不同程度的提升，而社会资本则出现了一定的下降。④陶思吉、马明在研究云南兰坪县易地扶贫搬迁移民后发现，移民的家庭耕地面积和居住地生态环境均有一定损失，物质资本有一定的提升，金融资本有所减少，社会资本下降，人力资本增加。⑤夏艳玲的研究结论为，搬迁后移民的人力资本、物质资本与金融资

---

① 郑瑞强、王英、张春美：《扶贫移民适应期生计风险、扶持资源承接与政策优化》，《华中农业大学学报（社会科学版）》2015 年第 4 期。

② 温新荣、杨金德：《滇桂黔生态脆弱地区生态移民生计现状及对策》，《农村经济与科技》2019 年第 21 期。

③ 徐鹏、徐明凯、杜漪：《农户可持续生计资产的整合与应用研究——基于西部 10 县（区）农户可持续生计资产状况的实证分析》，《农村经济》2008 年第 12 期。

④ 谢大伟：《易地扶贫搬迁移民的可持续生计研究——来自新疆南疆深度贫困地区的证据》，《干旱区资源与环境》2020 年第 9 期。

⑤ 陶思吉、马明：《兰坪县易地扶贫搬迁移民生计研究》，《农村经济与科技》2020 年第 5 期。

本存量较搬迁前有所提高，物质资本的增长率最大，而自然资本、社会资本则稍有下降。[①] 徐锡广、申鹏研究发现，“贵州易地扶贫搬迁移民生计资本值为0.539，说明移民生计具有不可持续特征，需要围绕生计资本内涵培养移民可持续生计的累积能力”[②]。

综上所述，国内有关易地扶贫搬迁移民的生计现状的研究成果表明，易地扶贫搬迁移民搬迁后的自然资本、社会资本有所下降，人力资本、物质资本和金融资本有所上升，但整体而言，生计资本水平有待进一步提升。本部分的研究以以上成果为理论基础，重点比较贵州易地扶贫搬迁移民搬迁前后的生计资本变化情况，测算移民搬迁后的生计资本量，为研究移民的生计发展状况、探索移民生计可持续发展路径提供必要的理论支撑和现实依据。

第一节　研究区域及调查样本基本情况介绍

一、贵州省“十三五”期间易地扶贫搬迁工程实施情况

贵州省是全国唯一一个没有平原支撑的山区省份，而且是全国贫困程度最深、贫困密度最大、贫困面积最广的地区。生活在贵州贫困地区的广大群众受到恶劣生存环境的制约，曾经长时间深陷复杂的地形地貌及脆弱的生态系统所形成“生态脆弱—贫困—掠夺式开发—环境退化—进一步贫困”的“贫困陷阱”[③] 中，解决群众的这些贫困问题是贵州省脱贫攻坚期间最难啃的“硬骨

---

① 夏艳玲：《易地扶贫搬迁移民的可持续生计研究——以广西巴马瑶族自治县为例》，《西南民族大学学报（人文社会科学版）》2019 年第 9 期。

② 徐锡广、申鹏：《易地扶贫搬迁移民的可持续性生计研究——基于贵州省的调查分析》，《贵州财经大学学报》2018 年第 1 期。

③ 罗强、肖永梅：《做好贵州易地扶贫搬迁这项大工程》，《理论与当代》2020 年第 11 期。

头”[①]。贵州省将易地扶贫搬迁作为解决“一方水土养不起一方人”之贫困问题的根本之策。“十三五”期间，贵州省实施易地扶贫搬迁 192 万人（含恒大集团援建毕节新增搬迁 4 万人），其中建档立卡贫困人口 157.8 万人，累计建成 949 个集中安置点，建成安置住房 46.5 万套。[②]在易地扶贫搬迁过程中，贵州省委、省政府高度重视、精心组织，既聚焦基础设施建设，也整合全社会力量，统筹推进各种公共服务，确保移民实现稳定脱贫和快速融入。有关随机入户抽查数据显示，贵州省移民对政策满意度达 99.46%、对配套基础设施及公共服务设施的满意度达 99.03%、对住房的满意度达 98.28%，对就业脱贫措施的满意度达 97.95%，形成了易地扶贫搬迁的“贵州样板”。[③]总之，“十三五”期间，贵州省按照“搬得出”“稳得住”“能致富”三个环节稳步推进易地扶贫搬迁工程，具体实施情况如下。

（一）“搬得出”阶段

习近平同志在 2015 年 6 月到贵州调研时要求，要大力实施易地搬迁工程，将居住在“一方水土养不起一方人”地方的贫困人口搬出来，从根本上解决他们的生计问题。同年 12 月，贵州省新一轮易地扶贫搬迁项目集中开工仪式在惠水县举行，遂拉开了贵州省“十三五”期间易地扶贫搬迁的序幕。贵州省此轮易地扶贫搬迁项目结合精准扶贫项目，围绕“人往哪里搬、钱从哪里筹、地在哪里划、房屋如何建”[④]等问题而实施，经历了探索实践—分析—再探索实践—再分析的试点工作实践，探索出了适合贵州省易地扶贫搬迁工作的“六

---

① 罗忠青、刘坤新：《农民能力提升视角下的贵州省易地扶贫搬迁后续扶持路径探析》，《科技经济导刊》2019 年第 24 期。

② 平川、汪汐：《贵州 192 万人挪“穷窝”搬出美好新生活》，贵州网络广播电视台：https://www.gzstv.com/a/c4b859d876aa47b9820ae8e0646ecd4b。

③ 苏滨、王丹、王永战：《做好易地搬迁“后半篇”文章》，人民日报：http://paper.people.com.cn/rmrb/html/2021-04/07/nw.D110000renmrb_20210407_1-06.htm。

④ 黄俊毅、王新伟、徐晓燕：《贵州全面完成“十三五”易地扶贫搬迁》，《经济日报》2019 年 12 月 25 日。

个坚持”工作思路和方法。即坚持省级统贷统还投融资机制、坚持贫困自然村寨整体搬迁为主、坚持城镇化集中安置、坚持以县为单位集中建设、坚持不让贫困户因搬迁而负债和坚持以产定搬以岗定搬。按照这些工作思路和方法，贵州省精准扶贫期间的易地扶贫搬迁工程推进顺利，几年间，累计建设了946个以集中安置为主的安置点，其中城镇安置点701个、179万人，占总安置点的74.1%和安置总人口数的95.2%；跨县区搬迁安置23万人，占比12.2%。经过易地扶贫搬迁，贵州省的贫困人口彻底挪出穷窝、断了穷根。

（二）“稳得住”阶段

搬出穷窝以后，为了防止一些移民在原住地长期“吊庄”，并确保他们能够在迁入地稳得住、扎下根、安下心，贵州省委、省政府于2018年研究制定出台了《关于加强和完善易地扶贫搬迁后续工作的意见》，并配套印发7个文件和构建“五个体系”——基本公共服务、培训和就业服务、文化服务、社区治理和基层党建，以保障移民搬迁后续扶持工作的稳步推进。尤其是在基本公共服务方面，主要完善以“四大要素”（医疗卫生、公共教育、社会保障、社区服务）为主要内容的服务体系建设，提升对搬迁群众的配套服务能力，以确保这些群众与城里人享有同等的配套设施、公共服务和待遇。具体而言，通过统筹原有教育、医疗资源，以及以新建、改扩建相结合等方式，解决移民就医就学问题和满足移民就医就学需求；采取群众自愿的原则，从高从优做好以低保、医保和养老保险为主要内容的移民社会保障的转移接续工作。另外，为了帮助移民尽快适应迁入地生产生活，各安置点派驻专人为移民提供“保姆式服务”。统计数据显示，仅2019年一年，贵州省新建和改扩建的学前教育和义务制教育学校就达197所，新建和在建的安置点医疗卫生项目达338个（其中在建12个），新建安置点社区服务中心（站）290个、儿童服务中心184个、居家社区养老服务设施215个，建立公共法律服务工作站33个。[①] 通过建设和

① 黄俊毅、王新伟、徐晓燕：《贵州全面完成“十三五”易地扶贫搬迁》，《经济日报》2019年12月25日。

完善“五个体系”，贵州省移民安置点的便民利民服务功能基本完善，也基本实现了搬迁群众就近就医和公共法律服务实体平台全覆盖，取得了“稳得住”移民的良好工作效果。

（三）“能致富”阶段

为了确保移民扎根安置区后能够尽快摆脱贫困，并逐渐走上致富路，贵州省以巩固外出务工就业为重点，以促进留守劳动力就近就地就业为抓手，以鼓励有条件家庭自主创业和公益性岗位托底就业为补充，按照“以产定搬、以岗定搬”要求，引导产业企业入区，解决留守劳动力就近就地就业问题；引导就业创业入户，解决有条件家庭自主创业难的问题；力求移民转产培训入心，提升外出务工移民及有自主创业愿望的移民的职业技能。同时，引进劳动密集型企业，加强对移民的劳动技能培训，确保每个移民家庭至少有一个就业机会，彻底解决移民在城市就业难的问题。另外，在对移民的后续帮扶方面，贵州各地还积极采用“公司＋合作社＋基地＋贫困户”的产业扶贫模式，通过充分发挥龙头企业对移民的引领作用，引导移民融入脱贫致富的产业链，依靠产业走上脱贫致富路。统计数据显示，在2017—2019年的3年间，贵州省累计实现就业或创业的移民人数达65.55万人，其中户均就业达到了1.62人。[①] 这些工作成效为最终顺利完成贵州省易地扶贫搬迁工作任务，助推贵州省高质量打赢脱贫攻坚战，乃至引导贵州易地扶贫搬迁移民最终走上可持续生计发展道路均奠定了坚实的基础。

二、样本县基本情况

（一）关岭县易地扶贫搬迁及后续扶持情况

1. 搬迁情况

关岭县“十三五”期间共建成13个安置区，其中城镇安置区9个，中心

① 李银、杨洪涛、汪军：《壮阔大迁徙——写在贵州全面完成188万人易地扶贫搬迁之际》，中国政府网：https://www.gov.cn/xinwen/2019-12/23/content_5463319.htm。

村安置区4个；安置规模在800人以上的安置点有5个，800—3000人的安置点有4个，1万人以上的安置区有1个，全部为集中安置。截至2020年12月底，关岭县共搬迁安置4691户22140人。其中建档立卡贫困户4151户19670人，同步搬迁540户2470人。自然村寨整组搬迁52个，已脱贫建档立卡搬迁人口19670人，搬迁贫困人口已全部脱贫。

2. 后续扶持情况

（1）安置区幼儿园、中小学校及其人员配备情况。在关岭县的搬迁安置点中，已结合各安置点实际配建1所小学、1所中学及3所幼儿园。即，在安馨社区配建顶云二小学、顶云幼儿园，在同心社区配建同心社区幼儿园，在同康社区配建关岭县第三中学、同康社区幼儿园；在以上教育机构共配备教师222人。在关岭县的搬迁农户中，共有适龄学生5044人，其中幼儿园967人，小学生2786人，中学生1291人。这些幼儿及中小学生全部实现就地就近入园入学。

（2）医疗服务设施。全县13个安置区医疗服务机构配置了相应医疗设施设备，医疗服务人员按要求配备到位，医疗机构正常运行，能满足安置点搬迁农户就近就医需要。

（3）劳动力就业情况。全县各安置点围绕有稳定可持续的就业岗位、实现稳定可持续的就业技能提升、稳定可持续地增加收入，在每个安置区明确1至2人专门负责就业服务，组织开展培训，推荐就业岗位，为4464户搬迁家庭的10586名劳动力中有就业意愿人员提供充足的就业岗位，目前已实现就业4464户、9508人，劳动力就业率达89.82%，已全面实现有劳动力家庭1户1人以上就业，无零就业家庭。全县800人以上安置点建设选址均统筹考虑安置点后续发展需求，县城安置点周边已配套布局了产业园区、现代农业园、商贸城、物流园、食用菌园区、关岭牛食品加工厂等，同时在8个安置点建有扶贫车间，可为搬迁群众提供就近就业岗位，满足其就近就业需求。

（4）社区治理体系建设情况。加强社会治理员队伍建设，由各驻村工作组人员、警务人员、社区干部、公益性岗位人员等组成社会治理员队伍，履行综治维稳工作职责，落实工作措施，抓好矛盾纠纷调解、社会治安防控、安全宣传教育、维护安置区平安和谐等。建立居民自治小组，采取网格模式加强社区管理。2019 年底，全县各安置区均组建了便民服务中心，提供“一站式”服务，获批街道办事处 1 个、6 个社区（同康社区、同心社区、安馨社区、富康社区、幸福社区、同尚社区）。已建立、调整各安置区基层党组织，规范安置区党员管理及组织建设。

（二）剑河县易地扶贫搬迁及后续扶持情况

1. 搬迁情况

“十三五”期间，贵州省级下达给剑河县的易地扶贫搬迁总任务为 18130 人（其中贫困人口 15691 人）。其中，2016 年度搬迁安置 4069 人（贫困人口 2195 人，同步搬迁 1874 人）；2017 年度搬迁安置 13549 人，其中县内安置 11810 人（贫困人口 11266 人，同步搬迁 544 人），跨区域在凯里安置 1739 人；2018 年度跨区域在凯里安置 512 人。全县精准锁定搬迁对象共 4151 户 18145 人（其中贫困户 3523 户 15533 人），超额完成贵州省下达的 18130 人的搬迁任务，其中，2016 年搬迁安置 4021 人，2017 年搬迁安置 14124 人。2017 年底已搬迁入住 4151 户 18145 人，入住率 100%，在 2 年时间内完成了省级下达的 3 年搬迁任务。

2. 后续扶持情况

一是落实基本公共服务。严格按照“一建三进”工作要求，全力抓好“八室、一站、一厅、两场所”基础设施建设，合理利用公共空间，配备必要设施设备，提供必要基本服务。目前，县城内 3 个安置点分别成立馨怡社区、思源社区、幸福社区，3 个社区均已建成社区服务中心（内设户籍管理、社保服务等 6 个服务咨询窗口和站台）、就业创业服务中心、卫生服务站、文化活动室、警务室等配套基础设施，并配备相应工作人员。警务人员和医务人员常驻办公和服务；利用安置点商业门面资源引进平价购物中心；建成县城关第五小学、县城东幼儿园和城北幼儿园等配套教育设施：各项配套设施基本满足了当前易地移民群众办事议事、休闲娱乐、就业就学就医、购置生活用品和副食品的日常需求。同时，已完成户籍转移 1 户 4 人，已完成颁发市民证 15912 张；妥善安排搬迁子女 3059 人在县城就近入园入学；参加城乡居民和企业职工养老保险 10122 人，参保率达 100%；组织医务人员在各安置点集中开展诊疗服务 5120 余人次，建档立卡贫困人口参合 15533 人，参合率达 100%；纳入城镇居民最低生活保障 667 户 2119 人，同时按照 1500 元 / 人的标准发放一次性临时救助金共 2262.9 万元，惠及 3546 户 15086 人。

二是落实培训和就业服务。按照“有办公场地、有专职工作人员、有工作制度、有标准化服务”的标准，在思源社区、幸福社区、馨怡社区 3 个安置点挂牌成立就业创业服务中心，落实安置点社区工作者 10 人，为易地扶贫搬迁对象提供就业政策咨询、就业失业登记、职业培训信息发布、职业指导和职业介绍、就业援助等服务，全面开展搬迁劳动力普查，建立完善劳动力就业培训动态台账，因产施培、按需定培。结合全县食用菌“一县一业”主导产业布局，引进扶贫车间、小企业入驻安置点，积极引导留守在家的搬迁移民就近就地就业，努力增加收入。截至 2021 年 3 月，举办各类招聘会 166 余场次，累计推荐就业岗位 3 万余个，发放政策宣传资料 12 万余份，开展劳务协作，有组织输出搬迁劳动力到杭州等地就业 884 人，转移搬迁劳动力到就业扶贫车间（基地）就业 374 人，落实易地搬迁就业扶贫援助补贴 447 人，组织开展易地扶贫搬迁劳动力就业技能培训 3337 人次，县内搬迁对象有劳动力家庭 3583 户 8390 人中已实现就业创业 3583 户 7206 人，劳动力家庭户均就业率达 100%，有劳动力搬迁家庭户均实现 1 人以上就业目标。

三是落实文化服务。聚焦感恩教育、文明创建、公共文化、民族传承“四进社区”活动，增强文化引领能力，在安置点规划和建设配套公共文化服务设施，利用民族节日、国家节庆假日等积极组织开展形式多样的文娱活动，深入开展“牢记嘱托、感恩奋进”主题宣传教育活动，积极引导搬迁群众树立自强自立、不等不靠的思想。截至 2021 年底，全县已在思源社区投入 88 万元建设文体活动场所，在各安置点户外墙体完成以社会主义核心价值观及文明条例为主要内容的宣传栏、宣传牌制作和安装。利用节假日举办文艺汇演 9 期、各类宣传活动 15 期，通过硬软件综合施策，搬迁群众获得感、幸福感、安全感得到大幅提升。

四是落实社区治理。按照便于管理、便于服务、便于居民自治的原则，县城内3个安置点分别设立社区服务中心，由仰阿莎街道办事处进行管理，侧重从年轻党员群众、离任村干部、退役军人中选配社区服务中心和楼栋负责人，构建“服务中心—网格—楼栋”的网格化管理体制。同时，采取政府购买服务方式，委托具备资质的物业服务企业对县城区所有移民社区进行物业管理，提供社区物业管理便民利民服务。结合安置点人口规模，当前县城3个移民社区分别配备党支部书记1名，副书记（兼监委会主任）1名，社区居委会主任1名，副主任1名，计生专干1名，社会治理员1名，社会事务人员1名，警务人员2—4人，物业管理配置水电工各1人，楼栋管理员及工勤保障（保安、环卫等）人员若干名，保障社区治理各项工作顺利开展。

五是落实基层党建。坚持把党的组织建设摆在五个体系建设的重要环节，要狠抓落实，确保通过发挥搬迁安置点党组织的战斗堡垒作用，为搬迁安置点提供坚强的政治和组织保证。2021年底，县城3个易地移民社区已分别设立了党支部、工会、妇联、共青团组织，选配社区干部、党支部书记、社区居委会负责人以及社区工作者共26人。

（三）威宁县易地扶贫搬迁及后续扶持情况

1. 搬迁情况

威宁县“十三五”期间实施易地扶贫搬迁9332户46565人，其中贫困人口7243户36292人，贫困人口占比77.94%。这些搬迁任务在2016—2018年3个年度实施完成，共建12个安置点，其中乡镇集镇（中心村）9个安置点，搬迁安置871户3942人（建档立卡贫困人口738户3365人），县城安置点共搬迁8461户42623人（建档立卡贫困人口6505户32937人）。整体搬迁自然村寨383个，搬迁人口29163人，占任务数的62.63%。集中安置9029户45250人，占比97.18%。截至2019年8月30日，分配易地扶贫搬迁住房钥匙给9332户，46565人已全部完成搬迁入住。

2. 后续扶持情况

（1）基本公共服务体系建设方面。一是2020年在移民安置区实施4个后续扶持产业项目，共补助资金6241万元，其中包括2个生活补助及公益性岗位工资补助项目，涉及补助资金2554万元；2021年新建朝阳新城扶贫车间、改造小康馨区农贸市场、建设开华家园农贸市场和福康馨区就业扶贫车间及6个特殊群体保障服务中心等。二是对所有重残、重病及年龄偏大且无劳动能力等搬迁家庭，全面实施政策托底，实现应保尽保，累计施保2702户10443人。加大临时救助力度，向符合条件的7124户35652名搬迁对象发放一次性临时救助5347.8万元。安置点各类保障政策落实到位，实现了保障网络全覆盖目标。三是集镇和中心村安置点主要依托安置点已建学校教育资源，安排搬迁对象子女就读。乡镇（中心村）安置点依托原有教育资源解决子女入学问题。县城五里岗安置点共修建4所幼儿园和9所中小学，妥善解决易地搬迁9210名适龄学生就学问题。四是县城安置点建成社区卫生室8个，基本满足群众就医需求，拟在安置点新建妇儿医院1所、社区服务站3个，新增两万人安置点，新建社区卫生室2个，确保完全满足群众就医需求。集镇和中心村安置点通过进一步优化当地已有医疗资源，确保满足群众就医需求。

（2）培训和就业服务体系建设情况。一是全面摸清搬迁劳动力基本情况、就业意愿和就业情况，建立健全就业台账和企业用工需求岗位信息台账，借助QQ群、微信群、“友工”微信小程序等平台随时发布就业信息。二是搭建“劳务公司+劳务合作社+劳动力”的劳务组织化平台，积极拓展就业渠道，不断挖掘就业市场，紧紧抓住全县搬迁劳动力优势资源，着力解决就业难问题，为更多剩余劳动力寻找就业岗位提供优质服务。目前，全县劳动力人口就业29349人，综合就业率达88.23%，户均就业2.3人。实现搬迁有劳动力家庭1户1人以上稳定就业。

（3）文化服务体系建设情况。大力推进感恩教育、文明创建、公共文化、民族传承“四进社区”，建成社区文化服务室11个、篮球场10个、健身路径器材15套，成功举办了35场次的送文化进社区活动、150场次的感恩教育活动、120场次的普法教育活动、200场次的市民意识教育活动，此外，创建了500户文明家庭及勤劳致富模范户，并评选出100名身边好人。安置区电视信号及通信信号已达到全覆盖。安置点以文化人、用文感人的文化服务体系全面建立，切实增强了搬迁群众社区归属感和身份认同感，促进了搬迁群众了解社区、融入社区、建设社区，加速变为新市民。

（4）社区治理体系建设情况。一是建立健全管理模式。新增2个街道办事处，出台易地扶贫搬迁安置点网格化管理方案，建成乡镇（街道）+村（社区）+自管委+小组长四级管理网格体系，每3000至7000人组建一个自管委，书记（主任）由选派的国家公职人员担任，每个社区选派乡镇（街道）班子成员任社区党组织书记，每个安置点明确1名街道班子成员包保，实现了安置区网格化、精细化管理，推动形成了“事在网中办、难在网中解、情在网中结”的格局。目前共设立4个社区12个自管委565个小组。二是按照一小区一警务室的要求，建立小区警务室6个，配齐警务车辆及设备，实行24小时不定期值班巡逻。

（5）基层党建体系建设情况。一是设置组织机构。按照规定成立社区党组织和居委会，纳入安置点党工委、办事处管理。构建“居委会+网格+楼栋”的纵向网格化管理层级体系，确保每名搬迁群众都能纳入有效管理。同步建立包括了工会、青年团、妇联、残疾人联合会、老年协会等在内的群团组织，以及各类经济和社会组织。二是优化党组织设置。在已经搬迁入住的易地扶贫搬迁安置点共建立党总支4个、党支部11个，纳入搬入地党支部管理6个，已搬迁入住党员406人，建立团委、妇联、工会等群团组织9个，基本实现了安置点党的建设全覆盖。

三、调查问卷分析

本书在问卷调查过程中共发放问卷526份，回收问卷526份，回收率100%，其中有效问卷511份，有效率97.1%。样本基本情况如表3-1所示。

表 3-1　调查样本基本情况

基本特征			样本数（个）	百分比（%）
调查区域		关岭县	204	39.9
		剑河县	152	29.7
		威宁县	155	30.3
安置方式	集中安置	县城安置	251	49.1
		工业园区安置	156	30.5
	分散安置	插花安置	104	20.4
安置点位于		县城	511	100
性别		男	256	50.1
		女	255	49.9
民族		汉族	251	49.1
		苗族	87	17.0
		布依族	34	6.7
		土家族	1	0.2
		侗族	65	12.7
		其他	73	14.3
文化程度		小学及以下	348	68.1
		初中	119	23.3
		高中（中专、技校、职高）	26	5.1
		大专及以上	18	3.5
健康状况		非常健康	137	26.8
		比较健康	138	27.0
		一般	70	13.7
		不太健康	149	29.2
		非常不健康	17	3.3
婚姻状况		未婚	39	7.6
		结婚	425	83.2
		离婚	12	2.3
		丧偶	35	6.8
家庭人口		1—3 人	84	16.4
		4—6 人	362	70.8
		7 人及以上	65	12.7

上表中的数据显示，3个调查点所抽取的样本数分别为：关岭县204个、占比39.9%，剑河县152个、占比29.7%，威宁县155个、占比30.3%。79.6%的调查对象集中安置在县城或县城的工业园区（其中县城安置的占49.1%）；调查对象的男女性别比为50.1:49.9；民族成分中汉族占49.1%、苗族17%、侗族12.7%、布依族6.7%、土家族0.2%、其他14.3%；大多数调查对象的文化程度为小学及以下（占比达68.1%），初中文化程度占23.3%，高中及以上仅占8.6%；调查对象的身体普遍比较健康，其中健康状况为一般及以上层次的占67.5%、非常不健康的仅占3.3%；调查对象的婚姻状况中已婚人数占83.2%、离婚和丧偶的占9.1%、未婚的占7.6%（绝大多数为学生[①]）。从以上数据可以看出，笔者所选择的调查对象中汉族移民基本占到了一半，他们的文化程度普遍偏低、身体状况良好，他们中留守老人和儿童的数量相对比较大。

第二节　移民搬迁相关情况及搬迁前后基本条件

本节根据国内吴乐[②]、韦惠兰[③]、喻鸥[④]、和月月[⑤]等学者的研究成果，结合所调查样本点的实际情况，设计了下列评价指标：搬迁原因、搬迁前的贫困类型、

① 笔者在入户调查时发现，老人和儿童留守的移民家庭比较多。在调查这样的家庭时，笔者之所以选择儿童作为访问对象，原因是儿童能听懂和会说普通话，他们会把老人所说的内容“翻译”给调查员，便于调查员了解更多情况和获取更多信息。

② 吴乐、靳乐山：《生态补偿扶贫背景下农户生计资本影响因素研究》，《华中农业大学学报（社会科学版）》2018年第6期。

③ 韦惠兰、罗万云：《精准扶贫视角下农户生计脆弱性及影响因素分析——基于甘肃省贫困地区的实证调查》，《河南师范大学学报（哲学社会科学版）》2018年第2期。

④ 喻鸥、阎建忠、张镱锂：《区域气候变化脆弱性综合评估研究进展》，《地理科学进展》2011年第1期。

⑤ 和月月、周常春：《贫困地区农户生计脆弱性评价及影响因素分析》，《统计与决策》2020年第19期。

搬迁时间、搬迁时政府所提供的条件、搬迁前的交通条件、搬迁前后与学校的距离、搬迁前后与集市的距离，以便能够大致了解移民搬迁前后的基本情况。

一、移民搬迁的相关情况

（一）搬迁时间、搬迁原因及搬迁前贫困类型

表 3-2、3-3、3-4 分别是反映移民搬迁时间、搬迁原因及搬迁前贫困类型的数据。表 3-2 的数据显示，调查区 93.1% 的移民是 2016—2019 年搬迁到现居住地的，其中 2018 年搬迁人数的占比最大，达到了 43.8%。表 3-3 的数据显示，因地质灾害、偏远等原因搬迁的移民占 49%，其中因原住地偏远、不通路而搬迁的移民占 33.7%。表 3-4 的数据显示，所调查的移民家庭在搬迁前为贫困户的占 91.4%，其中，一般贫困户占比 66.1%、低保户占比 23.9%。

以上数据反映出，绝大多数移民的家庭在搬迁前是贫困户，而且因“一方水土养不起一方人”而搬迁。他们绝大多数是在“十三五”时期的后三年搬迁至现居住地的，而且在迁入地居住和生活的时间越短，所面临的各种风险可能会越大，也越不容易适应城市的经济、社会、文化及生活环境。

表 3-2　搬迁时间

年份	样本数（个）	百分比（%）	累积百分比（%）
2016	31	6.1	6.1
2017	86	16.8	22.9
2018	224	43.8	66.7
2019	135	26.4	93.1
2020	35	6.8	99.9
总计	511	99.9	

表 3-3 搬迁原因

原因	样本数（个）	百分比（%）	累积百分比（%）
原住地有泥石流、滑坡等地质灾害	78	15.3	15.3
原住地位置偏远、不通路	172	33.7	49
原住地是保护区，政府要求搬迁	79	15.5	64.5
原住地资源匮乏（田地少、没有水源等）	28	5.5	70
其他	154	30.1	100.1
总计	511	100.1	

表 3-4 搬迁前贫困类型

类型		样本数（个）	百分比（%）
贫困户	一般贫困户	338	66.1
	低保贫困户	122	23.9
	特困供养贫困户	6	1.2
	低保特困供养贫困户	1	0.2
	合计	467	91.4
非贫困户	非贫困户	44	8.6
总计		511	100

（二）搬迁时政府提供的条件

笔者在设计问卷时将搬迁时政府为移民提供的条件设计为多选项问题。为实现多选项分析，需借助 SPSS 软件中的多重响应模块，先定义变量集，即将多选项问题分解和设置成多个变量，并指定这些变量为一个集合，最后进行多选项频数分析。[①] 由此得出了表 3-5。该表中第 2 列的个数是应答次数，第 3 列的百分比是应答百分比，第 4 列的个案百分比，其分母是有效样本的样本

① 薛薇：《统计分析与 SPSS 的应用》（第五版），中国人民大学出版社，2017，第 97—98 页。

量，通常该列数据只作参考，其总计值为个数 / 总样本量。本书中的所有多选项频数分析方法及多选项表格中数据间的逻辑关系均与表 3-5 相同，后面不再赘述。从表 3-5 中的数据可以看出，移民搬迁时政府主要提供了住房、搬迁安置款及技能培训，这三项的占比达到了 92.2%。政府提供的这些条件不仅解决了移民的基本生活问题，同时也为移民在新居住地的就业打下了一定的基础。

表 3-5　搬迁时政府为移民提供的条件（多选项）

条件	响应		个案百分比（%）
	个数（个）	百分比（%）	
土地	1	0.1	0.2
土地经营权统一流转	26	2.5	5.1
宅基地	2	0.2	0.4
住房	508	48.2	99.4
搬迁安置款	288	27.3	56.4
技能培训	176	16.7	34.4
其他	53	5.0	10.4
总计	1054	100	206.3

二、搬迁前后移民的基本条件

（一）搬迁前后移民子女的上学条件

表 3-6 是移民搬迁前后与学校的距离的统计数据。从表 3-6 的数据来看，搬迁前大多数（74.7%）移民离学校的距离在 2 千米以上，搬迁后移民离学校的距离大都（87.1%）在 1.5 千米以内。这些数据说明，搬迁后，移民子女上学非常方便。

表 3-6 移民搬迁前后与学校的距离

距离	搬迁前		距离	搬迁后	
	样本数（个）	百分比（%）		样本数（个）	百分比（%）
2 千米及以下	129	25.2	0.5 千米及以下	29	5.7
＞2 千米—5 千米	151	29.5	＞0.5 千米—0.9 千米	1	0.2
＞5 千米—10 千米	139	27.2	＞0.9 千米—1.5 千米	415	81.2
＞10 千米—20 千米	66	12.9	1.5 千米以上	66	12.9
20 千米以上	26	5.1	总计	511	100
总计	511	99.9			

（二）搬迁前后的日常购物条件

表 3-7 是移民搬迁前后与市场的距离的统计数据。从表 3-7 的数据可以看出，搬迁前移民离市场在 10 千米以上的占 29.7%；在 10 千米以内的占 70.3%，其中离市场＞5 千米—10 千米的占 37.6%、5 千米以内的占 32.7%（2 千米之内的只占 11.2%）。搬迁后 91.2% 的移民与市场的距离在 2 千米以内，5 千米以上的仅占 0.6%。这些数据说明，移民搬迁后离市场非常近。笔者所调查的移民小区内一般都有农贸市场（如图 3-1 所示），给移民日常生活带来了极大的方便。

表 3-7 移民搬迁前后与市场的距离

距离	搬迁前		距离	搬迁后	
	样本数（个）	百分比（%）		样本数（个）	百分比（%）
2 千米及以下	57	11.2	2 千米及以下	466	91.2
＞2 千米—5 千米	110	21.5	＞2 千米—5 千米	42	8.2
＞5 千米—10 千米	192	37.6	5 千米以上	3	0.6
＞10 千米—20 千米	92	18.0	总计	511	100
20 千米以上	60	11.7			
总计	511	100			

图 3-1 威宁县五里岗街道五里岗社区阳光馨区内农贸市场（左图）

关岭县百合街道同心社区内农贸市场（右图）

从以上分析中不难看出，笔者所调查的移民，搬迁后，交通等条件大大改善。但还存在诸多不利于移民快速适应社会、生计快速恢复及发展的因素，如移民搬迁到城市小区的时间相对比较短，适应环境较慢，城市小区内生产条件不足等。

（三）搬迁前后的交通条件

表 3-8 中的数据显示，在移民看来，搬迁前自己家所在村的交通条件在一般层次以下的占 68.1%，其中认为交通不便的占 23.3%；只有 31.9% 的移民认为搬迁前所在村的交通便利，其中认为交通非常便利的只占 3.5%。搬迁后移民的交通条件大大改善，城市移民小区附近一般都设有公交站台，加之城市道路四通八达，移民出行非常方便。值得注意的是，笔者在调查时看到，一些移民在迁入城市以后已拥有私家车，他们的出行更加便捷。关于这一点，后文会做进一步分析和论述。

表 3-8 搬迁前您家所在村的交通条件如何

条件	样本数（个）	百分比（%）	累积百分比（%）
交通非常便利	18	3.5	3.5
交通比较便利	145	28.4	31.9
交通条件一般	180	35.2	67.1
交通不便	119	23.3	90.4
交通非常不便	49	9.6	100
总计	511	100	

第三节 移民的生计资本水平

一、生计资本的基本情况

（一）自然资本

自然资本是指有利于人们改善生计和能被利用的各种自然资源存量[①]，包括人们赖以生存的土地、水资源等[②]。根据现行的易地扶贫搬迁政策，大多数移民在安置地集中居住，脱离了传统的农业生产。[③]这一点在贵州易地扶贫搬迁的移民安置点同样也能够体现出来。如前文所述，“十三五”期间贵州易地扶贫搬迁的安置方式绝大多数为县城集中安置，移民一般都远离原来的土地，靠非农业生产维持生计。因此，本书在设计自然资本指标时考虑到移民对承包

① 朱嘉明、陈钰什、袁洪哲：《变革：元宇宙与数字经济》，当代世界出版社，2022，第 93 页。

② 陈梓焓：《贵州省易地移民生计可持续性研究》，硕士学位论文，贵州大学，2018，第 31 页。

③ 徐锡广、申鹏：《易地扶贫搬迁移民的可持续性生计研究——基于贵州省的调查分析》，《贵州财经大学学报》2018 年第 1 期。

地的处理方式，加入了土地流转及其收入这一项内容。最终确定的指标为土地面积及质量、土地经营流转情况及土地收入等。

1. 移民搬迁前的土地资源

表 3-9、3-10 分别是移民搬迁前拥有的土地（耕地和林地等）面积、土地条件及质量的统计数据。

表 3-9　移民家庭拥有的土地

面积	搬迁前耕地		搬迁前林地		面积	搬迁前总土地	
	样本数（个）	百分比（%）	样本数（个）	百分比（%）		样本数（个）	百分比（%）
3 亩[①]及以下	169	33.1	319	62.4	6 亩及以下	195	38.2
＞ 3—5 亩	73	14.3	43	8.4	＞ 6—10 亩	84	16.4
＞ 5—10 亩	145	28.4	51	10	＞ 10—20 亩	109	21.3
10 亩以上	124	24.3	98	19.2	20 亩以上	123	24.1
总计	511	100.1	511	100	总计	511	100

表 3-10　土地条件及质量

土地排水、灌溉条件			土地质量		
	样本数（个）	百分比（%）		样本数（个）	百分比（%）
非常好	12	2.3	肥沃	103	20.2
比较好	113	22.1	中等	248	48.5
一般	163	31.9	贫瘠	160	31.3
比较差	183	35.8	总计	511	100
非常差	40	7.8			
总计	511	99.9			

① 1 亩≈666.67 平方米。

表3-9中的数据显示，搬迁前移民的耕地面积在10亩及以下的占比75.8%，其中3亩及以下的占33.1%、＞3—5亩的占14.3%、＞5—10亩的占28.4%；林地在10亩及以下的占80.8%，其中3亩及以下的占62.4%、＞3—5亩的占8.4%、＞5—10亩的占10%；总土地在20亩以内的移民占75.9%，其中6亩及以下的占38.2%、＞6—10亩的占16.4%、＞10—20亩的占21.3%。

表3-10中的数据显示，调查区移民所拥有的土地的排水及灌溉条件在一般层次及以上的占56.3%，其中非常好的仅占2.3%、比较好的占22.1%、一般的占31.9%，而比较差的占到了35.8%；移民拥有的土地质量肥沃的占20.2%、中等的占48.5%、贫瘠的占31.3%。

以上数据说明，调查区移民在搬迁前拥有的耕地和林地都比较少，绝大多数移民家庭的土地总量在20亩以下，54.6%的移民所拥有的耕地和林地几乎不足10亩。另外，虽然大多数移民认为自家的土地质量在中等层次以上，但排水和灌溉条件是比较差的。总之，笔者所调查的移民搬迁前所拥有土地资源相对比较短缺，田①很稀缺、地少而贫瘠。

2. 搬迁后移民的土地用途及土地收入

表3-11、3-12、3-13、3-14是反映移民搬迁后的土地使用以及土地收入等情况的数据，其中，表3-12、3-13中的总计数指的是样本中流转土地且有流转收入的调查对象个数。

表3-11　移民如何利用自家的承包地

利用方式	样本数（个）	百分比（%）
全部流转	37	7.2
部分耕种部分流转	22	4.3

① 在贵州老百姓的眼里，田和地是有区别的。在他们看来，田指的是具有排水和灌溉条件、相对比较平坦和肥沃、适合种水稻的土地；地指那些适合种玉米等高秆耐旱类农作物的山地或不具备灌溉条件、不太平坦的旱地。

续表

利用方式	样本数（个）	百分比（%）
部分流转部分闲置	35	6.8
全部自家耕种	62	12.1
部分耕种部分闲置	58	11.4
全部闲置	289	56.6
缺失	8	1.6
总计	511	100

表 3-12　每年获得的土地流转资金

金额	样本数（个）	百分比（%）
1000 元及以下	69	78.4
1001—3000 元	10	11.4
3001—5000 元	3	3.4
5001—10000 元	4	4.5
10001—20000 元	1	1.1
20000 元以上	1	1.1
总计	88	99.9

表 3-13　认为土地流转得到的资金怎么样

	样本数（个）	百分比（%）
比较高	2	2.3
一般	52	59.1
比较低	27	30.7
非常低	7	8
总计	88	100.1

表 3-14 搬迁后有无农业生产用地

	样本数（个）	百分比（%）
有	6	1.2
无	505	98.8
总计	511	100

表 3-11 显示，搬迁后有一半以上（56.6%）的移民全部闲置自家的承包地，18.3% 的移民程度不同地流转了自己的土地。从表 3-12 的数据来看，在这些流转土地的移民中，78.4% 的流转年收入在 1000 元及以下。而且，他们认为土地流转获益不高（如表 3-13 所示，97.8% 的移民认为获益在一般层次以下）。从表 3-14 可以看出，几乎所有的（98.8%）移民搬迁后没有农业生产用地。需要说明的是，这里提到的搬迁后的农业生产用地指的是移民就近找到土地的情况，与表 3-11 中反映的全部自家耕种原承包地是有区别的。以上这些数据说明，移民搬迁后对原承包地的利用率不高，土地收入也很低。也就是说，移民搬迁后的农业收入是很低的。

综上所述，移民搬迁后的自然资本下降明显。究其原因，一方面，由于调查区移民安置点在县城内，一般都离迁出地比较远，不具备返回原住地从事农业生产的条件，因而将土地全部或部分闲置的比例比较高。没有了土地，以往以耕种为主的生计模式也被非农模式所替代。另一方面，搬迁后的移民绝大多数在新住地虽然还有获得土地资源的欲望，但附近所能获得的耕种土地资源极少。这一点从笔者调研中所看到的许多移民在社区内开挖空地种菜的情形可以得到验证。如在剑河县仰阿莎街道的移民社区调研时，笔者看到，移民利用小区里面的空地种植蔬菜等。如图 3-2、3-3 所示。

图 3-2 移民在小区内开垦的菜地

图 3-3 移民小区的菜园

（二）物质资本

物质资本是指移民用以维持生计的所有固定资产的总和①，包括房屋面积、家庭生活设备、房屋结构②。笔者在设计调查问卷时将移民的物质资本分为住房面积、住房结构、耐用消费品及生产工具和交通工具。接下来笔者对移民搬

① 刘伟、徐洁、黎洁：《易地扶贫搬迁农户生计适应性研究——以陕南移民搬迁为例》，《中国农业资源与区划》2018 年第 12 期。

② 陶思吉、马明：《兰坪县易地扶贫搬迁移民生计研究》，《农村经济与科技》2020 年第 5 期。

迁前后这些物质资本的变化情况做简要分析。

1. 移民搬迁前后住房面积、住房结构变化情况

表 3-15、3-16 是关于移民搬迁前后住房面积变化情况的统计数据。表 3-15 的数据显示，移民搬迁前住房的平均面积为 133.55 平方米，搬迁后住房平均面积为 96.46 平方米，减少了 37.09 平方米；搬迁前移民住房面积的中位数为 120 平方米，搬迁后的中位数为 100 平方米，减少了 20 平方米。从表 3-16 中移民搬迁前后住房面积的变化情况来看，搬迁前后移民住房面积为在 50 平方米以内的比例由 8.6% 下降到 0.8%；住房面积为＞ 50—100 平方米的比例由 38.2% 增加到 72.4%，增加了 34.2 个百分点；住房面积为＞ 100—150 平方米的比例由 28.8% 下降到 22.3%，下降幅度不大；住房面积为 150 平方米以上的比例由 24.5% 下降到 4.5%，下降了 20 个百分点。另外，表 3-16 中的数据还显示出，搬迁前移民住房面积在 100 平方米以内的占 46.8%，但搬迁后面积在 100 平方米以内的占到了 73.2%。

表 3-15 住房面积的特征值

（单位：平方米）

特征值	搬迁前	搬迁后
平均数	133.55	96.46
中位数	120.00	100.00

表 3-16 住房面积变化情况

面积（平方米）	搬迁前		搬迁后	
	样本数（个）	百分比（%）	样本数（个）	百分比（%）
≤ 50	44	8.6	4	0.8
＞ 50—100	195	38.2	370	72.4
＞ 100—150	147	28.8	114	22.3
＞ 150—200	74	14.5	20	3.9
200 以上	51	10	3	0.6
总计	511	100.1	511	100

以上两个表中的数据共同反映出，移民搬迁后的住房面积减小了。

表 3-17 反映的是移民搬迁前的住房结构。

表 3-17 搬迁前的住房结构

结构	样本数（个）	百分比（%）
砖混	117	22.9
砖木	32	6.3
钢混	19	3.7
土木	264	51.7
其他	79	15.5
总计	511	100.1

表中数据显示，移民搬迁前的房屋结构有一半以上是土木结构，砖混结构的只占 22.9%。这说明移民搬迁前的住房条件是比较差的，但搬迁后他们都住上了钢混结构的楼房。笔者在调查时发现，有 73.4% 的移民认为搬迁后的住房条件比较好，其中认为非常好的占 13.9%，只有 8.6% 的移民认为搬迁后的住房条件较差。（见表 3-18）认为搬迁后住房条件较差的原因是，与现住楼房相比，这些移民在搬迁前的住房条件的确非常好，但由于他们所在的村寨属于符合易地扶贫的整体搬迁区域，所以他们被要求搬到了现居住地。

表 3-18 住房条件与搬迁前相比

	样本数（个）	百分比（%）	有效百分比（%）	累积百分比（%）
非常好	71	13.9	13.9	13.9
较好	304	59.5	59.5	73.4
差不多	91	17.8	17.8	91.2
较差	44	8.6	8.6	99.8
非常差	1	0.2	0.2	100
总计	511	100	100	

综上，虽然移民搬迁后的住房面积相对小了一些，但住房条件有较大的改善，而且他们大都住上了比较舒适的带有电梯的楼房。

2. 搬迁前后移民家庭耐用消费品的变化情况

如表 3-19 所示，搬迁前后，移民家庭所拥有的耐用消费品除了燃气灶、电热水器有明显增加外（其中燃气灶由 1.1% 增加到 6.9%，电热水器由 2.8% 增加到 12.2%），其他没多大变化。原因在于，除了县城里的移民小区都通上了天然气外，政府还给移民免费配备了电饭煲、电磁炉、电热水器等生活用品。所以，较之搬迁前，拥有上述耐用消费品的移民家庭有所增加。

表 3-19　移民家庭耐用消费品变化情况（多选项）

耐用消费品	搬迁前		搬迁后	
	个数（个）	百分比（%）	个数（个）	百分比（%）
彩电	355	16.3	465	13.6
冰箱	260	11.9	405	11.9
洗衣机	305	14.0	469	13.8
手机	404	18.6	449	13.2
电脑	11	0.5	22	0.6
电饭煲	397	18.2	471	13.8
电磁炉	359	16.5	468	13.7
燃气灶	24	1.1	234	6.9
电热水器	60	2.8	416	12.2
其他耐用消费品	1	0.0	9	0.3
合计	2176	99.9	3408	100

3. 搬迁前后移民家庭拥有的生产工具及交通工具的变化情况

如表 3-20 所示，移民搬迁前后拥有的生产工具及交通工具的变化情况大致为：摩托车数量有所减少，由 23.2% 减少到 21.5%；小轿车数量有所增加，由 3.5% 增加到 12.1%；卡车有所增加，由 0.2% 增加到 1.4%；犁耕机有所减少，由 1.7% 减少到 0.2%；其他生产工具及交通工具的变化都不是十分明显。究其原因，一是移民搬到县城以后，摩托车不再是他们重要的交通工具，所以摩托车的数量减少了。二是搬迁后，部分移民的日子比以前好多了，一些移民也有了新的交通工具，比如小轿车。而且笔者在调研时发现，移民小区内的小轿车随处可见。（如图 3-4 所示）另据社区的工作人员[①]介绍，春节时小区内的小车更多，甚至除夕夜小区内都没地方停车。三是搬到县城以后，绝大多数移民不再从事农业生产，所以农机具的数量减少了。

表 3-20 生产工具及交通工具变化情况（多选项）

生产工具及交通工具	搬迁前		搬迁后	
	个数（个）	百分比（%）	个数（个）	百分比（%）
摩托车	107	23.2	110	21.5
小轿车	16	3.5	62	12.1
卡车	1	0.2	7	1.4
农用车	4	0.9	3	0.6
大中型农机	1	0.2	2	0.4
小型农机	2	0.4	0	0.0
拖拉机	2	0.4	2	0.4
犁耕机	8	1.7	1	0.2
收割机	2	0.4	1	0.2
其他	16	3.5	21	4.1
无生产及交通工具	302	65.5	302	59.1
合计	461	99.9	511	100

① 见附录二，笔者于 2021 年 3 月 23 日的访谈记录。

图 3-4 关岭县百合街道同心社区内的车辆

4. 现居住地的基础设施完善情况

表 3-21、3-22、3-23 是移民评价现住地基础设施条件的问卷数据统计结果。

表 3-21 移民对于迁入地基础设施完善程度的评价

内容		完善程度					合计
		非常好	比较好	一般	比较差	非常差	
孩子上学	样本数（个）	241	231	39	0	0	511
	百分比（%）	47.2	45.2	7.6	0	0	100
购买日常用品	样本数（个）	190	277	42	2	0	511
	百分比（%）	37.2	54.2	8.2	0.4	0	100
求医看病	样本数（个）	185	271	50	5	0	511
	百分比（%）	36.2	53	9.8	1	0	100
道路交通	样本数（个）	206	267	38	0	0	511
	百分比（%）	40.3	52.3	7.4	0	0	100
供水供电	样本数（个）	145	284	70	11	1	511
	百分比（%）	28.4	55.6	13.7	2.2	0.2	100.1

续表

内容		完善程度					合计
		非常好	比较好	一般	比较差	非常差	
环境卫生	样本数（个）	139	273	90	6	3	511
	百分比（%）	27.2	53.4	17.6	1.2	0.6	100
文体休闲	样本数（个）	89	215	158	46	3	511
	百分比（%）	17.4	42.1	30.9	9	0.6	100

表 3-22 搬迁后改善最多的基本条件

基本条件	响应		个案百分比（%）
	个数（个）	百分比（%）	
孩子上学	354	29.2	69.3
购买日常用品	215	17.7	42
求医看病	217	17.9	42.4
道路交通	240	19.8	47
供水供电	75	6.2	14.7
环境卫生	76	6.3	14.9
文体休闲	31	2.6	6.1
其他	6	0.5	1.2
总计	1214	100.2	237.6

表 3-23 移民对现居住地公共基础设施的看法

满意度	样本数（个）	百分北（%）	累积百分比（%）
相当满意	17	3.3	3.3
满意	303	59.3	62.6
一般	148	29	91.6
不满意	40	7.8	99.4
相当不满意	3	0.6	100
总计	511	100	

表 3-21 反映的是移民对于迁入地基础设施完善程度的评价。有一半以上的移民对小区内孩子上学、购买日常用品、求医看病、道路交通、供水供电、环境卫生、文体休闲的评价在比较好的层次以上，非常差的评价非常少。移民认为非常好的基础设施的次序为孩子上学（47.2%）、道路交通（40.3%）、购买日常用品（37.2%）、求医看病（36.2%）、供水供电（28.4%）、环境卫生（27.2%）、文体休闲（17.4%）。这些数据说明，移民的新住地解决了他们往昔认为很困难的一些问题，如孩子上学、购买日用品、求医看病等。笔者调查时也看到，县城内的移民小区内或小区附近的幼儿园、购物超市、医疗卫生等设施基本齐全（如图 3-5、3-6 所示），能够满足移民衣食住行等日常生活需要。

表 3-22 反映的是移民认为新住地改善最多的基本条件。笔者通过用 SPSS 软件中的多重响应数据统计模块对该问题的问卷数据进行处理后发现，移民认为改善最多的条件主要是孩子上学、购买日常用品、求医看病、道路交通这四项内容。这与表 3-21 所反映出的基础设施完善程度是相呼应的。

图 3-5　关岭县百合街道同康社区的超市及医疗卫生机构

图 3-6　剑河县仰阿莎街道幸福社区内的学校（左图为小学、右图为幼儿园）

表 3-23 反映的是移民对现居住地公共基础设施的看法。91.6% 的移民表示对小区内的公共基础设施的满意度在一般层次以上，其中满意的占 59.3%。

总之，从以上分析可以看出，搬迁后移民的房屋为钢混结构的楼房，其质量和安全系数都高于搬迁前；移民所拥有的耐用消费品、生产工具及交通工具较搬迁前有明显变化，且移民所拥有的这些日常生产生活用品更加利于提高他们的生产生活质量；小区内的基础设施条件比较好，移民对这样的居住环境也比较满意。搬迁后移民的物质资本整体较搬迁前有一定的提高。

（三）人力资本

在生计资本中，人力资本是基础。对于移民来说，人力资本的质与量不仅会成为影响其生计策略的主要因素，而且会导致其产生不同的生计结果。[①] 可见，研究易地扶贫搬迁移民的人力资本意义重大。本书主要设计了家庭劳动力人数、参加技能培训情况及技能培训内容等人力资本测量指标。笔者所了解到的贵州易地扶贫搬迁移民的人力资本情况如下。

1. 搬迁前后移民家庭劳动力变化情况

从表 3-24 可以看出，搬迁前后移民的家庭劳动力总体变化不大，移民认为搬迁后家庭劳动力增加的只占 7.4%，而绝大多数（79.6%）的移民认为家庭劳动力搬迁后没变化。

表 3-24　您认为搬迁后您家的劳动力

	样本数（个）	百分比（%）
增加了	38	7.4
没变化	407	79.6
减少了	66	12.9
总计	511	99.9

① 孙海兵：《南水北调库区移民可持续生计研究》，《水利发展研究》2015 年第 5 期。

2. 移民搬迁前后参加技能培训情况

从表 3-25 中可以明显看出，虽然搬迁后参加技能培训的移民所占的比重较搬迁前明显增加了，而且由搬迁前的 9% 增加到搬迁后的 37.4%，增加了 28.4 个百分点。但无论是搬迁前还是搬迁后，参加技能培训的移民的比重都是比较低的。

表 3-25 是否参加技能培训

	搬迁前		搬迁后	
	样本数（个）	百分比（%）	样本数（个）	百分比（%）
是	46	9	191	37.4
否	465	91	320	62.6
总计	511	100	511	100

3. 移民参加技能培训的内容

从表 3-26 关于移民搬迁前后培训内容的统计数据可以看出，搬迁后移民参加农业技能培训的比重明显降低。如，农作物种植技术培训由 29.3% 降低到 7.5%、果蔬栽培技术培训由 17.2% 降低到 3.1%、养殖技术培训由 39.7% 降低到 6.2%。相比之下，搬迁后移民在非农业方面的技能培训的比重有所提高。其中，家政服务技能培训提高最大，由 3.4% 提高到 48.5%，提高了 45.1 个百分点；餐饮服务技能培训由 1.7% 提高到 11%；酒店服务技能培训、建筑行业技能培训、制造行业技能培训的占比实现了从无到有的突破性提高。这些数据充分说明，移民搬迁到县城后，比较注重参加非农技能培训和不断提高自身的非农技术，以适应家庭生计策略变化的需要。如表 3-27 所示，37.3% 的移民参加过技能培训。在这些移民中，15.2% 的移民认为技能培训比较实用，2.7% 的移民认为技能培训很实用。

表 3-26　培训内容（多选项）

培训内容	搬迁前		搬迁后	
	个数（个）	百分比（%）	个数（个）	百分比（%）
农作物种植技术	17	29.3	17	7.5
果蔬栽培技术	10	17.2	7	3.1
养殖技术	23	39.7	14	6.2
家政服务技能	2	3.4	110	48.5
餐饮服务技能	1	1.7	25	11
酒店服务技能	0	0	4	1.8
建筑行业技能	0	0	6	2.6
制造行业技能	0	0	9	4
家电维修技术	0	0	8	3.5
其他技能	5	8.6	27	11.9
合计	58	99.9	227	100.1

表 3-27　培训效果

	样本数（个）	百分比（%）	累积百分比（%）
很实用	14	2.7	2.7
还可以	64	12.5	15.2
有点用处	75	14.7	29.9
用处不大	37	7.2	37.1
没用	1	0.2	37.3
未参加培训	320	62.6	99.9
总计	511	99.9	

以上三个方面的数据说明，搬迁后移民的人力资本有一定提高，这为移民今后的生计发展奠定了一定的基础。同时笔者也看到，党和国家正在移民社区

开展“五个体系”建设，其中的就业服务体系、文化服务体系、社区治理体系建设，对于提升移民综合素质、培养新市民，乃至助推移民的生计发展等都起到了积极的促进作用。

（四）社会资本

对于易地扶贫搬迁移民而言，社会资本是指在移民自己的社会结构中所建立的社会网络，即他们为达到生计持续性发展目标所能运用的社会资源。本书设计的社会资本指标主要有移民的家人、亲朋中有无村干部或正式工作人员、有困难时找谁帮忙、参与集体事务程度、用于家庭人情送礼的费用多少、用于通信的费用多少等。

1. 家人或亲戚朋友中有无村干部或者正式工作人员

表 3-28 中的数据显示，大多数（85.3%）移民的家人、亲戚或朋友中都没有村干部或者正式工作人员。这说明移民在这方面的社会资源比较少。

表 3-28 移民社交圈中有无村干部或正式工作人员

	样本数（个）	百分比（%）
有	75	14.7
没有	436	85.3
总计	511	100

2. 移民遇到困难获得帮助的途径

从表 3-29 移民搬迁前后遇到困难找谁帮忙的数据来看，搬迁前后移民找亲戚、朋友、邻居帮忙的情况有所改变，占比分别从 37.4%、16.9%、13.7% 降低到 36.4%、15.7%、5.2%。其中值得注意的是，移民找邻居帮忙的比例下降最明显，下降了 8.5 个百分点。原因是，搬迁后他们原有的那种熟人社会关系被打破，而且在迁入地因居住时间比较短而未能完全建立起新的社会关系，所以在遇到困难时很少找还几乎不熟悉的邻居来帮忙，而只能依靠干部或组织等。如移民找干部或组织的占比从搬迁前的 22% 增加到搬迁后的 26.5%，其他途径的占比从搬迁前的9.8%增加到搬迁后的15.3%。这表明搬迁后移民急需建立新的社会网络，也需要进一步培养他们向社会寻求帮助的意识。

表3-29 遇到困难找谁帮忙（多选项）

	搬迁前		搬迁后	
	个数（个）	百分比（%）	个数（个）	百分比（%）
亲戚	294	37.4	243	36.4
朋友	133	16.9	105	15.7
同事	1	0.1	5	0.7
邻居	108	13.7	35	5.2
干部或组织	173	22	177	26.5
其他	77	9.8	102	15.3
总计	786	99.9	667	99.8

3. 搬迁前后参与集体事务变化情况

表3-30是反映移民搬迁前后参与集体事务程度的数据。表中数据显示，搬迁前后移民对村里集体事务“经常参加”的比例从7.4%上升到11%，“偶尔参加”的比例从30.3%上升到34.2%，“从不参加”的比例从62.2%下降到54.8%。从“参加”和“从不参加”的数据来看，搬迁后移民参加村里集体事务的积极性有所提高，但提高幅度不大。这表明，搬迁后移民参与集体事务的意识还不够强。比较合理的解释是，移民中的年轻人大都外出打工，笔者所调查的对象大多为在家留守的老人和儿童，他们参与村集体事务的意识比较低。另外，老年人到一个新的生活环境后，需要很长一段时间才能建立自己的熟人社会关系网络。这是影响他们参与集体事务的积极性的主要原因。

表 3-30 对集体事务的参与程度

	搬迁前		搬迁后	
	样本数（个）	百分比（%）	样本数（个）	百分比（%）
经常参加	38	7.4	56	11
偶尔参加	155	30.3	175	34.2
从不参加	318	62.2	280	54.8
总计	511	99.9	511	100

4. 移民搬迁后人情送礼及通信费用的变化情况

表 3-31 是移民搬迁后人情送礼费用及通信费用的变化情况的统计数据。表中数据显示，多数（61.3%）移民认为搬迁后人情送礼费用基本没变，但通信费用明显变多了（认为变多的移民占 63.6%）。原因是，移民无论在原住地还是现住地，都实现了 4G 甚至 5G 网络的全覆盖，移民的上网条件大大改善，通过微信红包的形式完成人情送礼已经是非常容易的事情了。因此，搬迁前后移民在人情送礼方面的花销不会因地域的限制而有所变化。而且，移民社区内使用互联网非常便捷，为了便于与家人及亲戚朋友联系，移民家庭一般都安装了宽带，也享受了优惠的通信及上网套餐，随之他们的通信费用也变多了。

表 3-31 家庭人情送礼及通信费用的变化情况

	人情送礼费用		通信费用	
	样本数（个）	百分比（%）	样本数（个）	百分比（%）
变多了	123	24.1	325	63.6
基本没变	313	61.3	177	34.6
变少了	75	14.7	9	1.8
总计	511	100.1	511	100

对于移民而言，在安置地的社会关系网络越大，他们建立新的人际关系就越迅速，获得信息和资源的能力就越强，脱离土地获得新的谋生手段的可能性也就越大。[①] 从以上分析可以看出，贵州易地扶贫搬迁移民搬迁后“生产生活方式较之以前发生了较大的变化，原有的社会交往模式、人际关系群体均已发生改变，社会资本累积能力受损”[②]。这种情形成为移民制定生计策略、努力发展可持续生计的重要桎梏。为了移民的后续发展，急需增强移民的社会资本累积能力。

（五）金融资本

移民生计资本中最直观的资本是金融资本，该资本也是移民实现生计长远发展的货币资源，因为其他生计资本可以通过金融资本来转化，为移民的生计可持续发展提供必要的保障。[③] 本书结合贵州易地扶贫搬迁移民的发展实际，设计了需要借钱时找谁、是否申请过金融机构的贷款、收支情况等金融资本指标。

1. 移民搬迁前后借钱渠道的变化情况

表 3-32 的数据显示，移民搬迁前后借钱的途径是有变化的。如搬迁后向亲戚借钱的比例略有下降，由 47.4% 下降到 42.7%，下降幅度不大。原因是，网络时代，通过微信或手机银行转账已经非常方便了。因此，无论是否在场、无论亲戚远近，借助网络都可以完成借钱流程。向邻居或朋友借钱的比例基本没变（由 7% 上升到 7.6%）。向金融机构贷款的比例也有所下降，由 19.8% 下降到 15.7%。主要原因是，搬迁后有政府发放的安置费以及所实施的“两不愁三保障”等作为保障，移民在短时间内除非遇到特殊情况，一般在生产生活

---

① 乔雯：《人力资本、社会资本对易地搬迁移民社会融合的影响》，《劳动保障世界》2019 年第 21 期。

② 徐锡广、申鹏：《易地扶贫搬迁移民的可持续性生计研究——基于贵州省的调查分析》，《贵州财经大学学报》2018 年第 1 期。

③ 侯双：《生计资本、外部环境与扶贫移民生计发展——以甘肃省 L 县集中安置移民搬迁为例》，硕士学位论文，华中师范大学社会学院，2016，第 22 页。

方面是不需要贷款的。但值得注意的是，从不向别人借钱的比例有所上升，由23.7% 上升到 31.3%，这可能与移民从一个熟人社会到一个陌生环境后，短时间内的社会交往比较少有关。为了进一步验证和说明移民搬迁前后向金融机构贷款情况的变化，笔者还专门对移民搬迁前后是否申请过金融机构贷款做了调查，如表 3-33 所示。

表 3-32 搬迁前后借钱途径

借钱途径	搬迁前		搬迁后	
	样本数（个）	百分比（%）	样本数（个）	百分比（%）
亲戚	242	47.4	218	42.7
邻居或朋友	36	7	39	7.6
金融机构贷款	101	19.8	80	15.7
其他	11	2.2	14	2.7
从不向别人借钱	121	23.7	160	31.3
总计	511	100.1	511	100

表 3-33 是否申请过金融机构贷款

贷款结果	搬迁前		搬迁后	
	样本数（个）	百分比（%）	样本数（个）	百分比（%）
是，并贷到了款	91	17.8	75	14.7
是，但没有贷到款	10	2.0	5	1.0
否	410	80.2	431	84.3
总计	511	100	511	100

表 3-33 显示，移民搬迁前后向金融机构申请并贷到款的比例由 17.8% 下降到 14.7%，而且选择不贷款的移民比例也增加了，由 80.2% 增加至 84.3%，这进一步说明搬迁后的惠民政策发挥了很大的作用。

2. 搬迁前后的家庭收支变化情况

表 3-34 显示，绝大多数移民认为搬迁后的收入差不多或提高了，其中超过一半（57.9%）的移民认为搬迁后的收入与搬迁前差不多，认为比较高的占 18.2%。相比之下，认为搬迁后的收入比搬迁前低的仅占 22.9%，其中认为低很多的只有 2%。这些数据说明，整体来看，移民搬迁后的收入基本没变或略有增加，这可能与短时间内政府的扶持政策有一定的关联。另外，移民认为搬迁后支出增加了的占 92.6%，其中认为支出比较高的占 65%、高很多的占 27.6%。这说明搬迁后移民的家庭开销还是增加了很多。原因是，移民搬迁到县城以后，与农村相比，他们在衣食住行方面的花费大大增加了。另外，以上数据中所反映出的移民认为搬迁后收入变化不大而支出大幅增加的事实，是党和国家提出将移民社区“扶上马送一程，设立过渡期，保持主要帮扶政策总体稳定”的重要依据，以及需要提高移民搬迁后收入的重要事实支撑。

表 3-34　移民搬迁后的家庭收支情况

搬迁后收入			搬迁后支出		
	样本数（个）	百分比（%）		样本数（个）	百分比（%）
高很多	5	1	高很多	141	27.6
比较高	93	18.2	比较高	332	65
差不多	296	57.9	差不多	33	6.5
比较低	107	20.9	比较低	5	1
低很多	10	2	总计	511	100.1
总计	511	100			

综上分析可知，贵州易地扶贫搬迁移民的家庭资本存量普遍不多，在面临风险和困难时，他们可能会存在资金短缺和筹资难的问题。

二、生计资本量化分析

目前国内学者关于生计资本定量分析的代表性成果主要有：蔡志海的《汶川地震灾区贫困村农户生计资本分析》①，徐锡广、申鹏的《易地扶贫搬迁移民的可持续性生计研究——基于贵州省的调查分析》②，刘宗华等的《易地搬迁移民可持续生计研究——以湖北省宜昌市为例》③，等等。这些学者在分析生计资本时，普遍采取的定量分析方法为：利用主观赋值法和客观赋值法进行分类，并给移民生计资本测量指标赋值。处理之后的数值介于0和1之间，标准化处理后的数值越趋近于1，代表着某一类生计资本在样本中的相对水平越高。他们所采取的具体分析方法共有四步：第一步，采用极差标准化法处理单项生计资本指标。第二步，计算单项生计资本的综合水平。第三步，运用综合指数法计算单项生计资本总水平。第四步，汇总各单项生计资本值，求得生计资本总量。

本书采用以上分析方法，定量分析易地扶贫搬迁移民的生计资本水平。

（一）移民生计资本量化指标体系设计

在计算移民生计资本总量之前，本书先对五个生计资本的具体指标进行赋值，并建立一个生计资本的量化指标体系。所建立的量化指标体系如表3-35所示。

---

① 蔡志海：《汶川地震灾区贫困村农户生计资本分析》，《中国农村经济》2010年第12期。

② 徐锡广、申鹏：《易地扶贫搬迁移民的可持续性生计研究——基于贵州省的调查分析》，《贵州财经大学学报》2018年第1期。

③ 刘宗华、邬兰娅、刘魏等：《易地搬迁移民可持续生计研究——以湖北省宜昌市为例》，《三峡大学学报（人文社会科学版）》2019年第3期。

表 3-35　移民搬迁后生计资本量化指标体系

资本类型	具体测度指标	符号	赋值
自然资本	是否有农业生产的土地	N_1	否 =0，是 =1
	如何处置搬迁前的土地	N_2	全部闲置 =0，部分耕种部分闲置 =1，全部自家耕种 =2，部分流转部分闲置 =3，部分耕种部分流转 =4，全部流转 =5
	每年获得多少土地流转资金	N_3	没有 =0，1000 元及以下 =1，1001—3000 元 =2，3001—5000 元 =3，5001—10000 元 =4，10001—20000 元 =5，20001 元及以上 =6
物质资本	住房面积	P_1	“≤50 m^2” =1，“＞ 50—100 m^2” =2，“＞ 100—150 m^2” =3，“＞ 150—200 m^2” =4，“200 m^2 以上” =5
	搬迁后的住房	P_2	非常差 =1，较差 =2，差不多 =3，较好 =4，非常好 =5
	基础设施条件	P_3	非常差 =1，比较差 =2，一般 =3，比较好 =4，非常好 =5
人力资本	文化程度	H_1	小学及以下 =1，初中 =2，高中（中专、技校、职高）=3，大专及以上 =4
	健康状况	H_2	非常不健康 =1，不太健康 =2，一般 =3，比较健康 =4，非常健康 =5
	劳动力	H_3	减少了 =1，没变化 =2，增加了 =3
	是否参加过技能培训	H_4	否 =0，是 =1
	培训效果	H_5	没用 =1，用处不大 =2，有点用处 =3，还可以 =4，很实用 =5
社会资本	家人或亲戚朋友中有无村干部或者正式工作人员	S_1	没有 =0，有 =1
	参与集体事务程度	S_2	从不参加 =1，偶尔参加 =2，经常参加 =3
	人情送礼费用	S_3	变少了 =1，基本没变 =2，变多了 =3
	通信费用	S_4	变少了 =1，基本没变 =2，变多了 =3

续表

资本类型	具体测度指标	符号	赋值
金融资本	家庭年收入	F_1	“0.5 万元以内”=1，“＞0.5 万元—1 万元”=2，“＞1 万元—2 万元”=3，“＞2 万元—3 万元”=4，“＞3 万元—4 万元”=5，“＞4 万元—5 万元”=6，“5 万元以上”=7
	是否申请过金融机构贷款	F_2	否=0；是，但没有贷到款=1；是，并贷到了款=2
	收入与搬迁前相比	F_3	低很多=1，比较低=2，差不多=3，比较高=4，高很多=5
	支出与搬迁前相比	F_4	低很多=1，比较低=2，差不多=3，比较高=4，高很多=5
	借钱途径	F_5	亲戚=1，邻居或朋友=2，金融机构贷款=3，其他=4，从不向别人借钱=5

（二）生计资本综合指数计算

笔者按照以下步骤计算移民的生计资本水平。

第一步，采用极差标准化法处理单项生计资本指标。所采用的极差标准化的计算公式为：

$$Z_{ij}=\frac{X_{ij}-X_{j\min}}{X_{j\max}-X_{j\min}}$$

上式中，Z_{ij} 代表第 i 个调查样本的第 j 项生计指标标准化之后的数值，X_{ij} 表示第 i 个调查样本的第 j 项指标的实际变量值，$X_{j\min}$ 表示第 j 项指标变量值中的最小值，X_{jman} 表示第 j 项指标变量值中的最大值。

第二步，计算单项生计资本的综合水平。计算公式为：

$$Y_j=\frac{\sum_{i=0}^{n}Z_{ij}}{n}=\frac{\sum_{i=0}^{n}X_{ij}-nX_{j\min}}{\left(X_{j\max}-X_{j\min}\right)n}=\frac{\overline{X_J}-X_{j\min}}{X_{j\max}-X_{j\min}}$$

上式中，Y_j 表示 n 个单项生计资本中第 j 项指标的标准化值，$\overline{X_J}$ 表示调查对象生计资本中第 j 项指标的平均值。

第三步，运用综合指数法计算调查对象单项生计资本总水平。计算公式为：

$$Y=\sum_{j=0}^{m} Y_j W_j$$

上式中，Y 表示调查对象单项生计资本总水平，W_j 表示第 j 项指标的权重。运用此方法综合处理 m 个已标准化的指标，进而得到一个介于 0—1 之间的综合指数值。

第四步，汇总五个单项生计资本值，即可得到调查区易地扶贫搬迁移民的生计资本总量。计算公式为：

$$S=\sum_{i=1}^{5} Y_i$$

按照以上计算步骤和流程，最终计算出的移民各生计资本及总生计资本量化值如表 3-36 所示，同时也绘制了如图 3-7 所示的移民生计资本雷达图。

表 3-36　移民生计资本量化值

资本类型	具体测度指标	符号	权重	指数均值	资本总水平
自然资本	是否有农业生产的土地	N_1	0.6514	0.0160	0.0479
	如何处置搬迁前的土地	N_2	0.0783	0.3386	
	每年获得多少土地流转资金	N_3	0.2702	0.0407	
物质资本	住房面积	P_1	0.4308	0.3278	0.5318
	搬迁后的住房	P_2	0.3570	0.6957	
	基础设施条件	P_3	0.2122	0.6704	
人力资本	文化程度	H_1	0.1391	0.1468	0.3280
	健康状况	H_2	0.0971	0.6120	
	劳动力	H_3	0.0614	0.4726	
	是否参加过技能培训	H_4	0.3497	0.3718	
	培训效果	H_5	0.3527	0.2528	

续表

资本类型	具体测度指标	符号	权重	指数均值	资本总水平
社会资本	家人或亲戚朋友中有无村干部或者正式工作人员	S_1	0.8288	0.1490	0.2244
	参与集体事务程度	S_2	0.0171	0.2260	
	人情送礼费用	S_3	0.0888	0.5470	
	通信费用	S_4	0.0599	0.8092	
金融资本	家庭年收入	F_1	0.1369	0.4651	0.3451
	是否申请过金融机构贷款	F_2	0.4866	0.2838	
	收入与搬迁前相比	F_3	0.0756	0.4883	
	支出与搬迁前相比	F_4	0.1015	0.2021	
	借钱途径	F_5	0.1993	0.4310	
量化指标值合计					1.4772

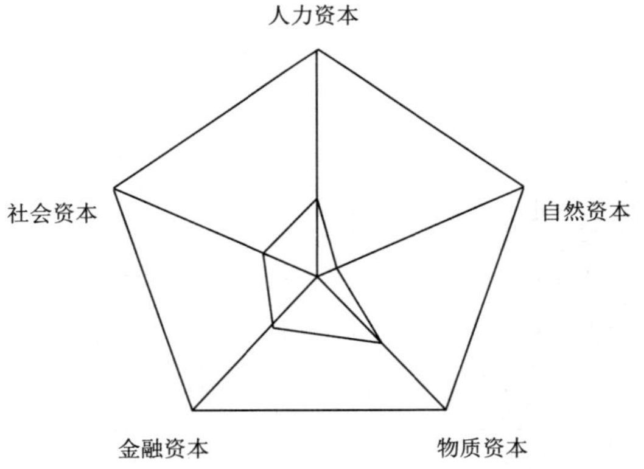

图 3-7　移民生计资本雷达图

（三）结果分析与讨论

结合表 3-36 及图 3-7 中各自反映出的信息，可以得出以下几方面的结论。

第一，从表 3-36 中的数据来看，各生计资本水平的大小顺序为：物质资本（0.5318）＞金融资本（0.3451）＞人力资本（0.3280）＞社会资本（0.2244）＞自然资本（0.0479）。其中，物质资本水平接近理想水平的一半，其他四个资本的水平均在理想水平的一半以下，甚至自然资本水平尚且不足理想水平的 1/10。另外，表 3-36 中的量化指标值合计值显示，移民的生计资本总水平为 1.4772。这种水平仅占理想的生计资本总水平的 29.6%，支撑无土安置在县城的贵州易地扶贫搬迁移民的生计可持续发展有一定的困难。

第二，如前文所述，DFID 生计分析框架中所构建的理想的生计资本模型是，五项生计资本构成一个正五边形，五边形的中心到各个顶点的线段长度相等且为各生计资本的最大值（其值均为 1）。图 3-7 中的大五边形代表 DFID 生计分析框架中的理想的生计资本模型，中间的小五边形代表所研究的移民的实际生计资本模型。小五边形无论是在形状上，还是在面积大小上都与大五边形相差甚远，尤其是自然资本所在的小五边形的顶点明显向中心凹陷，使得小五边形的形状显得极不规正。小五边形的面积与大五边形的面积相差甚远，进一步印证了上文的结论——移民的生计资本总水平很低；小五边形形状与大五边形形状相差甚远，既反映了移民的各生计资本之间的发展不均衡，又能够折射出提升移民生计资本水平难度较大这一事实。这一结论也很好地验证了前文关于贵州易地扶贫搬迁移民生计资本的研究假设。特别是自然资本处的顶点向中心凹陷，更加增加了提升移民生计资本水平的难度。笔者所研究的移民都无土安置在县城内，而且绝大多数移民远离自己的承包地，提高他们的自然资本量是非常困难的。基于以上事实，笔者认为提升贵州易地扶贫搬迁移民的生计资本水平任重而道远。

第四节　总结与讨论

一、本章小结

本章以问卷数据为重要依据，运用定性和定量两种研究方法，详细比较移民搬迁前后生计资本的变化情况和量化分析移民各生计资本值及生计资本的总体水平。

研究结果显示：

第一，笔者所研究的移民家庭在搬迁前绝大多数都是生活在“一方水土养不起一方人”地区的贫困户，而且大多是在精准扶贫期间搬迁至城市的。搬迁时政府主要给移民提供了住房、搬迁安置款及技能培训。这些条件在解决移民基本生产生活问题的同时，也为移民在新居住地的就业打下了一定的基础。另外，通过比较移民搬迁前后的基本条件发现，搬迁后移民所在的城市小区交通便利且小区内一般都有农贸市场及学校等基础设施，较好地解决了移民的衣食住行等问题及移民子女的上学问题；移民区内离医疗卫生机构比较近，甚至有的移民社区内设有此类机构，给他们的寻医看病提供了极大的方便。

第二，移民的生计资本基本情况为：（1）自然资本。搬迁前所拥有的耕地和林地大都不足 10 亩，且土地质量一般，排水和灌溉条件都比较差；搬迁后绝大多数移民在迁入地附近没有可利用的农业生产用地，自家的承包地流转少且收益不高。（2）物质资本。搬迁后移民的房屋为钢混结构的楼房，其质量和安全系数均高于搬迁前的住房；拥有的耐用消费品、生产工具及交通工具较搬迁前有明显变化，且更加有利于移民生产生活质量的提高；小区内的基础设施条件比较好，移民对居住环境比较满意。（3）人力资本。搬迁后移民的人力资本有一定的提高。虽然参加技能培训的移民的比重比较低，但许多移民比较注重参加非农技能培训，而且认为参加这样的技能培训比较有用。（4）社会资本。搬迁后移民可利用的社会资源比较少，遇到困难时很少找邻居来帮忙，而且参与集体事务的意识还不够强，在人情送礼方面的花销减少、通信费用有所增加。（5）金融资本。搬迁后移民向亲戚借钱的比例略有下降，家庭收入变化不大但支出增加较大。

第三，笔者参考国内学者的生计资本量计算方法，对调查区移民的生计资本量进行了测算。（1）各生计资本水平：物质资本的值为 0.5318、金融资本的值为 0.3451、人力资本的值为 0.3280、社会资本的值为 0.2244、自然资本的值为 0.0479。这些数据显示出，物质资本的水平接近理想水平的一半，其他四个资本的水平均在理想水平的一半以下，甚至自然资本水平尚且不足理想水平的 1/10。（2）移民生计资本的总水平为 1.4772。

二、讨论

围绕以上研究结论，笔者有以下几点思考：

首先，从移民搬迁后的基本情况来看，虽然他们的基本条件较搬迁前改善较大，但与城市原住民相比，他们具有较强的脆弱性，受到城市人才市场、劳动力就业市场的冲击较大，致使对于诸如失业、大病导致的贫困等风险的敏锐度、预测能力和抵御能力，以及对所要面临的困难和问题的解决能力等都比较弱。尤其是部分移民在迁入城市之初，主要靠政府的扶持来维系家庭生计。由于政府全面承担了他们所居住小区的物业费、公共区域的灯光照明费和环境清洁费等费用，以及他们家中的闭路电视费、水电费等日常开销，并对一些家庭提供“兜底”保障，导致极少数移民逐渐滋生了“等靠要”的惰性思想，在生计上不求进取，在生活上得过且过。凡此种种，给移民社区的管理、政府对移民的后续帮扶，乃至所有移民生活水平的提升都带来了极大的影响。

其次，在对比分析移民搬迁前后的基本条件时，笔者借鉴了 DFID 生计分析框架，将贵州易地扶贫搬迁移民生计资本分为自然资本、物质资本、人力资本、社会资本、金融资本，并参考国内学者的生计资本指标内容及指标体系构建方式，结合移民搬迁后的生产生活实际，设计了表 2-2 的移民生计变量及指标体系。研究实践证明，这样的生计资本指标体系符合贵州易地扶贫搬迁移民的生计实际和客观需要。但这一指标体系尚且缺少动态性地衡量移民生计资本水平的能力，所以其改进的空间还是比较大的。

再次，搬迁前后移民的基本条件对比结果，比较有力地印证了搬迁是改变贫困人口生计的有效途径这一毋庸置疑的事实。另外，在研究易地扶贫搬迁移民生计可持续发展问题之初，笔者就认为，他们的生计可持续发展是建立在这样的一个假设之上的——人具有能动地征服自然、改造自然和解决自身的基本生活问题的能力和自觉。换言之，如果没有易地扶贫搬迁，那么对于那些至今仍然生活在“一方水土养不起一方人”地区的贫困群体来说，他们肯定正在想尽一切办法谋求生计。那么在易地搬迁后，他们应该能够保持同样的自力更生、艰苦奋斗的优良作风和勤劳勇敢、热爱生活的良好品行，以谋求更好的生计。这一假设是笔者于后文为移民谋求生计可持续发展思路和方法所依据的理论支撑。至于他们在搬迁后的具体生计状况，除了以上第一点分析的情况外，实际生计水平如何，以及他们如何发展生计，还有待于继续分析和研究。

最后，从调查区移民的生计资本水平可以大致推断出，整体而言，贵州省“十三五”期间搬迁到县城的易地扶贫移民，其生计资本总水平不高，支撑其生计可持续发展有一定的难度；各生计资本间发展不平衡，尤其是自然资本的水平很低，提升难度大，导致从整体上提高移民的生计资本水平困难重重。因此，笔者认为提高贵州易地扶贫搬迁移民的生计资本水平任重而道远。值得注意的是，绝大多数移民都拥有承包地。虽然移民的承包地因距离安置点比较远而在搬迁后不能充分得到利用，从而导致其在搬迁后的自然资本非常低。但是，可以借鉴国内外有关土地经营的成功经验，盘活移民所拥有的承包地资源，通过经营土地来提高收入、提升金融资本。这一提升移民生计资本的思路虽不能有效提高其自然资本、补齐其自然资本短板，但能够从整体上提高移民生计资本的存量，故不失为一种提升移民生计资本水平的有效策略。关于这一策略，笔者在后文将进行详细分析和论证。

第四章　贵州易地扶贫搬迁移民生计发展现状

第一节　移民的基本生计策略

生计策略是指人们对资产利用的配置和经营活动的选择，以便实现他们的生计目标。[①] 但是，不同的生计资本所对应的移民的谋求生计方式和策略也各异。[②] 这说明生计策略对于移民生计可持续发展具有重要的意义。笔者在生计策略的研究设计上参考陈梓焓的研究成果，主要选择了职业及生计模式[③] 作为研究指标（具体指标见表 2-2），通过分析移民搬迁前后这些指标的变化情况来了解其生计策略状况。

一、移民搬迁前后的职业变化情况

（一）移民搬迁前后从业变化情况分析

为了能够更直观地反映移民搬迁前后的职业变化情况，笔者在统计问卷数据时对原来设计的一些职业进行了适当的合并。如，将在工厂或企业打工，在超市、饭店等服务性行业打工，搞建筑，打临工合并在一起，统称为打工。合

---

① 苏芳、蒲欣冬、徐中民等：《生计资本与生计策略关系研究——以张掖市甘州区为例》，《中国人口·资源与环境》2009 年第 6 期。

② 李丹、许娟、付静：《民族地区水库移民可持续生计资本及其生计策略关系研究》，《中国地质大学学报（社会科学版）》2015 年第 1 期。

③ 陈梓焓：《贵州省易地移民生计可持续性研究》，硕士学位论文，贵州大学，2018，第 47—48 页。

并后的移民职业整体上由农业生产、打工、做生意（个体工商户）、自主创业和其他（学生或无业游民）五种类型构成。在家庭成员选择上，笔者将调查对象本人及其配偶、调查对象的子女及其配偶作为研究的具体对象，针对他们的职业及就业地点进行相应的研究。另外，为了便于分析和研究移民代与代之间在搬迁前后的职业选择情况，笔者在统计数据时还专门将调查对象本人及其配偶与调查对象的子女及其配偶分开，形成比较清晰的两部分数据。移民搬迁前后的职业变化情况如表 4-1、4-2 所示。

从搬迁前后移民本人及其配偶的职业变化数据（表 4-1）来看，移民本人的职业变化情况为：从事农业生产的比例从 64.4% 下降到 6.3%，下降了 58.1 个百分点；打工的比例从 18% 上升到 67.1%，上升了 49.1 个百分点；其他（学生或无业游民）的比例从 17% 上升到 20.2%，上升了 3.2 个百分点。移民本人配偶的职业变化情况为：从事农业生产的比例从 55.8% 下降到 3.1%，下降了 52.7 个百分点；打工的比例从 24.3% 上升到 66.3%，上升了 42 个百分点；其他（学生或无业游民）的比例从 18.2% 上升到 26%，上升了 7.8 个百分点。

表 4-1　调查对象本人及其配偶的具体职业

职业类型	本人				本人配偶			
	搬迁前		搬迁后		搬迁前		搬迁后	
	样本数（个）	百分比（%）	样本数（个）	百分比（%）	样本数（个）	百分比（%）	样本数（个）	百分比（%）
农业生产	329	64.4	32	6.3	285	55.8	16	3.1
打工	92	18	343	67.1	124	24.3	339	66.3
做生意	1	0.2	33	6.5	2	0.4	11	2.2
自主创业	2	0.4	0	0	1	0.2	6	1.2
其他	87	17	103	20.2	93	18.2	133	26
缺失值	0	0	0	0	6	1.2	6	1.2
总计	511	100	511	100.1	511	100.1	511	100

表 4-2 调查对象的子女及其配偶的具体职业

<table>
<tr><th rowspan="3">职业类型</th><th colspan="4">子女</th><th colspan="4">子女的配偶</th></tr>
<tr><th colspan="2">搬迁前</th><th colspan="2">搬迁后</th><th colspan="2">搬迁前</th><th colspan="2">搬迁后</th></tr>
<tr><th>样本数（个）</th><th>百分比（%）</th><th>样本数（个）</th><th>百分比（%）</th><th>样本数（个）</th><th>百分比（%）</th><th>样本数（个）</th><th>百分比（%）</th></tr>
<tr><td>农业生产</td><td>27</td><td>5.3</td><td>7</td><td>1.4</td><td>11</td><td>2.2</td><td>5</td><td>1</td></tr>
<tr><td>打工</td><td>218</td><td>42.7</td><td>244</td><td>47.7</td><td>192</td><td>37.6</td><td>209</td><td>40.9</td></tr>
<tr><td>做生意</td><td>1</td><td>0.2</td><td>0</td><td>0</td><td>2</td><td>0.4</td><td>1</td><td>0.2</td></tr>
<tr><td>自主创业</td><td>3</td><td>0.6</td><td>3</td><td>0.6</td><td>14</td><td>2.7</td><td>20</td><td>3.9</td></tr>
<tr><td>其他</td><td>29</td><td>5.7</td><td>25</td><td>4.9</td><td>3</td><td>0.6</td><td>3</td><td>0.6</td></tr>
<tr><td>缺失值</td><td>233</td><td>45.6</td><td>232</td><td>45.4</td><td>289</td><td>56.6</td><td>273</td><td>53.4</td></tr>
<tr><td>总计</td><td>511</td><td>100.1</td><td>511</td><td>100</td><td>511</td><td>100.1</td><td>511</td><td>100</td></tr>
</table>

从搬迁前后移民的子女及其配偶的职业变化数据（表 4-2）来看，子女的职业变化情况为：从事农业生产的比例从 5.3% 下降到 1.4%，下降了 3.9 个百分点；打工的比例从 42.7% 上升到 47.7%，上升了 5 个百分点；其他（学生或无业游民）的比例从 5.7% 下降到 4.9%，下降了 0.8 个百分点。子女配偶的职业变化情况为：从事农业生产的比例从 2.2% 下降到 1%；打工的比例从 37.6% 上升到 40.9%，上升了 3.3 个百分点；其他（学生或无业游民）的比例没有变化，占比 0.6%。

（二）关于移民搬迁前后职业变化情况的讨论

以上数据反映出：

第一，搬迁后移民的职业结构变化较大。笔者所调查区域的移民安置方式为城镇无土安置，搬迁后调查对象本人及其配偶从事农业生产的人数下降幅度分别为 90.2% 和 94.4%；调查对象的子女及其配偶从事农业生产的人数下降幅度分别为 73.6% 和 54.5%。与从事农业生产人数的下降趋势相比，选择外出打工的移民人数明显增加。其中，调查对象本人及其配偶中的打工人数增加幅度分别为 273% 和 173%；调查对象的子女及其配偶中的打工人数增加幅度分别为 11.7% 和 8.8%。以上数据共同反映出，搬迁后移民从事农业生产的人数明显减少，外出打工人数显著增加。

第二，搬迁后各级政府对移民所采取的就业扶持措施的效果明显。笔者在调查过程中了解到，政府在移民区采取了就地就业扶持及就业安置政策和措施，安排大量女工从事农业种植业、小工厂手工业等行业的工作。如：剑河县结合“一县一业”主导产业布局，在移民小区引进以食用菌生产和加工为主的小企业及以生产小电子配件为主的扶贫车间，积极引导留守在家的移民在小厂子或扶贫车间（基地）（图 4-1）就业 374 人，达到了搬迁家庭户均实现 1 人以上就业目标；关岭县的县城安置点内及周边（图 4-2）均布局建设了产业园区、现代农业园、商贸城、物流园、食用菌园区、关岭牛食品加工厂等，同时 8 个安置点建有扶贫车间，可为搬迁群众提供就近就业岗位，满足就近就业需求；威宁县按照“产业选择、培训农民、技术服务、资金筹措、组织方式、产销对接、利益联结、基层党建”等“八要素”要求及“龙头企业 + 合作社 + 贫困户”组织方式，组建了 6 个专业合作社，打造了一个 3000 亩标准化的易地扶贫蔬菜种植基地，为搬迁群众提供就业岗位和满足移民就近就业需要。

图 4-1　剑河县仰阿莎街道思源社区移民就业场所

图 4-2 关岭县百合街道同心、同康社区移民就业场所

第三，搬迁后无职业的移民人数有所增加。一方面，从表 4-3 的数据可以看出，被调查的移民中中小学及以下文化程度的女性多于男性，这是无职业人数中女性移民多于男性的主要原因。另一方面，表 4-4 的数据显示，具有小学及以下文化程度的中老年（41 岁及以上）移民占到了 59.7%，其中 41—64 岁的移民占 39.9%。15—64 岁的移民中，小学及以下文化程度的女性略高于男性；65 岁及以上的移民中，小学及以下文化程度的男性略高于女性。

表 4-3 性别、文化程度交叉列表

文化程度		性别		总计
		男	女	
小学及以下	样本数（个）	166	182	348
	百分比（%）	32.5	35.6	68.1
初中	样本数（个）	70	49	119
	百分比（%）	13.7	9.6	23.3
高中（中专、技校、职高）	样本数（个）	13	13	26
	百分比（%）	2.5	2.5	5
大专及以上	样本数（个）	7	11	18
	百分比（%）	1.4	2.2	3.6
合计	样本数（个）	256	255	511
	百分比（%）	50.1	49.9	100

表 4-4 年龄、文化程度、性别交叉列表

性别	年龄①	文化程度							
		小学及以下		初中		高中（中专、技校、职高）		大专及以上	
		样本数（个）	百分比（%）	样本数（个）	百分比（%）	样本数（个）	百分比（%）	样本数（个）	百分比（%）
男	15—40 岁	13	5.1	21	8.2	10	3.9	7	2.7
	41—64 岁	99	38.7	37	14.5	2	0.8	0	0
	65 岁及以上	54	21.1	12	4.7	1	0.4	0	0
	合计	166	64.8	70	27.3	13	5.1	7	2.7
女	14 岁及以下	1	0.4	1	0.4	0	0	0	0
	15—40 岁	29	11.4	44	17.3	11	4.3	10	3.9
	41—64 岁	105	41.2	4	1.6	2	0.8	1	0.4
	65 岁及以上	47	18.4	0	0	0	0	0	0
	合计	182	71.4	49	19.2	13	5.1	11	4.3
总计	14 岁及以下	1	0.2	1	0.2	0	0	0	0
	15—40 岁	42	8.2	65	12.7	21	4.1	17	3.3
	41—64 岁	204	39.9	41	8	4	0.8	1	0.2
	65 岁及以上	101	19.8	12	2.3	1	0.2	0	0
	合计	348	68.1	119	23.3	26	5.1	18	3.5

笔者在调研过程中也看到，移民小区内闲散的移民较多。这些闲散的移民中不同年龄段的人都有，其中中老年人居多。他们有的在小区内到处闲逛，有的聚集在一起玩扑克牌，有的在一起聊天，有的在一起烤火唱歌。（如图 4-3、4-4、4-5 所示）在移民小区附近打临工的部分移民，干完活回家后也加入到闲散移民的行列之中。

第四，移民小区内的基础设施还不够完备。图 4-3 中的右图所呈现的是，

---

① 为了方便研究，笔者将调查区域移民的年龄按照一定标准分成四段：第一段为 14 岁及以下，第二段为 15—40 岁，第三段为 41—64 岁，第四段为 65 岁及以上。其中 15—64 岁是根据国际惯例来划分的有劳动能力的年龄段。

剑河县仰阿莎街道幸福社区的一群中老年妇女聚集在一起烤火唱歌的场面，这一场面看似寻常，但却很值得关注和深思。笔者调查这个移民小区的时间是在初夏，院坝内有些阴冷。这群妇女虽然很有兴致地在消遣，但她们唱歌后的神态中却流露出了一丝丝的无奈。究其原因，是院坝内偌大一块空地上缺少她们往昔休憩的娱乐场所——鼓楼或风雨桥。有的移民社区内也缺少孩子们玩耍和娱乐的场所。如图4-6是笔者在调研威宁县五里岗街道五里岗社区阳光馨区时所遇到的场面，小区内能够供儿童玩耍的器材太少，孩子们只能以图中展示的方法玩乐。以上场景共同反映出了这些移民小区基础设施建设所存在的不足。

图4-3　剑河县仰阿莎街道移民社区的闲散移民

（左图为思源社区、右图为幸福社区）

图4-4　威宁县五里岗街道五里岗社区阳光馨区的闲散移民

图 4-5　关岭县百合街道同康社区的闲散移民

图 4-6　威宁县五里岗街道五里岗社区阳光馨区的儿童在玩“滑滑梯”

二、搬迁前后生计模式变化情况

生计模式指的是“特定族群在与周围自然环境长期互动的过程中，逐步构建和完善的各种谋生手段和谋生方式的总和”①。对人类生计模式的探讨一直是生态人类学的研究重点②，因此，国内基于人类学视角的生计模式相关研究也较多。如，费孝通最早对农民家庭生计问题进行了研究，并且指出，中国传统

① 赵文娟、崔明昆、沙建：《工程移民的生计变迁与文化适应——以泸沽湖机场移民为例》，《云南地理环境研究》2011 年第 3 期。

② 崔明昆、杨索、赵文娟等：《云南新平傣族生计模式及其变迁的生态人类学研究》，《云南师范大学学报（哲学社会科学版）》2015 年第 5 期。

农村从来不是纯粹的农业经济，而是农业和副业结合或农业和家庭手工业、乡村工业混合的乡土经济。[①] 后来以黄宗智为代表的学者批判性地继承和发展了费孝通关于农民家庭生计模式的研究成果，但他们仍然认为农民通过农业和工业两种途径来维系家庭生计。[②] 即使在工业化和城市化快速推进的今天，虽然对于农民家庭而言，农业因逐渐被兼业和外出务工所取代而似乎成了副业，但农民家庭生计模式还是由工业和农业这两种生产形式所组成。这种由工业和农业两种生产形式所组成的家庭生计模式比较适合有土地资源的农民，而对于无土安置在县城的易地扶贫搬迁移民不一定实用。虽然有学者认为，对于易地扶贫搬迁移民来说，“易地搬迁的核心是生计模式问题的解决与生计方式的选择”，“解决易地搬迁贫困户生计问题应从探索劳动新模式、发挥农技员作用、推动特色产业的良性发展、提高移民户劳动技能等方面帮助贫困移民户可持续发展和稳定脱贫”[③]，但是对于无土安置的易地扶贫搬迁移民来说，其所选择的生计模式也不一定与以上学者提出的策略完全相同。据此，按照前文的指标设计，笔者主要从收入来源及与本地人的收入比较等方面，对贵州集中安置到县城的易地扶贫搬迁移民的生计模式做简要分析。

（一）搬迁前后的移民生计模式比较

1. 收入来源比较

表 4-5 是移民搬迁前后主要收入来源的问卷数据统计结果。表中数据显示，移民搬迁前的收入主要靠传统种养殖及打工（外出务工、本地务工），其中传统种养殖的比例为 35%、打工的比例为 52.5%；搬迁后的收入主要靠打工，占比为 77.8%。这些数据说明，与搬迁前相比，移民搬迁后主要靠打工维持生计，其中外出务工的比例从 38% 上升到 44.7%，上升了 6.7 个百分点；本

---

① 费孝通：《中国绅士》，惠海鸣译，中国社会科学出版社，2006，第 71—74 页。

② 姜莹：《农民家庭生计模式的演变及其启示》，硕士学位论文，西北农林科技大学，2019，第 5 页。

③ 沙川淇、陈强、潘选明等：《易地搬迁对凉山彝区贫困户生计模式的影响——基于昭觉县金曲地莫村的调查》，《攀枝花学院学报》2020 年第 3 期。

地务工的比例从14.5%上升到33.1%，上升了18.6个百分点。相比之下，搬迁后移民就近务工的人数增加较多。

表4-5 移民搬迁前后的收入来源（多选项）

收入来源	搬迁前			搬迁后		
	响应		个案百分比（%）	响应		个案百分比（%）
	个数（个）	百分比（%）		个数（个）	百分比（%）	
创办乡、村企业	1	0.1	0.2	1	0.2	0.2
承包种养殖	5	0.7	1	2	0.3	0.4
传统种养殖	240	35	47.3	21	3.4	4.2
兼业（种植和打工）	14	2	2.8	14	2.3	2.8
外出务工	260	38	51.3	273	44.7	54.6
家庭手工业	1	0.1	0.2	1	0.2	0.2
本地务工	99	14.5	19.5	202	33.1	40.4
个体工商户（做买卖）	10	1.5	2	33	5.4	6.6
低保	55	8	10.8	64	10.5	12.8
总计	685	99.9	135.1	611	100.1	122.2

2. 与当地人的收入比较

从表4-6的数据可以看出，58.5%的移民认为自家目前的家庭收入比本地人低，其中认为低很多的占10.2%；认为比本地人收入高的只占10.2%；认为与本地人收入差不多的占31.3%。这些数据说明，在家庭收入上，移民与本地人是有一定差距的。

表 4-6　您觉得您家目前的家庭收入水平比这里的本地人

	样本数（个）	百分比（%）	累积百分比（%）
高很多	8	1.6	1.6
高一些	44	8.6	10.2
差不多一样	160	31.3	41.5
低一些	247	48.3	89.8
低很多	52	10.2	100
总计	511	100	

（二）关于移民生计模式的讨论

以上关于移民收入来源、家庭收入等情况的数据共同反映出：

第一，搬迁后移民的生计模式有一定的改变。移民在搬迁前主要靠传统种养殖及打工来维持生计，搬迁后几乎没有条件从事农业生产了，所以主要靠打工来维持生计。究其原因，是移民搬迁后失去了曾经赖以维持生计的土地资源，除了外出打工挣钱外无其他赚钱的途径。此外，也有一些移民迟迟不肯出去找活干，或者不好好打工。如，笔者在访谈剑河县仰阿莎街道思源社区纪书记时了解到[①]：

> 社区里面多数劳动力都外出打工了，留在家里的一般是老人和孩子。真正想出去打工的还没到正月十五就已经出去了，有些懒的人就一直拖，一开始说过完正月十五就出去打工，十五过完了说二月二再去，再后面又说是清明节过了去，一直在家里要到下半年才出去打两三个月工，然后又回来了。

第二，移民中低收入人群的占比较大。笔者在调查中了解到，由于搬迁而

① 见附录二，笔者于 2021 年 3 月 31 日的访谈记录。

离开了原来的打工地，而搬迁后短时间内又在外地联系不到活干，所以一些移民搬到新居住地后只能就近找零活干，导致其家庭收入与搬迁前相比有所下降。当然，搬迁到新居住地后，一些移民受到政府相关扶持政策的影响，以往维持生计的思路、信心和做法有所改变，也会影响其家庭收入。如，在谈到街道办和县里都给搬迁群众提供了哪些福利时，剑河县仰阿莎街道思源社区纪书记是这样说的[①]：

> 油、盐、米、面这些生活物资就不用说了，搬过来的群众每个人都有1500元的安家费，县工会还给困难职工提供了500元的帮扶补贴。现在很多人觉得扶贫的力度大，依靠扶贫的思想重，有的搬迁群众打那种轻松的零工，一个月的工资有一两千块钱，再加上各种补贴，一个月下来就有五六千元的收入。这样对其他人的积极性打击很大，他们辛辛苦苦打工挣钱还不如一个闲汉挣得多。

从剑河县仰阿莎街道思源社区纪书记的这番话中能够感受到，在基层干部的眼里，除了认为移民的收入不容乐观外，也多多少少还能反映出他们对于移民扶持政策的一些看法，而且对一些无所事事、靠政府扶持来过日子的移民表示无奈。

第三，需要进一步调整移民的生计模式，提高移民的家庭收入。一方面，移民搬迁到现住地的时间还比较短，还没有完全形成适合其家庭长期稳步发展的生计模式。虽然各级政府积极为移民的生计发展出谋划策，制定出台了一些扶持政策，并采取了一些有利于提高移民家庭收入的措施。如，威宁县雄山街道办事处推荐那些不具备外出务工条件的移民到附近的蔬菜基地上班，日工资80元，每月工作满22天者，政府每日再补贴20元，而且为鼓励就业，政府组织公交车每日接送愿意前往蔬菜基地上班的移民。[②]但是，移民的收入还是

① 见附录二，笔者于2021年3月31日的访谈记录。

② 见附录二，笔者于2021年4月7日的访谈记录。

不容乐观。另一方面，虽然绝大多数移民都积极参加了社区统一组织的劳动就业培训和劳动技能培训，但由于他们的文化水平比较低，加之少部分移民因种种原因未能参加培训，导致依靠培训这条路来提升移民的劳动技能水平的效果不够理想，直接影响到移民的职业选择乃至家庭收入。这进一步说明，仅仅靠就地就业和提高劳动技能这两种途径是不能完全改变移民的生计现状的。想要显著提升移民的家庭收入，需要结合移民的生产生活实际，寻找能够引导其取得长足发展的生计模式。

三、移民生计资本对生计策略的影响分析

如前文所述，不同的生计资本所对应的移民的谋求生计方式和策略各异。① 国内关于生计资本与生计策略关系的代表性研究成果有：赵文娟等以云南新平彝族傣族自治县干热河谷傣族地区为例，采用 Logistic 回归模型分析发现，自然资本和物质资本对纯农型农户生计策略选择的影响最为显著，社会资本和物质资本对农兼型的影响最为显著，而金融资本对兼农型的影响最为显著；金融资本和社会资本是影响纯农型向农兼型转化的关键因子，金融资本和人力资本是影响纯农型向兼农型转化的关键因子。② 苏芳等以可持续生计框架为研究基础，通过 Logistic 回归分析发现，在其他条件不变的情况下，自然资本每增加一个单位，将导致农户选择以非农为主生计策略与以农业为主生计策略的发生比缩小 11.9%；当其他解释变量不变时，金融资本每增加一个单位，将导致农户选择以非农为主生计策略与以农业为主生计策略的发生比扩大 9.698 倍。③ 周丽等基于湖南搬迁农户调查数据，采用 Logistic 回归模型分析了生计资本对

① 李丹、许娟、付静：《民族地区水库移民可持续生计资本及其生计策略关系研究》，《中国地质大学学报（社会科学版）》2015 年第 1 期。

② 赵文娟、杨世龙、王潇：《基于 Logistic 回归模型的生计资本与生计策略研究——以云南新平县干热河谷傣族地区为例》，《资源科学》2016 年第 1 期。

③ 苏芳、蒲欣冬、徐中民等：《生计资本与生计策略关系研究——以张掖市甘州区为例》，《中国人口・资源与环境》2009 年第 6 期。

农户生计策略选择的影响，发现自然资本、金融资本、人力资本和社会资本对务工主导型选择具有显著影响，自然资本、金融资本、人力资本和社会资本对搬迁农户生计策略选择由农业主导型向务工主导型转化有显著影响。① 魏馨柔等通过 Logistic 回归分析发现，住房质量、固定资产数量、家庭年收入、草场面积以及亲友中是否有人担任村干部等指标对牧民生计策略的选择有显著影响。② 马明等利用云南省怒江傈僳族自治州 515 个入户调查数据，基于可持续生计分析框架建立移民收入回归模型，研究得出了这样的结论：不同生计策略的移民家庭收入影响因素差异明显。③ 王恒基于可持续生计分析框架，以秦巴山区 684 个农户微观调查数据为例，通过 Logistic 回归分析后得出研究结论：人力资本、社会资本和自然资本显著影响农户生计策略的选择，物质资本和金融资本对农户生计策略选择的影响不显著。④

以上研究成果对本书探讨贵州易地扶贫搬迁移民的生计资本与生计策略之间的关系具有重要的理论指导意义和实践借鉴价值。接下来笔者以可持续生计分析框架为理论视角，以生计资本为自变量，以生计策略为因变量，运用二元 Logistic 回归模型，研究贵州易地扶贫搬迁移民的生计资本与生计策略之间的关系。

（一）移民生计策略分类

国内外学者基于不同的研究目的、研究背景和研究方法，划分出了不同的生计策略类型。如 Ian Scoones 将生计策略划分为纯粹依靠农业生产策略和多

---

① 周丽、黎红梅、李培：《易地扶贫搬迁农户生计资本对生计策略选择的影响——基于湖南搬迁农户的调查》，《经济地理》2020 年第 11 期。

② 魏馨柔、海新权、赵瑞婷：《牧民生计资本对其生计策略的影响分析——以张掖市肃南县为例》，《生产力研究》2020 年第 11 期。

③ 马明、陈绍军、陶思吉等：《易地扶贫搬迁移民生计策略、生计资本与家庭收入影响研究——以云南少数民族深度贫困地区为例》，《干旱区资源与环境》2021 年第 8 期。

④ 王恒：《连片特困地区农户生计资本对生计策略影响研究》，《农村经济与科技》2021 年第 2 期。

样性策略两类，李聪等将农户生计策略分为农林种植、家畜养殖、非农经营和外出务工四类[①]，徐定德等将农户生计策略分为纯农型、农为主型、非农为主型、非农型四类[②]，赵文娟等将农户生计策略分为纯农型、农兼型、兼农型三类[③]，黎洁等将移民生计策略分为传统生计专业化型、非农专业化型、多样化型和补贴依赖型四类[④]，蔡洁等将农户生计策略分为兼业型、务工主导型、农业主导型三类[⑤]，周丽等将移民生计策略划分为务工主导型、农业主导型、非农经营型、补贴依赖型四类[⑥]，马明等将移民的生计策略分为纯农业类型、农业为主务工为辅类型、务工为主农业为辅类型、纯务工类型、非农经营类型和生计多样类型六类[⑦]。本书在以上研究成果的基础上，根据贵州易地扶贫搬迁移民，尤其是城镇集中无土安置移民的实际，参照周丽、黎红梅、李培的分类方法，选取移民家庭收入来源因素作为投入指标，通过 K- 均值聚类分析来划分其生计策略类型。分析结果如表 4-7 所示。

---

① 李聪、柳玮、冯伟林等：《移民搬迁对农户生计策略的影响——基于陕南安康地区的调查》，《中国农村观察》2013 年第 6 期。

② 徐定德、张继飞、刘邵权等：《西南典型山区农户生计资本与生计策略关系研究》，《西南大学学报（自然科学版）》2015 年第 9 期。

③ 赵文娟、杨世龙、王潇：《基于 Logistic 回归模型的生计资本与生计策略研究——以云南新平县干热河谷傣族地区为例》，《资源科学》2016 年第 1 期。

④ 黎洁：《陕西安康移民搬迁农户的生计适应策略与适应力感知》，《中国人口·资源与环境》2016 年第 9 期。

⑤ 蔡洁、马红玉、夏显力：《集中连片特困区农地转出户生计策略选择研究——基于六盘山的微观实证分析》，《资源科学》2017 年第 11 期。

⑥ 周丽、黎红梅、李培：《易地扶贫搬迁农户生计资本对生计策略选择的影响——基于湖南搬迁农户的调查》，《经济地理》2020 年第 11 期。

⑦ 马明、陈绍军、陶思吉等：《易地扶贫搬迁移民生计策略、生计资本与家庭收入影响研究——以云南少数民族深度贫困地区为例》，《干旱区资源与环境》2021 年第 8 期。

表 4-7 移民家庭收入来源指数的 K- 均值聚类分析结果

收入来源	聚类		误差		F	显著性
	均方	自由度	均方	自由度		
创办乡、村企业	0	1	0.002	409	0.002	0.961
承包种养殖	0	1	0.005	409	0.005	0.944
传统种养殖	0.001	1	0.035	409	0.038	0.846
兼业（种植和打工）	0.935	1	0.031	409	30.39	0
外出务工	0.267	1	0.25	409	1.065	0.303
家庭手工业	0	1	0.002	409	0.002	0.961
本地务工	29.168	1	0.242	409	120.529	0
个体工商户（做买卖）	0.004	1	0.062	409	0.07	0.791
低保	0.024	1	0.132	409	0.184	0.668

表 4-7 中，本地务工的 F 值相对最大，显著性水平小于 0.05，表明组间差大，组内差小。据此，笔者认为移民的生计策略主要以务工型为主，这与移民的生产实际是完全吻合的。因为笔者所调查的三个样本县的移民均安置在县城内，都属于无土安置的移民，加之移民点与移民原住地的距离一般都比较远，移民基本不具备耕种原承包地的条件，所以他们绝大多数选择通过外出打工来维持生计。而且由于种种原因，目前选择就近打工的移民比较多。另外，上表中的兼业（种植和打工）的 F 值相对也比较大，其显著性水平也小于 0.05，这也是符合县城集中安置移民的生计实际的。笔者调查了解到，极少部分移民离原住地比较近，为了生计，他们选择了既耕种原来耕地，又利用农闲就近打临工的谋生方式来维持生计。但是与在本地务工的移民人数相比，这种兼业型移民的数量还是太少，导致兼业（种植和打工）缺少作为移民最优生计策略的条件。以下笔者主要围绕务工来分析移民的生计策略。

（二）对移民生计策略影响因素的分析与讨论

在具体分析贵州易地扶贫搬迁移民的生计资本对生计策略的影响时，笔者借助统计分析软件 SPSS25.0 中的二元 Logistic 回归模型，以生计资本为自变量，以生计策略为因变量进行操作和分析。其中，自变量除了去掉自然资本中每年获得多少土地流转资金这一项指标外，其他指标与表 3-35 移民搬迁后生计资本量化指标体系完全相同，如表 4-8 所示。生计策略的指标只有务工这一项内容，其取值为：非务工型生计策略 =0，务工型生计策略 =1。在 SPSS25.0 的二元 Logistic 回归操作过程中，笔者采用 LR 的分类操作方法筛选相对比较显著的指标，最终选出了对生计策略影响显著的几个生计资本指标，分别是物质资本中的基础设施条件、社会资本中的通信费用和金融资本中的家庭年收入。如表 4-9 所示。

表 4-8 移民生计资本量化指标体系

资本类型	具体测度指标	符号	赋值
自然资本	是否有农业生产的土地	N_1	否 =0，是 =1
	如何处置搬迁前的土地	N_2	全部闲置 =0，部分耕种部分闲置 =1，全部自家耕种 =2，部分流转部分闲置 =3，部分耕种部分流转 =4，全部流转 =5
物质资本	住房面积	P_1	“≤50 m²” =1，“＞ 50—100 m²” =2，“＞ 100—150 m²” =3，“＞ 150—200 m²” =4，“200 m² 以上” =5
	搬迁后的住房	P_2	非常差 =1，较差 =2，差不多 =3，较好 =4，非常好 =5
	基础设施条件	P_3	非常差 =1，比较差 =2，一般 =3，比较好 =4，非常好 =5
人力资本	文化程度	H_1	小学及以下 =1，初中 =2，高中（中专、技校、职高）=3，大专及以上 =4
	健康状况	H_2	非常不健康 =1，不太健康 =2，一般 =3，比较健康 =4，非常健康 =5
	劳动力	H_3	减少了 =1，没变化 =2，增加了 =3
	是否参加过技能培训	H_4	否 =0，是 =1
	培训效果	H_5	没用 =1，用处不大 =2，有点用处 =3，还可以 =4，很实用 =5

续表

资本类型	具体测度指标	符号	赋值
社会资本	家人或亲戚朋友中有无村干部或者正式工作人员	S_1	没有 =0，有 =1
	参与集体事务程度	S_2	从不参加 =1，偶尔参加 =2，经常参加 =3
	人情送礼费用	S_3	变少了 =1，基本没变 =2，变多了 =3
	通信费用	S_4	变少了 =1，基本没变 =2，变多了 =3
金融资本	家庭年收入	F_1	“0.5 万元以内” =1，“＞ 0.5 万元—1 万元” =2，“＞ 1 万元—2 万元” =3，“＞ 2 万元—3 万元” =4，“＞ 3 万元—4 万元” =5，“＞ 4 万元—5 万元” =6，“5 万元以上” =7
	是否申请过金融机构贷款	F_2	否 =0；是，但没有贷到款 =1；是，并贷到了款 =2
	收入与搬迁前相比	F_3	低很多 =1，比较低 =2，差不多 =3，比较高 =4，高很多 =5
	支出与搬迁前相比	F_4	低很多 =1，比较低 =2，差不多 =3，比较高 =4，高很多 =5
	借钱途径	F_5	亲戚 =1，邻居或朋友 =2，金融机构贷款 =3，其他 =4，从不向别人借钱 =5

表 4-9　移民生计策略的主要影响因素

自变量	*B*	瓦尔德	自由度	显著性
基础设施条件	0.11*	26.828	17	0.061
通信费用	-0.974***	15.114	2	0.001
家庭年收入	-5.805**	9.984	4	0.041

注：* 表示显著性水平小于 0.1，** 表示显著性水平小于 0.05，*** 表示显著性水平小于 0.01。

表 4-9 的数据反映出：

第一，整体而言，在五项生计资本中，自然资本和人力资本对移民的生计策略影响不明显。可能的原因是：一、由于城镇移民受区位限制而绝大多数选择非农型的职业，从而导致了其不论是否有农业生产用地，还是如何处置搬迁前的土地，都不会对务工型生计策略产生非常显著的影响；二、从移民的家庭收入来看，大多数（67.9%）移民的年收入在 3 万元以下，5 万元以上的仅占 7.8%（见表 4-10）。这些数据说明大多数移民的家庭收入比较低。此外，大多数移民在外务工，尤其是在居住地附近打临工时所从事工作的技术含量可能比较低，因而自然资本和人力资本对打工这一生计策略的影响不大。

表 4-10 搬迁后的家庭年收入

金额	样本数（个）	百分比（%）
0.5 万元及以下	41	8
＞0.5 万元—1 万元	68	13.3
＞1 万元—2 万元	143	28
＞2 万元—3 万元	95	18.6
＞3 万元—4 万元	73	14.3
＞4 万元—5 万元	51	10
5 万元以上	40	7.8
总计	511	100

第二，物质资本中的基础设施条件对移民的生计策略具有显著的正向影响。表 4-9 中的数据显示，在其他指标一定的情况下，基础设施条件平均每增加一个单位，移民选择务工型生计策略的概率对数 LogitP 将增加 0.11 个单位。可能的原因是，迁入地诸如孩子上学、购买日常用品、求医看病、道路交通等方面基础条件的逐渐改善，使得移民在选择外出务工时，能够比较放心地让父母在家留守和照顾孩子。

第三，社会资本中的通信费用对移民的生计策略具有显著性影响。当其他解释变量保持不变时，通信费用平均每增加一个单位，移民选择务工型生计策略的概率对数 LogitP 会减少 0.974 个单位。对于这一结论，合理的解释是，移民通信费用增加，说明他们可能以通信的形式所参与的社会交往频数在增加，其中也不乏为生计而交往的情况。如，从表 4-1 移民本人及其配偶所从事的具体职业来看，有极少部分的移民搬迁后会选择通过做生意或自主创业来维持家庭生计。也就是说，在生计方面，通信费用的增加，可能是移民通过通信的方式谋求更宽的生计之道，如自主创业或做生意。

第四，金融资本中的家庭年收入对移民选择务工型生计策略具有显著影响。当其他解释变量保持不变时，移民家庭的年收入平均每增加一个单位，他们选择外出务工的概率对数 LogitP 将减少 5.805 个单位。这说明，迁入城市以后，移民的家庭收入越高，他们除外出务工之外的其他收入也越高，而且相比之下打工收入也会越低，或者是靠打工维持生计的可能性越小。也就是说，家庭收入越高的移民，可能会更倾向于选择技术含量相对较高的生计方式，如自主创业或做生意等。这虽然是易地扶贫搬迁移民生计发展的一种趋势，但整体而言，笔者所调查的移民绝大多数还是主要靠外出务工来维持家庭生计的。

第二节　移民的生计结果

国内关于生计结果的研究成果比较少。既有的研究成果中，学者们主要以 DFID 可持续生计分析框架为理论指导，采用多元线性回归等高级定量分析方法，分析生计资本对生计结果的影响。如，王晓轩等学者借助可持续生计分析框架，采用多元线性回归方法，分析农户生计资本对生计结果的影响，发现“人力资本对打工收入产生了显著影响，自然资本反向显著影响打工收入；物质资本、社会资本显著提高农户的养殖收入；人力资本与自然资本显著提高农户种植收入”。[①] 马明等学者采用回归分析方法研究易地扶贫搬迁移民生计资本对家庭收入的影响，发现五大生计资本核心对移民家庭收入的影响和贡献不

---

① 王晓轩、耿天学、赵周华：《补助政策、生计资本对农户生计策略和生计结果的影响——以农牧交错带贫困地区样本为例》，《农业科学研究》2020 年第 3 期。

同，其中，人情往来、家有资产、非农劳动力和家庭存款对移民家庭收入贡献突出。[①] 以上研究成果为本书分析贵州易地扶贫搬迁移民的生计结果，以及寻找生计结果的影响因素提供了一定的理论支撑、研究思路和方法指导。接下来笔者以移民的家庭收入为主要的生计结果，研究贵州易地扶贫搬迁移民的生计结果现状及问题。

一、搬迁前后移民家庭收支变化

（一）移民搬迁前后的家庭收入变化情况

表 4-11 是移民搬迁前后的家庭年收入数据。

表 4-11 移民搬迁前后的家庭年收入

金额	搬迁前		搬迁后	
	样本数（个）	百分比（%）	样本数（个）	百分比（%）
0.5 万元及以下	53	10.4	41	8
＞0.5 万元—1 万元	86	16.8	68	13.3
＞1 万元—2 万元	130	25.4	143	28
＞2 万元—3 万元	96	18.8	95	18.6
＞3 万元—4 万元	55	10.8	73	14.3
＞4 万元—5 万元	61	11.9	51	10
5 万元以上	30	5.9	40	7.8
总计	511	100	511	100

表 4-11 的数据显示，搬迁前后收入在 1 万元之内的比例由 27.2% 下降到 21.3%；收入在＞1 万元—2 万元的比例有所提升，由 25.4% 上升到 28%；收入在＞2 万元—3 万元的占比基本没变；收入在＞3 万元—4 万元的占比有所增加，由 10.8% 上升到 14.3%；收入在 5 万元以上的占比由 5.9% 上升到

① 马明、陈绍军、陶思吉等：《易地扶贫搬迁移民生计策略、生计资本与家庭收入影响研究——以云南少数民族深度贫困地区为例》，《干旱区资源与环境》2021 年第 8 期。

7.8%。这些数据进一步说明移民搬迁前后的收入变化不大。此外，表 4-11 中的数据还反映出，无论是搬迁前还是搬迁后，移民的家庭年收入在 2 万元之内的占比都比较大（搬迁前为 52.6%，搬迁后为 49.3%）。这说明提高移民中低收入人群的家庭收入的任务比较重。

（二）对移民搬迁前后收支变化的说明

关于移民搬迁后提高收入难度比较大这一点，还可以通过其搬迁前后的收支变化情况（见第三章表 3-34）及移民对今后提高家庭收入的信心（如表 4-12 所示）得到验证和进一步说明。

表 4-12　对提高收入有没有信心

	样本数（个）	百分比（%）	累积百分比（%）
有信心	336	65.8	65.8
一般	147	28.8	94.6
没有信心	28	5.5	100.1
总计	511	100.1	

表 3-34 的数据显示，移民搬迁后的收入基本没变或略有增加，但搬迁后移民的家庭开销还是增加了很多。这种情况增加了提高移民收入的工作难度。好在大多数移民对今后提高家庭收入充满信心（如表 4-12 所示，对提高收入有信心的移民占 65.8%），这为笔者在后文提出提升移民生计水平的思路和策略提供了事实支撑。

二、生计资本对生计结果影响的回归分析

从前文的研究结论可知，贵州易地扶贫搬迁移民的生计资本影响其生计策略。而且有学者研究发现，生计资本会进一步影响生计结果[①]，生计资本的影

① 王谷、过秀成：《包含异常数据的居民出行稳健回归分析》，《武汉理工大学学报》2011 年第 6 期。

响最终体现在生计结果中①。本书为了能够全面把握贵州易地扶贫搬迁移民的生计状况，在此对移民生计结果与生计资本之间的联系做定量分析，具体利用二元 Logistic 回归模型，分析各生计资本与生计结果之间的关系。

（一）指标选择

在具体的分析过程中，笔者所采用的移民搬迁后生计资本量化指标体系大致与表 4-8 相同（去掉了“收入与搬迁前相比”这一项），如表 4-13 所示。

表 4-13　移民生计资本量化指标体系

资本类型	具体测度指标	符号	赋值
自然资本	是否有农业生产的土地	N_1	否 =0，是 =1
	如何处置搬迁前的土地	N_2	全部闲置 =0，部分耕种部分闲置 =1，全部自家耕种 =2，部分流转部分闲置 =3，部分耕种部分流转 =4，全部流转 =5
物质资本	住房面积	P_1	“≤50 m^2” =1，“＞50—100 m^2” =2，“＞100—150 m^2” =3，“＞150—200 m^2” =4，“200 m^2 以上” =5
	搬迁后的住房	P_2	非常差 =1，较差 =2，差不多 =3，较好 =4，非常好 =5
	基础设施条件	P_3	非常差 =1，比较差 =2，一般 =3，比较好 =4，非常好 =5
人力资本	文化程度	H_1	小学及以下 =1，初中 =2，高中（中专、技校、职高）=3，大专及以上 =4
	健康状况	H_2	非常不健康 =1，不太健康 =2，一般 =3，比较健康 =4，非常健康 =5
	劳动力	H_3	减少了 =1，没变化 =2，增加了 =3
	是否参加过技能培训	H_4	否 =0，是 =1
	培训效果	H_5	没用 =1，用处不大 =2，有点用处 =3，还可以 =4，很实用 =5

① 王晓轩、耿天学、赵周华：《补助政策、生计资本对农户生计策略和生计结果的影响——以农牧交错带贫困地区样本为例》，《农业科学研究》2020 年第 3 期。

续表

资本类型	具体测度指标	符号	赋值
社会资本	家人或亲戚朋友中有无村干部或者正式工作人员	S_1	没有 =0，有 =1
	参与集体事务程度	S_2	从不参加 =1，偶尔参加 =2，经常参加 =3
	人情送礼费用	S_3	变少了 =1，基本没变 =2，变多了 =3
	通信费用	S_4	变少了 =1，基本没变 =2，变多了 =3
金融资本	家庭年收入	F_1	“0.5 万元以内” =1，“＞ 0.5 万元—1 万元” =2，“＞ 1 万元—2 万元” =3，“＞ 2 万元—3 万元” =4，“＞ 3 万元—4 万元” =5，“＞ 4 万元—5 万元” =6，“5 万元以上” =7
	是否申请过金融机构贷款	F_2	否 =0；是，但没有贷到款 =1；是，并贷到了款 =2
	支出与搬迁前相比	F_3	低很多 =1，比较低 =2，差不多 =3，比较高 =4，高很多 =5
	借钱途径	F_5	亲戚 =1，邻居或朋友 =2，金融机构贷款 =3，其他 =4，从不向别人借钱 =5

（二）结果分析

在 SPSS25.0 的二元 Logistic 回归操作过程中，笔者采用 LR 的分类操作方法筛选相对比较显著的指标，最终选出了对生计结果影响显著的几个生计资本指标，分别是社会资本中的人情送礼费用、通信费用，金融资本中的家庭年收入。如表 4-14 所示。

表 4-14 移民生计结果的主要影响因素

变量	*B*	标准误差	瓦尔德	自由度	显著性	*Exp(B)*
人情送礼费用	0.390***	0.345	10.304	2	0.006	0.732
通信费用	1.670***	0.752	13.168	2	0.001	0.207
家庭年收入	0.697***	0.627	21.273	6	0.002	0.802

注：*** 表示显著性水平小于 0.01。

表 4-14 是生计资本对生计结果影响的回归分析结果。该结果反映出：

第一，整体而言，在五项生计资本中，自然资本、物质资本和人力资本对移民的生计结果影响不明显。合理的解释是：一、笔者所研究的移民因受区位限制，绝大多数选择了非农型的职业，其所能拥有的农业生产用地等自然资源非常有限，而且通过流转等形式从原有承包地获得的收入也非常少。另外，移民搬迁后所拥有的住房等物质资本也不可能成为其用以谋生的有效资源。基于以上原因，笔者认为无论是自然资本还是物质资本，都不会对移民的生计结果产生显著影响。二、从移民家庭所拥有的人力资本来看，虽然大多数移民家庭人丁比较兴旺，劳动力充足，但由于他们在外打工大都从事技术含量比较低的工作，因此对其生计结果的影响也不会太大。

第二，社会资本中的人情送礼费用和通信费用对移民的生计结果具有显著影响。在其他指标一定的情况下，人情送礼费用平均每增加一个单位，移民生计结果的概率对数 LogitP 将增加 0.39 个单位；通信费用平均每增加一个单位，移民生计结果的概率对数 LogitP 将增加 1.67 个单位。原因可能是，无论是移民的人情送礼费用增加，还是通信费用增加，都能够说明移民在迁入地的社会交往活动增加了，这意味着他们的生计途径可能会更加宽广。从这个角度来看，移民的人情送礼费用和通信费用的增加，对其生计发展都是比较有利的。

第三，金融资本中的家庭年收入对移民的生计结果具有显著的正向影响。当其他解释变量保持不变时，家庭年收入平均每增加一个单位，移民生计结果的概率对数 LogitP 会增加 0.697 个单位。对于这一结论，合理的解释是，家庭年收入增加，说明其生计结果朝着好的方向发展。但是，移民的家庭年收入每增加一个单位，其生计结果的概率对数 LogitP 增加的单位数比较小，还不到 1。这一点不仅印证了表 4-11 所反映的结果——调查区移民的中低收入有所增加，还进一步说明这种增加对移民生计结果的影响是比较微弱的。因此，若要从收入这方面提升移民的生计发展水平，还需整体性提高其收入水平。

第三节 移民生计面临的主要问题

一、政府层面的问题

（一）安置地的产业发展较难支撑移民生计的可持续发展

笔者调查了解到，贵州省各级政府在县城移民区培植或引进产业方面做了大量的工作。如：关岭县对800人以上的县城移民安置点的建设选址均统筹考虑移民后续发展需求，在安置点周边均布局有产业园、现代农业园、商贸城、物流园、食用菌生产基地、关岭牛食品加工厂等，同时在县城的8个安置点建有扶贫车间，可为搬迁群众提供就近就业岗位，满足就近就业需求。剑河县围绕就业扶贫车间吸纳就业等方式，积极探索与推广就业扶贫新模式，在移民社区引进适合易地扶贫搬迁移民从事的劳动密集型企业，建设电子、农副产品加工等就业扶贫车间，带动移民在家门口就业增收脱贫。威宁县以坝区建设为引领，在县城周边规划易地扶贫搬迁蔬菜种植基地，把规模连片、水源条件较好的土地集中规划出来，根据现代化、标准化、规模化产业基地建设标准，由县人民政府根据产业基地种植需求配套水、电、路、喷灌、滴灌等设施，按照“产业选择、培训农民、技术服务、资金筹措、组织方式、产销对接、利益联结、基层党建”等“八要素”要求及“龙头企业 + 合作社 + 贫困户”组织方式，组建了6个专业合作社，打造了一个3000亩标准化的易地扶贫蔬菜种植基地，为搬迁群众提供就业岗位。不过，在推动这些旨在扶持移民后续发展的产业进程中，还存在以下几个方面的不足，这些不足影响了移民生计的可持续发展。

一是在移民社区内引进的扶贫产业对移民的吸纳量有限。如，笔者在调查中看到，剑河县仰阿莎街道思源社区内的剑河县升华电子加工中心和剑河泰达科技有限公司加工中心，这两个加工车间内总计容纳年轻女性移民的数量不足50人。幸福社区剑河县陶彪五金加工厂扶贫车间内只有一对夫妇在工作，贵州剑南尚亿电子扶贫车间内几乎空无一人。如图4-7所示。

图 4-7　剑河县移民扶贫车间

（左上图为思源社区剑河县升华电子加工中心，右上图为思源社区剑河泰达科技有限公司加工中心，下图为幸福社区剑河县陶彪五金加工厂扶贫车间）

二是许多扶贫车间长期闲置、许多扶贫产业还未真正投产运营。笔者调查时还发现，许多移民扶持产业虽已正式挂牌，但其铁门紧锁，也看不出曾经有过生产经营的痕迹。如，关岭县百合街道同心社区内的扶贫车间长期搁置，该社区外的“安顺尚源水科技”产业截至笔者调查结束时还未启用（图 4-8）；剑河县思源社区内的杭州市东西部协作江北岸易地扶贫搬迁安置点扶贫车间、剑荣菌业家门就业站，幸福社区内的贵州剑南尚亿电子扶贫车间、剑河食用菌产业园幸福社区家门就业站，均因种种原因处于停产或停业状态。

图 4-8 关岭县至今未启用的扶贫产业和扶贫车间

（左图为长时间搁置的扶贫车间，右图为未启用的扶贫产业）

（二）移民在利用承包地方面存在诸多问题

对于集中安置在县城内的移民来说，虽然原有的承包地已不再是支撑其家庭生计的主要资源，但在利用或者转换土地的价值方面，由于配套政策不够到位，导致存在以下几个方面的问题，影响了移民生计的可持续性。

一是承包地的利用率不高。如第三章表 3-11 所示，搬迁后 56.6% 的移民的原承包地处于全部闲置状态，全部流转的仅有 7.2%。这些数据说明，缺乏切实可行的配套政策，导致移民对自己的承包地利用率不高和大量的承包地被闲置。笔者调查了解到，移民搬迁后，各级政府将工作的重心放在移民安置及与之相关的“五个体系”（基本公共服务体系、培训和就业服务体系、文化服务体系、社区治理体系、基层党建体系）建设上；同时，也关注退庄还田、宅基地复垦复绿等旧宅基地处理问题。然而，对于如何处理移民原来的承包地，其重视程度不够。这是移民安置后续工作中的一块硬骨头，如一位基层干部所言：“最大的困难就是搬迁群众土地的流转问题，搬迁户的田地一般都处于山高坡陡的地方，零星分布并不连片，产业发展难。许多搬迁群众的土地都被闲置，流转困难。”[①] 承包地作为移民曾经利用价值较高的自然资源，要想方设法

① 见附录二，笔者于 2021 年 3 月 31 日的访谈记录。

利用起来。尽管一些地方对移民原承包地进行了流转，但流转不彻底。例如，威宁县五里岗街道五里岗社区移民的原承包地就存在“一部分流转，一部分自家耕种”[①]的情况，或者“把其旧房夷平，对其宅基地再次利用，对其耕地优先考虑流转”[②]，或者“由企业统一流转经营，或者租给未搬走的村民”[③]，或者“看居民自己的意愿，愿意流转的都由政府统一流转”[④]。更有甚者，有的社区干部都不清楚政府对移民承包地采取了何种流转方式。

二是移民的土地流转收入较低。如表 3-12 所示，在流转土地的移民中，绝大多数（78.4%）移民的土地流转收入在 1000 元以内，1001 元—3000 元的只有 11.4%。这些数据反映出，由于缺少系统的土地流转规划和具体的流转措施，导致移民的土地流转收益甚少。

三是在利用移民承包地方面的办法和举措不多。笔者在调查中还了解到，关于如何利用或处理集中安置在县城的移民的原承包地问题，目前各级政府还没有出台相对完备的配套政策，以及诸如变更承包地利用方式等的操作方案。例如，缺乏从原来以粗放型农业经营为主向精细化种植与养殖经营转型的策略[⑤]，以有效盘活承包地的利用价值，进而增加移民的家庭收入。有关数据显示，威宁县移民的原承包地“涉及面积较多，种类复杂，有常年耕种平坦的肥沃土地，也有沙化严重、面积小、零散的荒坡和土地质量仅能种植传统作物的土地”[⑥]。但由于该县复垦和耕地利用方式不合理，加之存在耕地的流转数量少且差异较大，方式单一，粗放式复垦，政府干预程度低等问题，加剧了土地资

---

① 见附录二，笔者于 2021 年 4 月 7 日的访谈记录。

② 见附录二，笔者于 2021 年 4 月 7 日的访谈记录。

③ 见附录二，笔者于 2021 年 4 月 6 日的访谈记录。

④ 见附录二，笔者于 2021 年 3 月 25 日的访谈记录。

⑤ 张萍、田晓萍、黑娟儿等：《宁夏生态移民区土地利用变更的种植养殖技术应变性研究》，《安徽农学通报》2015 年第 22 期。

⑥ 蒋飞云：《集中连片深度贫困村扶贫性生态移民与土地利用变化分析——以贵州省威宁彝族回族苗族自治县扶贫性生态移民区为例》，《湖北农业科学》2021 年第 4 期。

源的浪费。剑河县将25度以上的坡耕地纳入退耕还林范围，并对搬迁户已确权颁证的林地，按照相关政策，继续保障其享受的公益林补助、抵押担保、林业增值收益等权益；鼓励龙头企业、农业合作社流转林地，发展林下经济，增加搬迁群众收入。对于质量较好、利用价值较高的土地，该县鼓励和引导搬迁户在自愿前提下有序流转，而对于流转不了的土地，没有提出有效的解决对策。

总之，对于集中安置在县城内的易地扶贫搬迁移民而言，土地收入已经不再是他们家庭收入的重要来源。然而，如何将移民的原有承包地转化为能够促进其生计可持续发展的有效资本，仍然是一个亟待解决的问题。为此，各级政府需要继续出台相关政策和措施，加快完成移民的土地资本转化工作，以有效促进移民的生计可持续发展。

（三）移民的就业技能培训不彻底不到位

贵州易地扶贫搬迁前后贫困人口生计发生了三大变化，即，“职业变迁：从农民到工人”“生计方式转型：从农业到非农业”“生计资源拓展：从单一到多元”。[①] 具体而言，在生计资源拓展方面，城镇化安置，使易地扶贫搬迁移民的生计资源得到极大拓展，从单一的农业为主的生计资源，拓展到城乡区域的二、三产业资源。主要体现在三类资源上，分别是扶贫车间、扶贫基地就业与公益性岗位资源，政策扶持创业资源和技能培训的生计资源。在技能培训方面，贵州省坚持把搬迁移民在“家门口”就业作为“搬得出”的基础，在易地扶贫搬迁移民安置规模达200人及以上的安置点，挂牌成立就业创业服务中心600余个，建立服务人员定期跟踪走访制度，把就业服务送到家。但据笔者调查了解，移民的技能培训参与率不高，搬迁后参与培训的移民仅占37.4%（见表3-25）。表4-15是关于移民希望得到哪方面的支持的问卷统计数据，表4-16是关于移民希望提供的就业帮助的问卷统计数据。

---

① 张雯鑫：《贵州易地扶贫搬迁前后贫困人口生计发生三大变化——〈贵州蓝皮书：贵州社会发展报告（2021）〉指出》，中国皮书网：https://www.pishu.cn/psgd/567059.shtml。

表 4-15 希望得到的支持和帮助

	样本数（个）	百分比（%）	累积百分比（%）
法律保护和政策优惠	33	6.5	6.5
资金支持	209	40.9	47.4
解决子女上学问题	19	3.7	51.1
提供就业帮助	153	29.9	81
解决生活困难	41	8	89
帮助解决养老和医疗问题	36	7	96
其他	20	3.9	99.9
总计	511	99.9	

表 4-15 的数据显示，有 29.9% 的移民希望能够得到就业帮扶。在这些需要提供就业帮助的移民中，有 71.9% 的移民希望联系就业岗位，8.5% 的移民希望提供就业培训，11.1% 的移民希望提供就业信息。（见表 4-16）这些数据说明，移民搬迁后的就业培训或技能培训跟不上他们的就业需求。笔者通过访谈也了解到，各级部门在移民的技能培训方面做得还不够到位。如当笔者问及培训效果时，关岭县生态移民局副局长李伟是这样回答的：

关于技能培训，我最希望的是参与培训的工作人员能够把知道的全部讲出来给大家听，这能让搬迁居民在就业方面更具优势。①

表 4-16 希望提供的就业帮助

	样本数（个）	百分比（%）
帮助联系就业贷款	12	7.8
联系就业岗位	110	71.9
提供技能培训	13	8.5

① 见附录二，笔者于 2020 年 10 月 17 日的访谈记录。

续表

	样本数（个）	百分比（%）
提供就业信息	17	11.1
其他	1	0.7
总计	153	100

虽然李副局长没有直接说明在技能培训方面存在哪些不足，但从他的话语中能够感受到，关岭县在移民技能培训方面还是存在不彻底、不到位等问题的。

（四）对移民的金融扶持不够到位

由前文移民的家庭年收入情况可知，移民资金原始积累较少，较难维系其后续生计发展。关于这一点从表 4-15 中就能得到印证。表 4-15 中的数据显示，搬迁后有 40.9% 的移民希望得到资金支持。这也说明政府在金融扶持方面还存在一定的问题。一是对移民所需的生计可持续发展资金支持力度较小。当然，这与国家的移民政策有关，因为笔者所调查的区域的移民迁出的时间都不长，政府正在解决他们“搬得出，稳得住”的问题，还未完全将精力转向他们“能致富”的方面，所以在资金运用上也主要向移民的衣食住行等基本生活保障倾斜，从而导致对移民生计可持续发展方面投入的资金较少。二是移民获得资金的渠道少。关于这一点从表 3-32 中可以得到印证。表 3-32 反映出，搬迁后，移民需要钱时主要向亲戚借钱，占 42.7%，向金融机构贷款仅占 15.7%。移民对金融机构贷款的依赖性不强，这可能与上文提及的对移民所需的生计可持续发展资金支持力度较小有一定的关联。出现以上两方面的金融扶持问题，主要与各级政府所制定出台的移民金融扶持机制和政策不够健全有直接关系。关于这一点，笔者在后文的对策措施部分会详细分析论证。

二、社会层面的问题

搬迁后，移民是非常需要迁入地社会的广泛支持及原住民的大力关怀和帮助的。国内关于移民迁入地的社会支持系统的研究成果比较少，主要集中在以下几个方面：一是研究民族地区易地扶贫搬迁移民的社会支持现状及影响因素。如，高晓凤等学者采用社会支持量表对四川省凉山彝族自治州西昌市扶贫搬迁移民和相邻的当地居民进行问卷调查，研究结果显示，四川民族地区扶贫搬迁移民的社会支持水平整体较低。高晓凤等人认为可通过提高扶贫搬迁移民的受教育水平来进一步改善这种情况。[①] 二是研究易地移民搬迁中的社会支持机制。如，李英提出了建立易地移民搬迁的社会支持机制思路——因地制宜建立良好的移民安置模式、合理选择移民安置点、充分保护易地搬迁移民的权益、加强移民管理和设立专门机构、综合利用政府部门的资源推进易地移民搬迁工作。[②] 三是研究移民在迁入地的社会关系网络重构。如，聂君、束锡红以宁夏回族移民为研究对象，从他者视角还原回族移民在迁入地进行社会关系重构的动态过程，分析回族移民社会关系重构的特点，并提出了若干积极的策略——强化移民的心理干预措施、适当改变社交方式、建立社区网络组织，旨在帮助回族移民构建稳定的社会关系网络，使之获得充分的社会支持。[③]

以上研究成果不仅为本书分析贵州易地扶贫搬迁移民在社会层面所面临的生计问题提供了研究视角，也为后文提出解决移民生计可持续问题的方案提供了很好的思路和方法。参考借鉴以上三点内容，结合调查区域移民的生活实际，笔者认为，在社会层面上影响贵州易地扶贫搬迁移民生计可持续发展有以下几个方面。

（一）移民小区一般都远离县城中心，容易形成城市“孤岛”

笔者所调查的三个县的移民小区都位于县城的郊区，而且大都为独立的纯移民小区。虽然在这些移民小区内，关乎移民衣食住行的基础设施齐全，但他们一般都较少与县城的原住民接触和交往。如，关岭县的同心、同康两个移民

---

① 高晓凤、刘梦芸、段云等：《四川民族地区易地扶贫搬迁移民社会支持现况研究》，《现代预防医学》2019 年第 1 期。

② 李英：《易地移民搬迁中的社会支持机制与移民的心理健康》，《教育现代化》2018 年第 2 期。

③ 聂君、束锡红：《易地扶贫搬迁与社会关系重构——基于宁夏回族移民的调查研究》，《贵州民族研究》2020 年第 4 期。

社区离县城中心大约有 5 千米的距离，而且两个社区之间也相隔近 2 千米。好在关岭三中建在同心社区内，给小区内的移民与当地人的交往提供了很大的便利。剑河县的思源社区和幸福社区均为独立且距离县城中心较远的移民社区，尤其是幸福社区建在山上，通往该小区的道路坡陡、弯急、路况差，社区内的基础设施不是太健全，而且小区内至今缺少农贸市场，移民生活不是太方便。比较好的是，该县城内的馨怡社区的移民与原住民杂居，给移民和原住民的交往交流提供了很大便利。威宁县的两个移民社区都位于五里岗工业园区，小区内的人群成分比较复杂，既有移民，也有原住民，还有外来打工者。但笔者观察发现，移民小区内的许多移民还是不怎么走出小区，与外面的人接触和交往的比较少。如前文所述，他们三五成群，在小区内要么聚集聊天谈心，要么在一起玩扑克牌，要么坐在一起晒太阳。以上种种情况都不同程度地反映出移民与原住民之间存在一定的自然或人为隔离。笔者认为，长此以往，这种隔离状况极有可能会使移民区变成城市“孤岛”，需要引起全社会的重视，并共同来关注、关怀和帮助移民，使其尽快融入城市，与城市原住民一道，在发展自己生计的同时，共同建设美丽城市和促进城市发展。

（二）移民因参与的专业技能培训少而缺乏就业原动力

第三章表 3-25 的数据显示，搬迁后，有一半以上（62.6%）的移民没有参加技能培训。这说明，移民参与社区组织的技能培训的比例较低。对于这一问题，社区居委会也曾经采取过一定的激励措施。如，笔者在访谈关岭县百合街道办事处书记王尧同志时了解到，该街道采取对参与培训的人每人每次补贴 60 元的措施来激励移民参与技能培训。[①] 这种方法有效提高了关岭县同心、同康社区移民培训参与率。但其他两个调查区域——威宁县和剑河县由于种种原因，移民未能参加或者不愿意参加社区组织的各种形式的技能培训的比率还是比较高的。

表 4-17 是关于移民搬迁后参加技能培训的主要内容的统计数据。

---

① 见附录二，笔者于 2021 年 3 月 25 日的访谈记录。

表 4-17　移民搬迁后参加技能培训的主要内容

培训内容	响应		个案百分比（%）
	个数（个）	百分比（%）	
农作物种植技术	7	3.1	3.7
果蔬栽培技术	14	6.2	7.3
养殖技术	17	7.5	8.9
家政服务技能	110	48.5	57.6
餐饮服务技能	25	11	13.1
酒店服务技能	4	1.8	2.1
建筑行业技能	6	2.6	3.1
制造行业技能	9	4	4.7
家电维修技术	8	3.5	4.2
其他技能	27	11.9	14.1
合计	227	100.1	118.8

表中数据显示，搬迁后，参加技能培训的移民大多数都参与了家政技能培训，相比之下，参与其他类型的技能培训的移民比较少。由于缺少技能，移民只能以外出或就地打工的方式谋生，他们所从事的工作一般都是报酬较低的体力劳动。如，在威宁县，五里岗街道下辖的几个社区中，大多数移民都是去附近农场或工厂做一些技术含量较低的工作。他们的工作、工资报酬也都不是太固定，而且主要是针对老年人设立岗位，专门解决老年人的就业问题。虽然“那种技术工种的活，收入大概在 4000 元至 5000 元”“在厂房上班的普通工人，工资大概是 3000 多元”①，但是，这种工作岗位有限，不能解决大量的移民的就业问题。移民参加技能培训的以上现状，以及他们所拥有的技能，一般很难满足城镇社区家庭生计的发展需要。更为重要的是，移民缺少能够足以支撑其生计可持续发展的原动力——劳动技能，从而导致其生计可持续性存在较

① 见附录二，笔者于 2021 年 4 月 7 日的访谈记录。

大的挑战。

三、移民层面的问题

（一）移民的文化程度低，影响其对技能型就业岗位的选择

表 4-18 是被调查移民文化程度的统计数据，表 4-19 是移民所从事的职业与其文化程度的交叉表。

表 4-18 移民的文化程度

	样本数（个）	百分比（%）	累积百分比（%）
小学及以下	348	68.1	68.1
初中	119	23.3	91.4
高中（中专、技校、职高）	26	5.1	96.5
大专及以上	18	3.5	100
总计	511	100	

从表 4-18 的数据来看，绝大多数（91.4%）移民的文化程度在初中及以下，其中小学及以下占 68.1%。这说明绝大多数移民的文化程度比较低。另外，为了能够更清楚地反映出不同文化程度的移民所从事的职业，笔者还对移民的文化程度与职业进行了交互分析。（见表 4-19）表 4-19 中的数据大致显示出如下规律：一是从纵向来看，在每一种文化程度中，打工人数占比都比较大，相比之下，像做生意之类的职业的占比都很小；二是从横向来看，除了做生意和其他这两大类职业没有显示出比较明显的规律，剩下的职业种类，随着文化程度的提高，人数占比都在减小。这说明，随着文化程度的提高，移民有选择技术含量相对比较高的职业的趋势。不过，大部分移民的文化程度比较低，他们能够选择技术含量比较高的职业的机会比较少。这一点在表 4-20 中能得到验证。

表 4-19 职业、文化程度交叉表

职业		文化程度				总计
		小学及以下	初中	高中（中专、技校、职高）	大专及以上	
农业生产	样本数（个）	16	11	3	2	32
	百分比（%）	3.1	2.2	0.6	0.4	6.3
在工厂或企业打工	样本数（个）	25	11	3	2	41
	百分比（%）	4.9	2.2	0.6	0.4	8.1
做生意	样本数（个）	25	7	0	1	33
	百分比（%）	4.9	1.4	0	0.2	6.5
在超市、饭店等服务性行业做工	样本数（个）	62	27	10	5	104
	百分比（%）	12.1	5.3	2	1	20.4
搞建筑	样本数（个）	1	0	0	0	1
	百分比（%）	0.2	0	0	0	0.2
打临工	样本数（个）	133	48	10	6	197
	百分比（%）	26	9.4	2	1.2	38.6
其他	样本数（个）	86	15	0	2	103
	百分比（%）	16.8	2.9	0	0.4	20.1
合计	样本数（个）	348	119	26	18	511
	百分比（%）	68	23.4	5.2	3.6	100.2

表 4-20 移民搬迁后的家庭收入来源

收入来源	响应		个案百分比（%）
	个案数（个）	百分比（%）	
创办乡、村企业	1	0.2	0.2
承包种养殖	2	0.3	0.4
传统种养殖	21	3.4	4.2

续表

收入来源	响应		个案百分比（%）
	个案数（个）	百分比（%）	
兼业（种植和打工）	14	2.3	2.8
外出务工	273	44.7	54.6
家庭手工业	1	0.2	0.2
本地务工	202	33.1	40.4
个体工商户（做买卖）	33	5.4	6.6
低保	64	10.5	12.8
合计	611	100.1	122.2

表4-20中的数据显示，调查对象中依靠外出务工和在本地务工维持家庭生计的人数达475人，占比77.8%。相比之下，创办乡、村企业或做买卖的人总共只有34人，占比仅为5.6%。

综上所述，移民的文化程度低，影响了其对于技术含量相对较高的职业的选择，进而影响其生计发展的可持续性。

（二）移民的衣食住行与原住民间存在较大差距

笔者在调查中发现，尽管调查区域的大多数移民已在县城居住了2至3年，但他们的衣食住行等生活习惯改变不是太大。具体表现为：妇女仍习惯光脚穿着拖鞋在小区里来回忙碌；小孩穿的衣服也不是太干净，而且放学后随意在小区内瓷砖台阶上玩“滑滑梯”（见图4-6）；个别移民家庭的生活环境堪忧，家徒四壁，墙壁也因长期未加打理而污迹斑斑（如图4-9所示）；此外，一些移民在闲暇时仍习惯于坐在一起烤烤火聊聊天，但毫不顾及小区内的环境卫生（见图4-3）。

图 4-9 威宁县五里岗街道阳光馨区一户移民家里卫生状况

这些情况说明，贵州易地扶贫搬迁移民在诸多方面与城市原住民之间存在较大差距，这些差距是影响和阻碍其生机发展的重要因素。贵州易地扶贫搬迁移民要变成真正的新市民，还需要养成良好的生活习惯以及提高环境保护的意识。此外，原住民乃至全社会需要共同关注并帮助移民尽快适应并融入城市，以及在城市稳步发展。

（三）一些移民太过依赖政府帮扶而影响其生计发展

笔者在威宁县雄山街道小康馨区调查时看到了这样一幕：小区内一位60多岁的大爷来找居委会同志，说自家的电视看不了了。虽然居委会的同志说这位大爷家的闭路电视欠费了，而且关于移民家的网络费用由谁来承担的问题，居委会的几个同志轮流给这位大爷做了好长时间的解释和说明，但这位大爷就是要求居委会给他家缴纳闭路电视费。这位大爷最后还是对工作人员告诉他的事实——网络费应该由他本人来承担半信半疑，并且极不情愿地离开了居委会。大爷离开后，笔者在居委会同志那里得知，在维持家庭生计方面，一些移民已经形成了较强的依赖心理。如，他们认为诸如电梯的维修费、家庭的水电费等都“应该”由政府来承担。原因是，威宁县包括上述大爷在内的这批移民，在刚入住安置小区的时候，恰逢春节将至，为帮助他们尽快适应新居所，并能够度过一个安定祥和的春节，政府承担了他们一个季度或半年的水电及网络等费用，待他们稳定后再让他们承担这些费用。结果导致，部分移民认为水电、网络等费用应该由政府来负责，所以出现了以上的一幕。这在一定程度上反映了移民对政府帮扶的依赖。但以上情况都不算是移民搬迁后遇到的最大困难。他们搬迁后家庭遇到的最大困难如表4-21所示。

表4-21 搬迁后家庭遇到的最大困难

	样本数（个）	百分比（%）	累积百分比（%）
不适应这里的生产方式	13	2.5	2.5
不适应这里的生活方式	35	6.8	9.3
新邻居不好相处	6	1.2	10.5
耕地少或无耕地	8	1.6	12.1
收入来源较少	296	57.9	70
房子不够住	30	5.9	75.9
政府补偿力度不够	4	0.8	76.7
没有困难	77	15.1	91.8
其他	42	8.2	100
总计	511	100	

表4-21的数据显示，移民认为搬迁后面临的最大困难是收入来源较少，占比达到了57.9%。因此，他们迫切希望政府提供资金支持（希望政府提供资金支持的占比达到40.9%），而且有29.9%的移民希望政府为他们提供就业帮助。（见表4-15）这说明移民搬迁后是渴望得到政府的扶持和帮助的，但也有极少部分移民希望政府能够像他们刚搬来时一样，几乎包揽一切式地扶持他们，这是非常不合理的。尽管政府按照党中央提出的“扶上马送一程，设立过渡期，保持主要帮扶政策总体稳定”要求来扶持易地扶贫搬迁移民，但长期的帮扶会对部分移民带来如第三章讨论部分所提及的负面影响。一方面，部分享受政府帮扶的移民存在较强的帮扶依赖心理，长此以往也会形成较为突出的“等靠要”思想；另一方面，部分享受帮扶的移民，尤其是那些全家都享受低保的极少数移民家庭，偶尔在社区中的炫耀行为可能会带来负面效应，导致那些家庭劳动力较为充足、享受政府帮扶较少、主要靠自食其力来维持生计

的移民存在不平衡心理，进而可能会对社区治理等带来一些负面影响。后面这一情况是笔者在关岭县百合街道同心社区调查时，一位70多岁大爷告诉笔者的。当时同心社区的院子里有一群移民在打台球，这位大爷指着其中一个边喝酒边打台球的小伙子说："小伙子过得安逸啊，全家享受低保，月收入几千元，家里6口人，住着120平方米的房子，我们看着眼红！你看他那嚣张的样子……"这和一位社区工作人员所反映的情况是完全一致的：

> 现在很多人觉得扶贫的力度大，依靠扶贫的思想重，有的搬迁群众打那种轻松的零工，一个月的工资有一两千块钱，再加上各种补贴，一个月下来就有五六千元的收入。这样对其他人的积极性打击很大，他们辛辛苦苦打工挣钱还不如一个闲汉挣得多。①

以上所述情况共同反映出，移民对政府的帮扶存在依赖心理，这将会严重影响他们的生计可持续发展。

第四节　总结与讨论

一、本章小结

本章借鉴国内外有关移民生计策略、生计结果的研究思路和研究方法，通过统计分析问卷数据，同时以相关的访谈资料为支撑，先是分析了调查区移民搬迁前后职业及生计模式的变化情况，并借助SPSS25.0中的聚类分析模型分析移民的生计策略类型，运用二元回归法分析生计资本对生计策略的影响；然后分析了搬迁前后移民家庭收支变化，并利用SPSS25.0中的二元回归模型分析生计资本对生计结果的影响；最后，在以上研究的基础上，笔者从政府、社

---

① 见附录二，笔者于2021年3月31日的访谈记录。

会、移民三个层面分析移民生计方面所面临的问题。通过以上分析研究，我们主要得出以下几点结论：

第一，从搬迁前后移民的职业及生计模式变化情况来看，搬迁后从事农业生产的移民比例下降很大，打工人数所占的比例明显增加，而且各级政府对移民所采取的就业扶持政策的效果非常显著。但与搬迁前相比，无职业的移民人数有所增加。搬迁后移民的生计模式有一定的改变，搬迁前移民主要靠传统种养殖及打工来维持生计，搬迁后主要靠打工来维持生计。移民中低收入人群占比较大。移民的生计模式需要进一步调整，以提高移民的家庭收入，缩短其与原住民之间的收入差距。

第二，聚类分析及二元 Logistic 回归分析结果显示，移民的生计策略主要以务工型为主，其物质资本中的基础设施条件、社会资本中的通信费用、金融资本中的家庭年收入对移民的生计策略具有显著影响。这一结论验证了笔者关于生计资本对生计策略的影响所提出的研究假设——贵州易地扶贫搬迁移民的生计资本影响其生计策略的选择，他们根据自己所拥有的金融资本、社会资本和物质资本选择非农的单一化生计策略。

第三，移民搬迁后的收入基本没变或略有增加，但搬迁后家庭支出明显增加。二元 Logistic 回归分析的结果显示，金融资本中的家庭年收入、社会资本中的人情送礼费用和通信费用均对移民的生计结果有显著性影响。这一结论也很好地验证了笔者关于生计资本对生计结果的影响所提出的研究假设——贵州易地扶贫搬迁移民的社会资本、金融资本是影响其生计结果的重要因素。

第四，贵州易地扶贫搬迁移民生计正面临以下几个方面的问题。一是政府层面的问题：（1）安置地的产业发展较难支撑移民生计的可持续性发展；（2）移民在利用承包地方面存在诸多问题；（3）移民的就业技能培训不彻底不到位；（4）对移民的金融扶持不够到位。二是社会层面的问题：（1）移民小区一般都远离县城中心，容易形成城市“孤岛”；（2）移民因参与的专业技能培训少而缺乏就业原动力。三是移民层面的问题：（1）移民的文化程度低，影响其对技能型就业岗位的选择；（2）移民的衣食住行与原住民之间存在较大差距；

（3）一些移民因太过依赖政府帮扶而影响其生计发展。

二、讨论

一方面，上述有关移民生计资本对生计策略及生计结果的影响的研究，为我们深刻揭示了提升贵州易地扶贫搬迁移民的生计发展水平与促进移民的生计可持续性发展的有效途径。

第一，关于对优化移民生计策略和生计结果思路的思考。如前文所述，笔者虽不能完全从整体提升贵州易地扶贫搬迁移民生计资本水平的角度来寻求提高其生计发展能力的思路和策略，但可以从影响其生计策略的生计资本入手，通过提高其物质资本、社会资本和金融资本来优化其生计策略，以此来推动其生计发展水平的提升。笔者在第三章研究中得出这样的结论——贵州易地扶贫搬迁移民的自然资本尚不足其理想值的1/10，而且其自然资本几乎没有办法提高，但可以通过大力提高移民的金融资本和社会资本水平来优化其生计结果，以此来推动其生计发展水平的提高。

第二，提升移民的生计发展水平，较好的思路是，以DFID可持续生计分析框架为理论支撑，以追求理想的五边形生计资本水平为目标，构建科学合理的移民生计可持续发展模式，并以提高移民的生计资本总水平为突破口，寻求实现移民生计可持续发展的最优路径。而关于移民的生计可持续发展模式的构建，乃至其生计可持续发展水平的提升，是本书需要重点研究、思考和解决的问题。

另一方面，现阶段贵州易地扶贫搬迁移民所面临的各种问题，是其生计可持续发展的最大阻力。解决好这些问题，既能为实现移民生计可持续发展扫清了障碍，也能为移民创造一个利于生计发展的良好政策环境、社会环境，并赋予他们发展生计所必需的技能和素养。为实现移民生计的可持续发展，我们应该从政府、社会及移民个人三个层面入手，寻求可供选择的路径，以问题为导向，将解决问题与这三个层面中各自的可持续发展策略紧密对接，从而在解决问题的过程中实现生计发展，并进一步促进移民后续扶持政策的优化，有利于移民社区管理的不断升级以及移民自身综合素质的不断提高。

另外，前文所揭示的有关移民素质、移民社区环境及社区内基础设施等方面的问题，不仅促使笔者深入思考如何提升移民的生计发展水平，也持续引发对移民社区治理问题的关注和探索。这些问题既关系到提升社区治理能力以激发移民内生动力，促进生计发展，更关系到移民社区的稳定及长治久安。因此，这些问题需要人们深思、全社会共同关注，并呼吁各级政府尽快提出更加科学合理的思路，出台更加有效的对策和措施。

第五章　贵州易地扶贫搬迁移民生计可持续发展模式构建

第一节　国内可供借鉴的移民生计发展模式

一、宁夏吊庄模式

（一）吊庄的含义及其演进

吊庄原是流行于黄土高原的一种流动式的农业经营方式。宁夏回族自治区的南部西海固地区，由于处于黄土高原向干旱风沙区的过渡地带，自然灾害频发，水土流失、土地荒漠化和土地沙漠化严重，生活在这里的人们过着倒山种地、广种薄收的传统耕作日子。[①] 他们到处开荒种地，而且有的耕地远在村庄以外数十里，为了便于劳作，他们在这些土地附近挖窑洞或搭建窝棚，供播种和收获季节时临时居住，待种收结束以后又搬回家中居住。他们给这样的住所冠以“吊庄”这一“美名”，而且每在远处开垦一处荒地，就有可能设一处吊庄。这样，有的农家就可能会有多处吊庄，供他们四处轮流种田和收获居住。所以，“吊庄”也有来回奔走劳作的含义。20 世纪八九十年代，宁夏在西海固地区实行易地扶贫开发（当时称为“异地扶贫开发”）工程，并将移民方式称为“吊庄移民”，但赋予“吊庄”新的含义和特点：这里的“庄”虽有过去的

① 汪一鸣：《80 年代中国宁夏的“吊庄”：农村区域开发和协调人地关系的新模式》，《中国人口·资源与环境》1993 年第 4 期。

窑洞或窝棚的作用，但在形式上是一个村庄。具体来说，易地开发中的吊庄是指在新开发灌区为贫困山区移民建立的一种新型社区，但在刚开始的2至3年中，人们只是在农忙季节去吊庄劳作，忙完后又回到原来的住所。移民吊庄后农民的生计方式也发生了很大的改变——吊庄3年后农民搬迁至吊庄定居，逐步使吊庄变成以农为主、农林牧结合的村庄，最终形成农、工、商各类产业和各种公共配套服务及设施齐全的新的绿洲生态经济系统。宁夏的这种农村区域开发和协调人地关系新模式、新途径被称为宁夏吊庄模式。①

移民吊庄的过程中基本遵循了雷文斯坦的人口迁移理论，在深入量化分析迁出地推力、迁入地拉力、迁移距离、个人经济承受能力等多种因素及其相互关系的基础上，采用“以川济山，山川共济”的开发建设方针，将农民搬迁到兴修的河套灌区，以解决西海固的贫困问题。在搬迁方式上，以自愿搬迁为基础，采取异地开发、吊庄移入、重建家园方式，并协调好人口与资源、环境的关系，有计划地组织农民迁移到北部灌区和中部新开发灌区，为农民找出一条脱贫致富的新路。在搬迁原则上，采用优先安排有生产能力的特贫户搬迁、重点安排泾源等县的远距离集中搬迁的原则。在搬迁规模上，为了增加安置人数，严格按照人均2亩（山区移民）至4亩（灌区移民）的标准分配耕地，并在1至3年后及时收回移民的原籍承包地。这样规划的目的在于，确保大部分移民搬迁后第一年能够安家，第二年能够吃饱，第三年生活条件明显得到改善。在资金来源上，采用政府拨款与银行贷款相结合的方式投融资。

（二）吊庄模式的具体做法

1. 规划时首先协调人地关系

政府部门在组织实施吊庄规划时，将山区人口迁移、劳动力再配置与新灌区开发相结合，以协调人地关系为出发点，改变扶贫模式，由原来的救济性扶

---

① 关于宁夏吊庄模式，笔者参考的文献主要有以下几篇。汪一鸣：《80年代中国宁夏的“吊庄”：农村区域开发和协调人地关系的新模式》，《中国人口·资源与环境》1993年第4期。汪一鸣、牛慧恩：《“吊庄”——宁夏新区开发的一种模式》，《干旱区资源与环境》1993年第21期。王安忠：《宁夏南部山区移民吊庄模式和效益分析》，《宁夏社会科学》1998年第2期。

贫转变为开发性扶贫。开发性扶贫能够有效实现山区贫困人口和剩余劳力的横向转移，并使之转移到北部灌区而成为开发和建设灌区的主力军，使原来成为包袱的山区超载人口转化成新的生产力，同时也有效推动山区劳动力向二、三产业的纵向转移。这样既完成了人口迁移任务，又能够有效促进区域经济社会的发展。

2. 区域开发和人口迁移有完善的配套政策做保障

为了有效推进吊庄移民工程的顺利完成，宁夏回族自治区政府在区域开发和人口迁移方面制定并执行一整套具体政策。一是农田水利和农网工程。这些工程由自治区统一投资、统一规划、统一设计施工和建设。二是平田整地和民房建设。所需资金采取国家补助为主、群众自筹为辅的方式筹集。其中，平田整地亩均补助 20 元至 60 元，民房建设人均补助 50 元。新开垦的土地承包期为长期。三是采取以工代赈的方式解决生产生活费用。四是迁出县给搬迁第一年未能种地的群众供应口粮，搬迁后的第一二年内产量低不能自给者免交水电费以及免征税。五是自治区政府承建吊庄学校和医院，建设迁出县商业、金融等服务设施和配备相应人员。六是移民的允许适应期为 3 年，3 年内允许移民吊庄。

3. 移民工程以吊庄（定居点）的规划设计和配套建设为重点

在吊庄规划设计方面，宁夏回族自治区政府重视基本生产条件和生活设施的规划设计，同时也注重对于诸如扬水工程、灌溉渠系、排水沟道等农业生产设施，住宅、道路、供水、供电等基础设施的建设，还强调资金的配套投入，以及产业结构和作物种植的合理化布局，确保能够走农林牧综合发展、庭院经济合理发展、农工贸结合的农村经济发展之路。

4. 政府为吊庄建设提供了组织保障和服务

宁夏回族自治区在移民和吊庄建设中专门成立了农业建设委员会，各相关市县都设立有相应的办公室和项目指挥部，为工程建设及移民搬迁提供有效的组织协调和服务。如，具体组织和实施大规模的集中搬迁，为移民提供信息服务、搬运服务、奖金资助服务和技术服务等。

（三）吊庄模式的成效及其对本研究的启示

从1983年至1992年规划实施的10年间，吊庄模式取得的主要成效如下：

1. 经济效益

吊庄移民是使贫困人口从社会负担转变成国土开发积极力量的有效措施。如通过吊庄建设，盘活了1978年修建的同心扬水灌溉工程，并使其充分发挥出了应有的效益；通过移民搬迁促进了黄灌区的开发建设与发展；通过吊庄建设促进了老灌区灌渠沿线荒地的开发；农民移民后的经济状况也明显得到好转。有关调查数据显示：1986年移民户均固定资产达3399元，比同期非移民的增加431元；移民人均收入320元，比非移民的高出44元。[①]移民区由万古荒原变成了人工绿洲，到处呈现出一派繁荣的新村景象。

2. 社会效益

首先，吊庄移民工程的实施既能够有效开垦荒地，也能够安置大批的山区逃荒要饭者和长期流浪者，有效促进了农村社会长治久安。其次，吊庄建设成为促进山川交流、城乡交流、地区间横向联系和经济技术协作的纽带。再次，易地开发刺激了农业、农用工业及与之相关的科技发展。最后，吊庄建设也促进了移民思想观念的转变。

3. 生态效益

通过实施吊庄移民工程，人口分布格局和社会结构之间的关系得到很好调节，自然环境也得以有效改善——开荒种地，使荒原变成了绿洲；迁出地人口压力和自然资源压力明显减轻，有利于山区的生态恢复。

吊庄模式的以上成效，尤其是其社会效益和生态效益，对于贵州易地扶贫搬迁后如何引导移民转变思想观念，如何盘活移民的原承包地，以及如何有效改造移民搬迁后废弃的村庄等，具有重要的理论借鉴意义和实践指导价值。

---

① 汪一鸣：《80年代中国宁夏的“吊庄”：农村区域开发和协调人地关系的新模式》，《中国人口·资源与环境》1993年第4期。

二、贵州塘约模式

（一）塘约村概况

塘约村隶属于贵州省安顺市平坝区乐平镇，位于平坝区西部，距乐平镇3.5千米，距平坝城区12千米。辖10个自然村寨、11个村民组、921户3392人，人均耕地面积约1.58亩。森林覆盖率76.8%。境内地势较平坦，交通便利，年平均气温约14℃，平均海拔在1000米，适宜栽植绿色蔬菜、烤烟、竹木等。该村于2017年11月获评第五届全国文明村镇和首批全国农村社区建设示范单位，2019年12月被列为全国乡村治理示范村。

塘约村曾经是一个典型的国家二类贫困村，“村穷、民贫、地荒”，青壮年大都去东南沿海城市务工，村里多为留守儿童和空巢老人。2014年6月，一场洪涝灾害袭击了塘约村，村里的农田被洪水淹没，房屋被洪水冲塌，农业设施被洪水摧毁，许多农户一下子变得一贫如洗。在这种情况下，塘约村以“三权”（确权、赋权、易权）促“三变”（资源变资产、资金变股金、农民变股东）改革，走出了一条“党建引领、改革推动、合股联营、村民自治、共同富裕”的新时期脱贫攻坚之路。人们将这种发展之路称为塘约模式①，将塘约村所取得的经验称为塘约经验。

（二）塘约模式的具体做法

1. 穷则变：“三权”促“三变”

农村“三权”改革开始以后，塘约村被纳入安顺市农村改革试点村和贵州省农村“三变”改革试点村。塘约村的村“两委”配合贵州省的农村改革，

---

① 关于贵州塘约模式，笔者参考的文献主要有以下内容。吴宇民、谢元态：《塘约“村社合一”模式：昭示我国农民合作社发展方向》，《社会科学前沿》2019年第9期。黄娅蓉：《借鉴塘约经验激发贫困群众脱贫内生动力研究》，《农民科技培训》2019年第12期。易其国、陈慧婷、马灿等：《从“塘约经验”思考农村合作经济》，《农村经济与科技》2021年第3期。夏柱智：《集体经济发展和集体产权制度改革反思——对话“塘约经验”》，《北京工业大学学报（社会科学版）》2021年第4期。

不断完善农村基本经营制度，通过落实农村承包地“三权分置”来深化农村产权制度改革，以激活农村资源、资产和资本，登记备案、确权颁证、评估认定“七权”(农村土地承包经营权、林权、集体土地所有权、集体建设用地使用权、房屋所有权、小型水利工程产权和农村集体财产权)；成立了“金土地”合作社这一集体经济组织，并组织村民将承包地确权流转到合作社，以产业和股份的形式把村集体、合作社和农民的利益有效联结起来，“合股联营”、抱团发展。在农业产业发展方面，该村还组建了种植、运输和建筑等合作社，以大力发展规模种植。种植的作物主要有香葱、辣椒、莲藕及食用菌等。“三权”促“三变”使得农村分散的资源得以聚集、模糊的产权变得清晰、集体的资产市场化，农民再一次抱团发展，并形成更高层次的统分结合，有效壮大了村级集体经济，村级党组织的凝聚力和战斗力也得到增强，农民的收入也日渐增加。

2. 变则通：“三变”惠“三农”

“三权”促“三变”改革让塘约村发生的变化主要有：一是通过农村改革，解决了长期以来土地产权权属不清、面积不准、四至范围不明、登记不全等问题，在有效推动农村生产方式由分散式向集中规模化转变和赋予产权主体更多权能的同时，也盘活了农村各类要素资源，让“沉睡资源”变成“鲜活资产”，不但有效提高了农村资源的配置效率，而且增强了农业农村发展的要素保障能力。二是以成立“金土地”农民合作社的方式引导村民入股发展诸如生态农业、休闲观光农业等的特色农业产业，以不断拓宽脱贫增收渠道，提高农业规模化、农民组织化程度和促进专业分工和农民充分就业。通过以上途径，村民收入的主要来源由原来的土地种植和务工转变到“土地流转收租金、入社参股分红金、基地劳动赚薪金、资源抵押变资金”，村民的日子一天天富裕起来。2016 年底，塘约村已基本实现整村脱贫。三是结合“绿水青山就是金山银山”的生态发展理念，走美丽乡村与乡村旅游一体化发展之路，推动塘约村的乡村旅游业发展，使塘约村变成了休闲消遣胜地。

总之，塘约村的“三变”有效促进了“三农”，先后经历了从实现农业增产、生产增效、农民增收、生态增值到村级集体经济不断壮大，由脱贫攻坚到全面小康等发展阶段，发展目标由过去加强“四在农家•美丽乡村”新农村建设向如今的振兴乡村转变。

3. 通则久：村民走上共同富裕路

塘约村的快速发展归因于：第一，党建引领。塘约村推行“支部管理全村、村民监督党员”的管理模式：“驾照式”管理村级干部，“三级”考评式管理村两委班子成员、村民小组长和村民议事会成员，形成村委会自身监督、监督委员会专门监督和村民小组民主监督的机制，有效激活村干部和村民干事创业致富热情的同时，提升了基层组织的战斗力和执行力。第二，有效推行“三权”改革，激活了农村沉睡的资源，促进了“三变”和率先进行了“七权”的精准确权。第三，采取“党总支＋合作社＋公司＋农户”的“合股联营”发展模式，形成了村集体、合作社、农户强弱联合的发展格局。在以上三方面因素的共同作用下，塘约村村民最终走上了共同富裕的发展道路。

（三）塘约模式的成效及其对本研究的启示

塘约模式的成效在于：第一，“农二代”的职业得以顺利转型。农村改革中的“七权同确”，农村“糊涂的资产”得以厘清，这为后来的产权交易奠定了坚实的基础。而借助“金土地”合作社平台，农民抵押土地承包经营权、宅基地使用权、林权等产权作为担保获得贷款资金，有效盘活了资源，使得外出务工人员能够获得信用社贷款，合作社下设的公司为返乡农民工提供就业创业机会和平台，使“农二代”就地实现从第一产业向第二、三产业的顺利转型，彻底解决了他们融不进城市也回不了农村的大难题。第二，集中经营土地，生产增效明显。此次改革的初期，摆在塘约村人们面前的难题是，农村土地难以集中、生产难以增效。主要原因是，农民宁愿撂荒土地也不肯流转。农村“三权”促“三变”改革后，农民愿意将富余土地流转、入股到合作社，并参与合作社指导下的规范种植、规模化经营和订单农业销售。这种经营方式在增加农民生产效益的同时，有效培育了新型农业经营主体，也进一步提升了农民的组织化程度。第三，有效为贫困户筹集资金，也解决了农民就业创业难问题。在筹集资金方面，过去的农村贫困户向来在无资产抵押、无人担保的情况下是难以向金融机构申请到贷款的，而在农村“三权”促“三变”改革过程中所实施的“银村联姻”策略，从源头上解决了这一难题，贫困户能够得到创业的“第一桶金”。而且，合作社的一些诸如妇女创业联合会、红白理事会、劳务输出公司等下设的组织优先为贫困户提供就业岗位，有效解决了贫困户的就业难问题。这些措施使得塘约村有效实现了整村脱贫，并且从过去的国家级二类贫困村华丽蜕变为如今的标兵式小康村。第四，农民收入多元化，农村发展空间充足。过去由于没有经济实体，塘约村集体收入来源单一且发展资金短缺，是典型的“空壳村”，主要靠财政部门拨付的办公经费来维持村集体的运转，结果导致该村的发展动力严重不足。“七权同确”使集体与个人的各类产权得以明晰，与此同时，“村社一体、合股联营”的发展道路把农户、合作社、村集体捆绑在一起，“目标同识、风险同担、效益共创、利益同享”的利益共同体基本形成，并且在凝聚共同发展合力，实现村集体经济由单一化向立体化、多元化转变等方面发挥了积极的作用，使塘约村在短短的几年时间里蝶变成为成功摘掉“空壳村”帽子、村集体经济突破 150 万元而跻身“百万村”行列的民族地区行政村。

塘约村的改革发展实践为贵州省进一步深化农村改革发展提供了一套完备的模式化生计发展思路和策略。塘约模式对于当下的乡村振兴，也具有非常重要的战略性指导意义。更为重要的是，吸纳、借鉴和推广塘约村的一些成功做法，也能够有效指导贵州易地扶贫搬迁移民的生计可持续发展。这一点，是本研究在此分析和论述塘约模式的目的所在。后文在提出贵州易地扶贫搬迁移民的生计可持续发展路径方面将会借鉴塘约村的有关思路和做法。

第二节 移民生计资本组合探讨

一、移民目前的生计资本组合方式

在分析移民的生计资本组合方面，笔者主要依据第四章贵州易地扶贫搬迁移民生计发展现状研究中的分析层次，从生计策略和生计结果两个层面进一步分析移民在生计发展过程中所选择的生计资本组合方式。

（一）移民在生计策略方面的生计组合方式选择

第四章的研究结论显示，移民的生计资本影响其生计策略。具体情况为：在五项生计资本中，自然资本和人力资本对移民的生计结果影响不明显，但物质资本中的基础设施条件、社会资本中的通信费用、金融资本中的家庭年收入对移民的生计策略具有显著影响。在其他指标一定的情况下，基础设施条件平均每增加一个单位，移民选择务工型生计策略的概率对数 LogitP 将增加 0.11 个单位；通信费用平均每增加一个单位，移民选择务工型生计策略的概率对数 LogitP 会减少 0.974 个单位；移民家庭的年收入平均每增加一个单位，他们选择外出务工的概率对数 LogitP 将减少 5.805 个单位。

从资本组合角度来看，以上研究结论反映出，移民在生计策略方面选择的生计资本组合是物质资本、社会资本和金融资本。在生计策略选择方面，移民对这三个生计资本的使用频率先后顺序为：优先考虑金融资本，其次是社会资本，最后是物质资本。移民较少从自然资本和人力资本角度考虑选择生计策略。

1. 移民对于金融资本的选择和使用

为了能够更为直观地反映出金融资本对移民生计策略选择的影响，笔者对搬迁后移民提高家庭收入所遇到的最大困难的问卷调查结果进行了统计（如表 5-1），并结合前文的有关统计数据，分析和讨论移民对金融资金的选择和使用情况。

表 5-1 提高家庭收入遇到的最大困难

	样本数（个）	百分比（%）	累积百分比（%）
没有技术	111	21.7	21.7
没有资金	241	47.2	68.9
没有门路	90	17.6	86.5
其他	69	13.5	100
总计	511	100	

笔者在调查中了解到，移民选择生计策略时会优先考虑金融资本，且对金融资本的使用频率最高。这一点可以从表 3-34 中得到验证：表 3-34 的数据显示，移民搬迁后整体变化不大，但支出明显增加了，65% 的移民认为搬迁后的支出比较高。这些问卷统计数据分别从不同角度反映了移民在生计策略方面对资金的渴望和需求。如表 4-21 显示，超过一半（57.9%）的移民表示搬迁后家庭所面临的最大困难是收入来源较少；表 5-1 显示，近一半（47.2%）的移民表示提高家庭收入的最大困难是没有资金；表 4-15 显示，搬迁后需要资金方面的支持和帮助的移民占到了 40.9%。这些数据有力地说明了资金在移民生计策略方面占有重要地位，以及移民生计发展方面对于资金的需求程度。因此，在生计策略选择上，移民会首先考虑金融资本。

2. 移民在生计策略中对于社会资本的选择和使用

移民对社会资本的选择和使用频率仅次于金融资本，主要表现为以通信的方式与人交往。移民刚到一个远离熟人社会的新环境生活时，能够很好利用的社会资本便是通信工具，他们借助通信工具与亲戚朋友等熟人联系和交往。这是移民搬迁后通信费用变多的主要原因。在新的居住环境生活久了以后，移民慢慢就会有意无意地与同社区的其他移民开始交往起来。这种初期以通信工具为主的交往方式，为移民在新环境中探索生计发展思路提供了有效途径。在这过程中，移民逐渐学会适应城市生活，并在移民社区乃至县城内展开了新的生活和新的社会交往。因此，在选择生计策略时，社会资本成为移民考量的重要因素之一。

3. 移民在生计策略中对于物质资本的选择和使用

与其他资本相比，物质资本的使用频率最小，且多数移民认为基础设施有利于其生计策略发展。从表 3-21 可知，80% 以上的移民认为，现住地孩子上学、购买日常用品、求医看病、道路交通、供水供电、环境卫生等方面基础设施的完善情况在比较好层次及以上；80% 以上的移民认为，文体休闲方面的基础设施完善情况在一般及以上层次。表 3-22 反映出，移民认为上述基础设施条件中，改善最多的是孩子上学、求医看病、道路交通。搬迁后，孩子上学的问题解决了，移民可以放心地为生计四处奔波；求医看病的条件好了，移民可以不再为年迈的父母的看病难问题犯愁了；道路交通的条件也改善了，移民的“致富路”也变得更加通畅。因此，移民对居住地公共基础设施普遍比较满意。如表 3-23 所示，对居住地公共基础设施表示“满意”和“相当满意”的移民占到了 62.6%，如果将认为居住地公共基础设施“一般”也算作正面评价的话，那么就有 91.6% 的移民认为居住地的公共基础设施条件还可以。这些条件的改善，为移民生计可持续发展奠定了基础。但在生计策略选择上，移民一般不会直接利用居住地所具有的物质资本。

4. 移民在生计策略中不选择自然资本和人力资本的原因分析

为了进一步分析移民生计策略中生计资本组合方式，笔者有必要对移民不选择自然资本和人力资本作为生计策略中的生计资本组合方式的原因做进一步分析。移民在生计策略方面的生计资本组合中，没有优先选择自然资本和人力资本也是不无道理的。一方面，如前文所述，移民的安置方式为县城无土安置，搬迁后移民在安置地所能拥有的自然资源明显减少，而且原有的自然资源因为距离问题又得不到合理利用。所以，移民在生计策略选择上一般不会去考虑其所拥有的自然资本。另一方面，从移民所拥有的人力资本来看，搬迁后移民的家庭人力资本变化不大，虽然基层政府对移民进行了一定的劳动技能培训，但他们因受自身较低文化程度的限制而无法接受太多过高层次的技能学习，加之种种原因所导致的培训不足，使得在生计策略选择方面所能够体现出的人力资本的优势微乎其微，因此，移民在生计策略选择时较少考虑其家庭所拥有的人力资本。

（二）移民在生计发展方面的生计资本组合方式选择

第四章的研究结论显示，生计资本也是影响生计结果的直接因素。在五项生计资本中，自然资本、物质资本和人力资本对移民的生计结果影响不明显，社会资本中的人情送礼费用和通信费用以及金融资本中的家庭年收入对移民的生计结果具有显著影响。在其他指标一定的情况下，人情送礼费用平均每增加一个单位，移民生计结果的概率对数 LogitP 将增加 0.39 个单位；通信费用平均每增加一个单位，移民生计结果的概率对数 LogitP 将增加 1.67 个单位；家庭年收入每增加一个单位，移民生计结果的概率对数 LogitP 会增加 0.697 个单位。

这说明，贵州易地扶贫搬迁移民的物质资本、人力资本和自然资本对其可持续生计的贡献较小，社会资本和金融资本对其可持续生计的贡献较大。相比之下，移民在生计发展中对于社会资本考虑的会多一些，较少考虑和选择自然资本、物质资本和人力资本。以下笔者对移民在生计发展中对于社会资本和金融资本的选择和使用情况加以分析。

1. 移民在生计发展中对于社会资本的选择和使用

在调研过程中，我们观察到，随着现代信息技术的飞速发展，移民在人际交往中对通信工具的使用频率显著提升，特别是诸如微信、支付宝等新型交流工具，被广泛应用于发送红包以完成人情送礼的传统习俗。这种新颖的交流与交往方式不仅增强了移民对社会资本的认识与利用意识，还促进了他们在新的居住地内社会关系网络的构建以及对原有社交圈子的有效维护。更重要的是，通过现代通信工具加强与亲朋好友的沟通与联系，移民群体进一步提升了运用社会资本来提高生计资本效率的意识，从而有效促进了其生计状况的积极发展。

2. 移民在生计发展中对于金融资本的选择和使用

在调查中，笔者还发现，移民不同程度地需要生计发展资金。关于这一点，除了前文提到的移民希望帮助联系就业贷款外（表 4-16），还能够从表 5-2 中找到答案。

表 5-2 您想通过什么途径提高您的家庭收入

提高收入途径	样本数（个）	百分比（%）	累积百分比（%）
外出务工	136	26.6	26.6
政府提供创业资金	70	13.7	40.3
政府提供就业岗位	132	25.8	66.1
没什么途径	132	25.8	91.9
种养殖	25	4.9	96.8
学习并提高技术	16	3.1	99.9
总计	511	99.9	

表 4-16 中的数据显示，在需要提供就业帮助的移民中，有 7.8% 的移民希望政府能够帮助联系就业贷款。移民想创业或者做生意，虽有门路，但资金是个大问题，因此他们寄希望于政府，提出了就业贷款援助的需求。这一发展意向也反映在他们寻求提高家庭收入的途径上，如表 5-2 所示，其中 13.7% 的移民明确表示需要政府提供创业资金来提高其家庭收入。这说明，许多移民缺乏发展生计的资金。调研进一步发现，这些寻求资金支持以发展家庭生计的移民，不仅具备明确的思路和计划，而且渴望通过资金扶持实现自主创业或商业经营。相较于长期依赖打工维持生计的移民，他们展现出了更有前瞻性的发展理念。这种思想不仅体现在对个人发展的深刻认识上，也反映在他们对政府培训技术的积极运用上，共同构成了他们先进的生计观念。正是基于这些先进的思想观念，他们在生计发展中更擅长于金融资本的合理配置与利用，也更倾向于探索更为先进的生计发展路径。

3. 移民在生计发展中不选择自然资本、物质资本和人力资本的原因分析

首先，在贵州易地扶贫搬迁移民的生计发展中，原有的自然资本——土地资源因移民搬迁而离他们很远，很多移民已经不指望从往昔惜之如命的土地中“挖出金子”了，也基本没有悉心经营自家承包地的念头了，加之与家庭每年较大的开支相比，土地流转的收入微乎其微，经历了 3 至 5 年的移民生活后，

他们“早已忘记了”自家的承包地。因此，移民在生计发展方面一般是不会考虑如何运用自家的自然资本的。其次，笔者通过调查了解到，贵州易地扶贫搬迁移民所拥有的公共物质资本主要是小区内的公共设施，其中能够真正为移民生计发展提供很大帮助的较少。而移民私有的物质资本仅限于所住的房子及所使用的家用电器等。由于在生计发展方面移民一般都没有租赁或者经营大型固定资产的意识，有的移民即便有这种意识，但没有实际行动，或者各种限制条件阻碍了其对于这种意识的实施。基于以上原因，移民在生计发展中较少选择和使用物质资本。最后，如第三章对贵州易地扶贫搬迁移民家庭所拥有的人力资本的描述性分析，这些移民家庭不缺少劳动力，但这些劳动力一般都只能从事对技术要求不高的职业，如在工地上推车、搬砖头之类的体力活，靠自身所拥有的技术和能力来谋求技术含量较高职业的移民为数不多。因此，移民在生计发展方面，一般也较少选择和使用自己家庭所拥有的人力资本。

二、可供移民选择的可持续生计资本组合

为了进一步了解生计资本对移民生计可持续发展的影响，笔者在此构建多元线性回归模型，预测目前移民生计发展中各项生计资本的组合情况，以便能够构建适合移民生计可持续发展的最优生计资本组合模式。关于移民可持续生计模式的研究，国内目前的成果还很少，能够供本书参考的文献主要有《宁夏移民安置区农户可持续生计研究》①、《易地扶贫搬迁移民的可持续性生计研究——基于贵州省的调查分析》② 等。在寻求可供贵州易地扶贫搬迁移民选择的生计资本组合方式方面，笔者主要参考和借鉴了以上文献中的数据分析模型构建方法。

---

① 冯利盈：《宁夏移民安置区农户可持续生计研究》，硕士学位论文，宁夏大学经济管理学院，2017。

② 徐锡广、申鹏：《易地扶贫搬迁移民的可持续性生计研究——基于贵州省的调查分析》，《贵州财经大学学报》2018 年第 1 期。

（一）移民可持续生计多元回归模型构建

在研究移民生计资本组合方式时，笔者将生计作为因变量（被解释变量），以五种生计资本作为自变量（解释变量）建立线性数学模型，最后利用SPSS25.0中的线性回归模型分析和判断移民生计的显著影响因子。具体模型如下：

$$y=\beta_0+\beta_1x_1+\beta_2x_2+\beta_3x_3+\beta_4x_4-\beta_5x_5$$

上式中，y 为被解释变量，将搬迁前与搬迁后的收入变化、对今后提高家庭收入的信心作为主要衡量指标；解释变量分别为 x_1—人力资本、x_2—自然资本、x_3—物质资本、x_4—社会资本、x_5—金融资本；常量 β_1、β_2、β_3、β_4、β_5 是五种生计资本的对应系数。在衡量各生计资本时，笔者继续使用第四章表4-13的移民生计资本量化指标体系作为参考标准。

在具体的研究中，笔者利用 $y=\beta_0+\beta_1x_1+\beta_2x_2+\beta_3x_3+\beta_4x_4+\beta_5x_5$ 模型分析移民可持续生计的影响因素，求出各变量的系数，进而寻求贵州易地扶贫搬迁移民的最优可持续生计方式。

（二）移民可持续生计回归结果分析

依据第四章表4-13移民生计资本量化指标体系中所涉及的各指标，按照第三章表3-36中各项生计资本具体测度指标权重的计算方法，可以得出每一个调查样本的各项生计资本计算公式，如表5-3所示。

表5-3 生计资本赋值公式

资本类型	具体测度指标	符号	权重	计算公式
自然资本	是否有农业生产的土地	N_1	0.6514	$N=0.65N_1+0.08N_2+0.27N_3$
	如何处置搬迁前的土地	N_2	0.0783	
	每年获得多少土地流转资金	N_3	0.2702	

续表

资本类型	具体测度指标	符号	权重	计算公式
物质资本	住房面积	P_1	0.4308	$P=0.43P_1+0.36P_2+0.21P_3$
	搬迁后的住房	P_2	0.3570	
	基础设施条件	P_3	0.2122	
人力资本	文化程度	H_1	0.1391	$H=0.14H_1+0.10H_2+0.06H_3+0.35H_4+0.35H_5$
	健康状况	H_2	0.0971	
	劳动力	H_3	0.0614	
	是否参加过技能培训	H_4	0.3497	
	培训效果	H_5	0.3527	
社会资本	家人或亲戚朋友中有无村干部或者正式工作人员	S_1	0.8288	$S=0.83S_1+0.02S_2+0.09S_3+0.06S_4$
	参与集体事务程度	S_2	0.0171	
	人情送礼费用	S_3	0.0888	
	通信费用	S_4	0.0599	
金融资本	家庭年收入	F_1	0.1369	$F=0.14F_1+0.49F_2+0.18F_3+0.2F_4$
	是否申请过金融机构贷款	F_2	0.4866	
	支出与搬迁前相比	F_3	0.1772	
	借钱途径	F_4	0.1993	

按照表 5-3 中的计算公式计算出各样本的五种资本值后，利用 SPSS25.0 中的线性回归模型进行分析，得出的回归结果如表 5-4、5-5、5-6、5-7、5-8 所示。

表 5-4　可持续生计回归结果（一）

模型摘要[a]

模型	R	R 方	调整后 R 方	标准估算的错误
1	0.147[b]	0.022	0.02	0.705
2	0.180[c]	0.032	0.028	0.702
3	0.205[d]	0.042	0.037	0.699
4	0.225[e]	0.051	0.043	0.697

注：a. 因变量，为可持续生计。b. 预测变量，为物质资本。c. 预测变量，为物质资本、金融资本。d. 预测变量，为物质资本、金融资本、人力资本。e. 预测变量，为物质资本、金融资本、人力资本、自然资本。

表 5-5　可持续生计回归结果（二）

ANOVA[a]

模型		平方和	自由度	均方	F	显著性
1	回归	5.603	1	5.603	11.260	0.001[b]
	残差	253.270	509	0.498		
	总计	258.873	510			
2	回归	8.357	2	4.179	8.474	0.000[c]
	残差	250.515	508	0.493		
	总计	258.873	510			
3	回归	10.923	3	3.641	7.445	0.000[d]
	残差	247.950	507	0.489		
	总计	258.873	510			
4	回归	13.114	4	3.279	6.750	0.000[e]
	残差	245.759	506	0.486		
	总计	258.873	510			

注：a. 因变量，为可持续生计。b. 预测变量，为物质资本。c. 预测变量，为物质资本、金融资本。d. 预测变量，为物质资本、金融资本、人力资本。e. 预测变量，为物质资本、金融资本、人力资本、自然资本。

表 5-6 可持续生计回归结果（三）

系数[a]

模型		未标准化系数		标准化系数	*t*	显著性	共线性统计	
		标准错误	*Beta*			容差	*VIF*	
1	（常量）	2.074	0.264		7.856	0.000		
	物质资本	0.272	0.081	0.147	3.356	0.001	1.000	1.000
2	（常量）	1.755	0.295		5.945	0.000		
	物质资本	0.274	0.081	0.148	3.393	0.001	1.000	1.000
	金融资本	0.171	0.073	0.103	2.363	0.018	1.000	1.000
3	（常量）	1.667	0.297		5.622	0.000		
	物质资本	0.261	0.081	0.141	3.228	0.001	0.994	1.006
	金融资本	0.179	0.072	0.108	2.478	0.014	0.998	1.002
	人力资本	0.098	0.043	0.100	2.290	0.022	0.992	1.008
4	（常量）	1.653	0.296		5.593	0.000		
	物质资本	0.275	0.081	0.148	3.405	0.001	0.988	1.013
	金融资本	0.174	0.072	0.104	2.405	0.017	0.996	1.004
	人力资本	0.111	0.043	0.113	2.577	0.010	0.972	1.029
	自然资本	-0.229	0.108	-0.093	-2.124	0.034	0.969	1.032

注：a. 因变量，为可持续生计。

表 5-7 可持续生计回归结果（四）

已排除的变量[a]

模型		输入 *Beta*	*t*	显著性	偏相关	共线性统计		
					容差	*VIF*	最小容差	
1	自然资本	-0.082[b]	-1.860	0.063	-0.082	0.991	1.009	0.991
	人力资本	0.095[b]	2.165	0.031	0.096	0.994	1.006	0.994
	社会资本	0.054[b]	1.229	0.220	0.054	0.999	1.001	0.999
	金融资本	0.103[b]	2.363	0.018	0.104	1.000	1.000	1.000

续表

模型		输入 *Beta*	*t*	显著性	偏相关 容差	共线性统计		
						VIF	最小容差	
2	自然资本	-0.077[c]	-1.766	0.078	-0.078	0.989	1.011	0.989
	人力资本	0.100[c]	2.290	0.022	0.101	0.992	1.008	0.992
	社会资本	0.051[c]	1.160	0.247	0.051	0.998	1.002	0.998
3	自然资本	-0.093[d]	-2.124	0.034	-0.094	0.969	1.032	0.969
	社会资本	0.039[d]	0.896	0.371	0.040	0.983	1.017	0.978
4	社会资本	0.037[e]	0.846	0.398	0.038	0.983	1.018	0.958

注：a. 因变量，为可持续生计。b. 预测变量，为物质资本。c. 预测变量，为物质资本、金融资本。d. 预测变量，为物质资本、金融资本、人力资本。e. 预测变量，为物质资本、金融资本、人力资本、自然资本。

由表 5-4 中的数据不难看出，从第一个模型到第四个模型显示出的规律大致为：从以物质资本为解释变量的一元线性回归方程到以物质资本、金融资本、人力资本、自然资本为解释变量的四元线性回归方程，其中的判定系数依次为 0.022、0.032、0.042、0.051，在逐渐增大，调整后的判定系数也在逐渐增大，回归方程的估计标准误依次为 0.705、0.702、0.699、0.697，在逐渐减小。从拟合优度角度看，第四个模型的拟合效果最佳。

表 5-5 是回归方程显著性检验结果。其中的被解释变量（可持续生计）的总离差平方和（*SST*）为 258.873。一元模型（第一个模型）的回归平方和（*SSR*）为 5.603，剩余平方和（*SSE*）为 253.270；二元模型（第二个模型）增加了一个解释变量，剩余平方和减少为 250.515，回归平方和增大为 8.375；三元模型（第三个模型）增加为三个解释变量，剩余平方和减少为 247.950，回归平方和增大为 10.923；四元模型（第四个模型）增加为四个解释变量，剩余平方和减少为 245.759，回归平方和增大为 13.114。从第一个模型到第四个模型，其回归方程显著性检验的 *F* 统计量的观测值依次为 11.260、8.474、7.445、6.750，其对应的概率 *P*- 值均近似为 0。本研究设定的显著性水平为 0.05，因概率 *P*- 值小于阿尔法（α），拒绝回归方程显著性检验的原假设，即

回归系数不同时为0，解释变量与被解释变量间存在显著的线性关系，选择线性模型具有合理性。[①]

表5-6和5-7是回归系数显著性检验的结果。表5-6中，第三列为回归系数，第四列为回归系数的标准误，两者相除得到第六列的t统计量，第七列为t统计量观测值对应的双侧概率P-值。[②]对于第一个模型，由于物质资本与可持续生计的相关性高于其他四个资本，所以首先进入模型得到一元线性回归方程。在此情况下，物质资本的回归系数显著性检验的t统计量的观测值为3.356，概率P-值近似为0。显著性水平为0.05时，拒绝回归系数检验的原假设，我们可以认为物质资本与可持续生计有显著的线性关系，应保留在模型中。而按照回归策略，其他四个资本尚未进入回归模型，被列在表5-7中。表5-7的数据表明，如果金融资本被加入到第一个模型中（即建立二元模型），其回归系数显著性检验的t统计量的观测值和概率P-值将分别为2.363和0.018（与表5-6的相应结果一致）。在考虑物质资本的条件下，金融资本与可持续生计的偏相关系数为0.104，且线性关系显著，可以引入到第二个模型中。对于第二个模型，表5-6中的数据表明，物质资本的偏回归系数以及回归系数显著性检验结果均因金融资本进入回归模型而发生了变化。在剔除了自然资本、人力资本、社会资本以后，物质资本、金融资本的回归系数显著性检验均显著。按照这种排除方法，第三个模型中剔除了自然资本和社会资本，剩下的物质资本、金融资本、人力资本的回归系数显著性检验均显著；第四个模型中剔除了社会资本，剩下的物质资本、金融资本、人力资本、自然资本的回归系数显著性检验均显著，此时建模过程结束。表5-6的第五列和表5-7中的第三列均为标准化回归系数，是用来比较解释变量对正态参数被解释变量的重要性大小的。对于以上回归结果，合理的最极端差别结论是，每一个模型中未排

① 薛薇：《统计分析与SPSS的应用》（第五版），中国人民大学出版社，2017，第249页。

② 薛薇：《统计分析与SPSS的应用》（第五版），中国人民大学出版社，2017，第250页。

除的变量对可持续生计的贡献大于已排除的变量。[①]

表 5-6 和表 5-7 还列出了多重共线性的相关计算结果。对于第四个模型，各解释变量的容忍度均接近 1，方差膨胀因子 *VIF* < 5，可以认为这些变量间几乎不存在多重共线性。关于这一点，还可以从表 5-8 共线性诊断中得到验证。

表 5-8 可持续生计回归结果（五）

共线性诊断[a]

模型	维	特征值	条件指标	方差比例				
				（常量）	物质资本	金融资本	人力资本	自然资本
1	1	1.993	1.000	0.00	0.00			
	2	0.007	16.857	1.00	1.00			
2	1	2.955	1.000	0.00	0.00	0.01		
	2	0.038	8.793	0.03	0.09	0.90		
	3	0.006	21.368	0.97	0.91	0.09		
3	1	3.740	1.000	0.00	0.00	0.00	0.02	
	2	0.217	4.152	0.00	0.00	0.03	0.94	
	3	0.037	10.060	0.03	0.10	0.87	0.04	
	4	0.006	24.062	0.96	0.89	0.09	0.00	
4	1	4.046	1.000	0.00	0.00	0.00	0.01	0.02
	2	0.696	2.411	0.00	0.00	0.00	0.00	0.96
	3	0.215	4.342	0.00	0.00	0.03	0.95	0.02
	4	0.037	10.498	0.03	0.10	0.88	0.03	0.01
	5	0.006	25.058	0.96	0.89	0.09	0.00	0.00

注：a. 因变量，为可持续生计。

表 5-8 展示了多重共线性检验的特征值以及条件指数。第四个模型的最大特征值为 4.046，其余依次快速减小。第四列的各个条件指数均不大。其他三个模型也都呈现出了类似的规律性。据此，可以认为存在的多重共线性非常微弱。

① 薛薇：《统计分析与 SPSS 的应用》（第五版），中国人民大学出版社，2017，第 250 页。

按照上述所分析的线性回归结果，社会资本的回归系数显著性检验的 t 统计量的观测值为 0.846，概率 *P*- 值近似为 0.398，当显著性水平为 0.05 时，接受回归系数检验的原假设，因此，笔者认为社会资本与生计的线性关系不显著，应从模型中剔除。最终得出的回归方程为：

$$可持续生计=1.653+0.275P+0.174F+0.111H-0.229N$$

这个生计方程式反映出，物质资本、金融资本、人力资本、自然资本与可持续生计具有线性关系。其中，物质资本、金融资本、人力资本对可持续生计有正向影响，而自然资本对其有负向影响。原因是，绝大多数移民在迁入地没有土地，而且原承包地的流转资金也非常少，这样的自然资本不但不能促进移民可持续生计的发展，而且在一定程度上有可能阻碍移民生计的发展。

第三节　移民生计可持续发展模式选择

在探讨移民生计可持续发展思路方面，笔者借助 DFID 的可持续生计框架，搭建出一个研究移民生计的理论模型，结合移民的生计背景，在前文分析出的生计资本组合的基础上，将回归方程修正为“可持续生计 =1.653 ＋ 0.275*P* ＋ 0.174*F* ＋ 0.111*H*”，并重点围绕物质资本、金融资本、人力资本思考构建移民生计可持续发展模式，以便能够寻找出利于移民可持续发展的生计路径。

一、移民生计可持续发展模式的基本架构

（一）移民可持续生计基本结构简介

在构建贵州易地扶贫搬迁移民生计发展模式过程中，一篇名为《资本下乡中农户可持续生计模式构建》的论文给了笔者很大的启发，在具体思考和设计移民生计可持续发展模式框架方面，笔者以 DFID 提出的可持续生计框架为理论支撑，结合移民后续扶持政策及移民后续发展状况，构建了适合移民发展的 SLA，如图 5-1 所示。笔者所构建的可持续生计框架以移民的生计资本为

中心，认为移民自身所拥有的生计资本（人力资本、自然资本、金融资本、物质资本、社会资本）会受到迁入地背景（政治、经济、社会环境）的制约和影响，而且政策和制度环境也发挥着如下作用：一方面，政策和制度环境与生计资本之间具有相互作用——政策和制度环境影响移民生计资本的拥有量，移民所拥有的生计资本量也是对政策和制度环境的响应；另一方面，政策和制度环境也影响移民对生计策略的选择。另外，生计策略直接影响移民的生计资本，结构和制度转变在一定程度上也是移民生产生活背景的决定性因素。

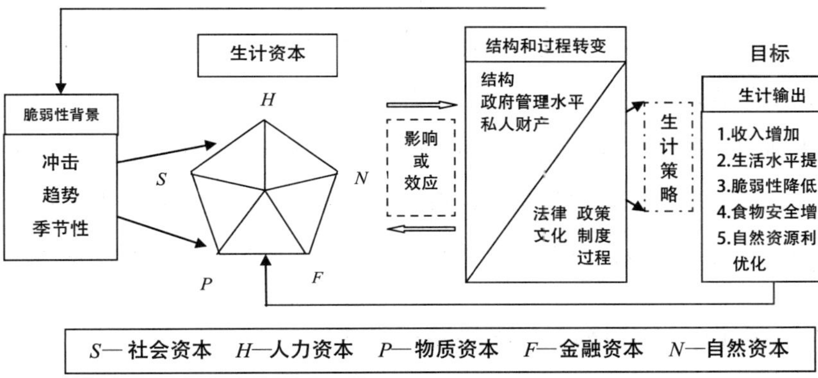

图 5-1　移民可持续生计模式框架

（二）关于移民生计发展模式基本架构的几点说明

这里需要特别说明的是，易地扶贫搬迁使得一部分移民因暂时不能有效利用原有的土地资源而处于生计保障缺失状态，虽然各级政府部门为部分移民实行兜底生活保障，但这种因搬迁所导致的利益分配中空间结构和制度问题，无形中影响到他们的生计发展。由此可见，制度化层面的影响因素——结构和制度转变就成了提高移民生计水平的关键性因素，通过结构和制度转变以促进规则的有效调适，是建构贵州易地扶贫搬迁移民生计发展模式的最关键环节。因此，在设计结构和制度转变的具体内容时，笔者结合当下正在实施的乡村振兴战略，将进一步盘活土地资源和增强资本的社会结构嵌入性作为前两项内容。目的在于：一是灵活运用土地流转政策，进一步盘活移民的承包地。对于贵州易地扶贫搬迁移民来说，其原有的承包地是利用价值相对比较大的生计资本，加之由于搬迁前绝大多数移民长期从事农业生产，重新经营土地对他们来说等于轻车熟路地重操旧业，而且他们经营土地的经验比较丰富，提升生计水平的见效应该是比较快的。二是鉴于笔者所调查的移民小区大都已经引进扶贫车间，而且许多车间已正式投产运营，这有效解决部分移民就业问题的同时，也提高了其家庭收入。笔者所设计的结构和制度转变共涉及五项内容，即进一步盘活土地资源、增强资本的社会结构嵌入性、加强移民的资产建设和提升移民的就业能力、优化政策环境、明晰基层政府角色定位。另外，在移民的生计发展目标部分，笔者考虑到对移民原住地土地的开发利用会涉及环境改造及生态修复和恢复问题，因此增加了“自然资源利用优化”这项内容。

综上所述，笔者借助移民搬迁后的政治、经济、社会环境的有利因素，结合政策和制度环境，制定生计策略，旨在实现移民收入的增长、生活水平的提升、福利的改善以及自然资源的优化利用，从而推动生计的可持续发展。

二、移民生计可持续发展的驱动机制

与移民搬迁前的脆弱性背景相比，移民搬迁后所处的政治、经济和社会环境变化很大。这些变化成为移民在迁入地生计模式变迁的重要驱动要素，而且在很大程度上决定了移民生计资本的留存水平。[①] 笔者所研究的贵州易地扶贫搬迁移民的生计也是根植于移民的政治、经济、社会背景，而且受这些背景的结构性变化的驱动而得以持续发展。

（一）促进移民生产方式转变的新的政策环境

易地扶贫搬迁工程是在我国从城乡二元结构向城乡融合发展的大踏步转变进程中顺利推进并圆满完成任务的。二元结构体制下的城乡之间有着严格的界限，而且城市的行政系统严格限制农村人口向城市流动。那时的农民虽然长期

① 李云新、吕明煜：《资本下乡中农户可持续生计模式构建》，《华中农业大学学报（社会科学版）》2019 年第 2 期。

拥有土地等农业生产要素的经营权，但因受到严格管制而导致其生产要素流动性获益极为有限，广大农民的生计模式单一，他们过着靠种植农作物维持生计的日子，家庭收益很低。在城乡融合发展的今天，农村从社会主义新农村建设升级到乡村振兴阶段，使得统筹城乡发展战略、构建城乡融合发展体制机制等再上新台阶，进一步打破城乡间的二元结构壁垒，在此背景下实施的易地扶贫搬迁工程，使得移民有机会更加畅通无阻地在城市定居并逐渐转变成新市民。此时再借助乡村振兴战略中“坚持农业农村优先发展”思路，并按照“产业兴旺”要求继续盘活移民原有的承包地，大力发展农业特色产业，移民应该会有很高的参与农业发展的积极性，能够通过生产要素流动性获益的提升而达到提升家庭生计水平的目的。

（二）促进移民经营方式转变的新的经济环境

在城乡二元结构时代，城乡间的资源是从农村向城市单向流动的；城乡融合发展阶段的资源流动，从单向流动向城乡要素双向对接的模式转换。城乡二元结构时代的农村资本长期处于净流出状态，这在一定程度上制约了农业生产效率的提升和农户生活水平的提高。现阶段，我们可以借鉴塘约模式中对移民的一些扶持政策，将移民集中起来从事农业或非农业的生产和经营活动，为移民创造从传统农业向高收益农业或非农行业转型的经济环境和提供实现高层次生计模式转换的机会。总而言之，搬迁后的经济环境为移民转换生计模式、发展生计提供了动力，并且释放出大量的劳动力和刺激资金需求，移民可以从中寻求利益最大化的生计模式，从而不断提升其家庭的生计水平。

（三）促进移民生活方式转变的新的社会环境

易地扶贫搬迁移民在搬迁前后经历了两次较大的转变：一是搬迁之前，移民所生活的村寨正从封闭固化的乡土社会向日益开放多元的现代社会转型；二是搬迁后，移民由地地道道的村民逐渐向新市民身份转变。无论是搬迁前的农村社会变迁，还是搬迁后的移民身份变化，都对移民的生计产生了重大的影响。一方面，随着乡土社会向现代社会的转型，许多移民在搬迁前就已经在城市和农村间频繁往来穿梭，他们早已熟悉了城市的生产生活方式和衣食住行习惯，思想上、行动上也有了向城市人看齐的意识和行为。在此意识和行为的影响下，原本长期封闭的农村集体日渐瓦解，集村主任、族长权力于一身的寨老，渐渐变成了村中德高望重的长者而受人尊重，但村民不再对其言听计从；移民搬迁前的生活空间也早已超越了小农的限制，少数民族村寨的生产生活也日益社会化。另一方面，移民搬迁促进了移民社会网络的重构和移民阶层的分化——在新的生活环境中，移民结识了许多同类朋友，也认识了一些城市原住民。在与其他移民交往的过程中，各民族移民间的生产生活习惯日渐融合；在与城市原住民的往来中，移民们正在逐渐改掉陋习，衣食住行也逐渐向城里人看齐。更为重要的是，城市的非农生产环境使得移民逐渐分化成为专业型和兼业型两大类。专业型移民要么专门从事农业生产，要么专门靠外出务工维持生计；兼业型移民一边打临工，一边种地，过着“两头跑”的日子。移民阶层的分化是引起移民生计方式改变的最大驱动力。这种驱动力使得贵州易地扶贫搬迁移民的生计方式发生了很大改变，即由原来的靠农业兼打工维持生计转变为现在的专门靠打工过日子。

三、移民拟达到的生计可持续发展目标

（一）发展目标

易地扶贫搬迁虽然为移民的发展注入了新的活力，但也对移民以往的传统生计模式带来了极大的冲击。当然，易地扶贫搬迁也为移民的生计提供了更加多元化的选择。[①] 搬迁后移民受到政策、市场、产权等的影响，其生计环境变得更加复杂，生计的脆弱性因移民找不到更加适合自己发展的工作而有所增加，生计的风险性也因移民收入的相对减少而持续增加。基于以上原因，本研究为贵州易地扶贫搬迁移民探索适合其发展的生计思路和方式，以期能够引导移民达到以下生计发展目标：优化结构与制度，引导移民在面对生计风险时如

---

① 李云新、吕明煜：《资本下乡中农户可持续生计模式构建》，《华中农业大学学报（社会科学版）》2019 年第 2 期。

何利用生计资本提升生计水平。

（二）关于发展目标的进一步说明

虽然上述生计发展方式是依照移民的生计发展现状拟定的，但因受种种确定和不确定因素的制约和影响，导致笔者所设计的移民可持续生计分析框架不能全面反映出各构成要素间的联动关系，因此，笔者在设计该框架时也赋予其一定的弹性，使其在脆弱性环境下能够有效保障移民财产和权益不受侵犯，并最终获得生计水平的提升。另外，依据移民的生计发展现状，笔者所设计的生计水平提升路径主要体现在收入增加、生活水平提高、福利增加、自然资源利用优化等多个维度。这些维度可以分为生存保障和发展保障两大方面。其中，生存保障是底线生计，发展保障是可持续生计，重点是发展保障，即为移民构建能够持续受益的生计发展模式，以确保他们在城市社区中能够有永续利用的资源，能够在城市里世世代代发展下去。

第四节　总结与讨论

一、本章小结

本章首先分析了宁夏吊庄模式和贵州塘约模式两个国内可供借鉴的移民生计发展模式，为贵州易地扶贫搬迁移民的生计可持续发展模式构建提供理论和实践依据。其次，依据第四章移民生计发展现状研究中的分析层次，从生计策略和生计结果两个层面探讨了移民在生计发展过程中所选择的生计资本组合方式及其原因。再次，运用 SPSS25.0 中的线性回归模型分析和判断移民生计的显著影响因子后，得出了生计的回归方程，并结合移民发展实际，对这一方程做了修正。修正后的回归方程为：可持续生计 $=1.653+0.275P+0.174F+0.111H$。最后，依据修正后的可持续生计回归方程，基于移民的政治、经济、社会背景，以 DFID 可持续生计框架为基本理论框架，构建了贵州易地扶贫搬迁移民的生计可持续发展模式。该模式共涉及进一步盘活土地资源、增强资本的社会结构嵌入性、加强移民的资产建设和提升移民的就业能力、优化政策环境、明晰基层政府角色定位五个方面的重点内容，并以优化结构与制度，引导移民在面对生计风险时能够有效利用生计资本提升生计水平为目的，旨在为确保移民在城市中拥有可持续利用的资源，并为其在城市的长期稳定发展提供一定的实践指导。

二、讨论

一方面，截至目前，关于贵州易地扶贫搬迁移民的生计可持续发展模式，国内没有系统的研究成果，仅有宁夏吊庄模式、贵州塘约模式以及李云新、吕明煜的资本下乡中农户可持续生计模式等可供参考。笔者认为，通过比较分析这些研究成果，以 DFID 的可持续生计框架为理论基础，构建贵州易地扶贫搬迁移民的生计可持续发展模式相对还是比较有说服力的。因此，本研究以 DFID 的可持续生计框架为基本架构，结合贵州易地扶贫搬迁移民的生产生活实际，运用理论分析方法和移民生计发展案例分析方法，借助 SPSS25.0 中的聚类分析和回归分析模型，分析和研究了移民生计资本的整体水平，以及生计资本对其生计策略和生计结果的影响，并运用线性回归分析法构建了移民可持续生计的线性回归方程。在此基础上，以国内学者的研究成果为理论支撑，尤其参考了李云新、吕明煜两位学者的结构和制度转变思路，探索构建了贵州易地扶贫搬迁移民的生计可持续发展模式。在分析生计资本水平，分析生计资本对生计策略、生计结果的影响的基础上，探寻建立具有一定预测功能的线性回归方程及构建移民生计可持续发展模式的研究思路和方法，具有一定的创新性。

另一方面，笔者所构建的移民生计可持续发展模式是要与生计回归方程配套使用的，而且实现移民的生计发展也并非一蹴而就的事情，是需要经历实践—认识—再实践—再认识这一循环往复的实践及思维加工过程，才可能最终得到令人满意的结果的。其具体的实践流程表现为：按照生计可持续发展模式的实施流程来提高移民的生计水平，并按照第三章的生计资本量化计算方法定期测算移民的各项生计资本及生计资本总水平，以此来评估移民的生计发展状况，进而有针对性地对生计可持续发展模式进行调整和修正，后使其进入下一阶段的移民生计发展实践。如此，笔者所构建的贵州易地扶贫搬迁移民的生计发展模式，是一个集动态性意义与较高实践价值于一身的思路和方法。该模式需要经历一个持续循环的过程，即通过实践、调整和修正、再实践、再调整和修正，以此不断推进，以逐步提升移民的生计发展水平和不断促进其生计发展。但根据移民后续发展的不断变化，如何与时俱进地修正这一生计可持续发展模式，还需更多的学者去分析和研究。

第六章　贵州易地扶贫搬迁移民生计可持续发展路径探讨

易地扶贫搬迁使得一部分移民因暂时不能有效利用原有的土地资源，而导致其自然资本的发展基本处于停滞状态，从而影响其生计发展。但仅仅靠对部分移民实行兜底生活保障，是不能从根本上解决移民的生计发展问题的。而因搬迁所导致的利益分配空间中的结构和制度问题，是影响移民生计发展的主要因素。因此，结构和制度转变就成了提高移民生计水平的关键性因素，通过结构和制度转变以促进规则的有效调适，是构建贵州易地扶贫搬迁移民生计发展模式的最关键环节。而全社会共同关注移民、共同促进移民的生计发展是确保生计可持续发展模式顺利实施的有效保障，移民自身知识文化水平和劳动技能的不断提升，是确保生计可持续发展模式最终能够取得实效的基础。

在易地扶贫搬迁移民生计可持续发展模式的具体实施中，笔者建议依据修正后的回归方程中的系数大小，优先考虑提高移民的物质资本。一方面，回归方程中物质资本的系数最大，其数学意义是，在物质资本、金融资本、人力资本数量相同的条件下，物质资本对于生计提升的贡献最为显著。另一方面，从移民的发展现状来看，其原有承包地的利用价值最大。投入大量的、能够用于开发利用移民承包地的设施，对于有效利用移民现有生计资本，充分发挥其人力资本优势，不断增加金融资本，进而共同促进其生计发展，均具有重要的发展战略性意义。基于以上原因，笔者在思考如何实现移民生计可持续发展模式方面，以分析提升移民的生计可持续发展能力的可行性为前提，以提升移民的物质资本、金融资本、人力资本为重点，从政府、社会及移民个人三个层面寻找可供选择的路径。

第一节　提升移民生计可持续发展能力的可行性分析

一、提升移民生计可持续发展能力的必要性分析

如本书开篇所述，易地扶贫搬迁的出发点是把“一方水土养不起一方人”地域内的群众搬迁到安全的区域居住，解决好移民“搬得出”问题；其次是通过安置地后续发展逐步提升他们的生活质量，解决好“稳得住”的问题；最后让搬迁移民在安置地过上幸福美好的生活，即解决好“能致富”的问题。但是搬迁并非一蹴而就的事情，“移民搬迁势必会对扶贫移民户的生计状况产生影响，其使得搬迁户与原有自然资本相互剥离，失去主要生活保障，在市场环境、社会关系网络上面临冲击，这让原本生计式微的移民搬迁户搬迁后的短期内普遍面临失业、再贫困、生计能力下降、生计不可持续的问题”①。笔者调查了解到，移民迁入安置地后，以往那种根深蒂固的生产生活模式被打破，加之在安置地所受到的不同程度的排挤及所面临的诸多不适应，使得移民的自我发展能力，乃至其家庭生活质量以及生计发展受到较为严重的影响。这些问题如果得不到及时的解决，极易出现返贫的恶性循环。由此可见，搬迁后及时提升移民的生计可持续发展能力是移民发展的第一要务。

（一）不断提升移民的生计可持续发展能力是移民后续发展的客观要求

搬迁到安置地以后，移民作为安置地社会系统中的个体，生产生活方式会受到安置地社会机制、体制等各种因素的影响。② 对于易地扶贫搬迁移民而言，安置地与其搬迁前的生活区域存在很大区别——安置地的新环境和全新的生产生活方式给移民的生产生活适应带来了极大的挑战，强烈要求移民不断提升自

---

① 陈卓怡、陈红、郭子钰：《陕南扶贫移民搬迁适应期反贫困的生计能力提升机制研究》，《经济师》2017 年第 4 期。

② 房艳：《精准扶贫视角下搬迁农户生计可持续发展能力提升》，《农村经济与科技》2021 年第 7 期。

我适应新环境的发展能力。搬迁后，唤醒并激发移民的自我发展能力成了搬迁工程亟须实现的一个客观目标——这要求安置地必须具备提升移民自我发展能力的条件，否则，移民极有可能提出重返迁出地生活的诉求。这说明，易地扶贫搬迁工程与移民生计可持续发展能力是相互促进、互为条件的。易地扶贫搬迁工程的成功实施能够有效促进移民的落地生根和形成生计可持续发展能力，而移民生计可持续发展能力的提升能够有效巩固易地扶贫搬迁工程的成效。

（二）生计可持续发展能力提升是移民自我发展的核心内容

移民的能力是影响其生计可持续发展能力提升的决定性因素。移民生计可持续发展能力的发展实际上是指移民的全面发展，移民的生计可持续发展能力其实也是移民的全面发展能力。这与可持续发展理论的核心要义是相一致的。可持续发展理念中的人的全面发展，其实质就是人的生计可持续发展能力的提升和发展。在知识经济快速发展的今天，生计可持续发展能力成为人的全面发展的主导因素，这是一种必然趋势，同时，提升和发展生计可持续发展能力，也是对人的全面发展所提出的必然要求。在中国特色社会主义新时代，人的价值诉求必然会围绕如何最大程度提升生计可持续发展能力而展开。而把提升和发展自身生计可持续发展能力作为科学的人生发展观来看待，是与奋力实现中华民族伟大复兴的中国梦对人的全面发展能力的必然要求相一致的。基于此，笔者认为提升生计可持续发展能力理应是移民在安置地自我发展的核心内容。

二、提升移民生计可持续发展能力的可能性分析

从前文可知，移民在生计方面正面临政府、社会和个人三个层面的问题。这三个层面的问题与赋权增能视角所关注的移民主体和发展载体基本可以一一对应。具体可以这样来对应：移民主体所面临的问题与移民层面的问题相对应，主要表现为移民存在思维能力困境、就业能力困境和社会适应能力困境；发展载体所面临的问题与政府层面、社会层面的问题相对应，主要表现为政府的困境、移民社区的困境、企业发展的困境和社会组织的困境。笔者认为，不

论是移民个人层面的能力缺失，还是政府、社会层面的相关能力不足，以赋权增能理论为指导，通过分类增能，都能够帮助贵州易地扶贫搬迁移民提高其生计可持续发展能力。

（一）移民主体能力提升的可能性分析

1. 提升移民思维能力的可能性

第一，移民的能动意识是能够提升的。一方面，人的主观能动性决定了移民能够自觉认识到自力更生、独立奋斗的重要性。在外在力量的引导下，他们能够从以前单纯依靠政府政策来解决搬迁后续问题的消极生计观念中解脱出来，实现“助人自助”，独立自主地发展好自己和自己的家庭。同时，他们不断通过获得知识和生计技能来提升自身的综合素质和生计发展能力。另一方面，移民还有明确自己需要达到的生计目标的自觉，在外在力量的帮助下，能够积极拓宽获取自身生计技能的渠道。他们了解自身的优势，具有主动学习的能力，能够根据市场需求掌握所需技能，并通过多种渠道获取信息来提升自身能力。此外，他们还具备按市场资源匹配自身能力的意识，并根据安置点所需主动转变自己的生计劳动方式。[①]“移民的能动意识是能够提升的”这一论断，与第二章讨论部分所提出的“移民生计能否可持续发展”的假设所反映的意义基本是一致的。

第二，移民的自身心理认同是能够提升的。笔者所研究的贵州易地扶贫搬迁移民大都是整村搬迁、无土安置的，他们在县城的安置地面临各项资源流失的问题，其中的一些资源，如土地资源、关系资源等与其生计发展息息相关，再加上部分移民在安置地生活存在一种“外人”心理，从而认为自己的生计可持续发展与自己所在的社区发展无关。因此，人们在考虑移民的生计增能时，会将心理认同作为很重要的一个问题来看待。[②] 当然，移民对于自己所处环境

---

① 赵文娟、杨世龙、王潇：《基于 Logistic 回归模型的生计资本与生计策略研究——以云南新平县干热河谷傣族地区为例》，《资源科学》2016 年第 1 期。

② 王思斌：《精准扶贫的社会工作参与——兼论实践型精准扶贫》，《社会工作》2016 年第 3 期。

的认同也是可以提升的。一方面，促进移民心理认同的关键一步是提高移民参与安置点集体活动的积极性。[①] 移民参与集体活动的积极性也是可以提高的。如前文所述，本书所研究的贵州易地扶贫搬迁移民，在搬迁前后与当地基层政府工作者有过很多次的交流，所以不会存在交流困难问题；此外，与其他移民也有过交往，不存在文化冲突问题。移民要积极利用这一优势，就生计方式的转变与当地政府工作人员或其他移民进行积极的沟通和交流，并进一步明确自身生计可持续发展与安置点的发展的关联性，以此来提高自身对安置地的心理认同。[②] 另一方面，移民也积极参与安置点的各项公共事务，尤其是涉及自身生计利益的公共事务，主动为社区事务的发展发表意见或建言献策，并在此过程中逐渐融入安置点，从而逐渐对安置点形成认同心理。

2. 提升移民就业能力的可能性

一方面，移民的劳动技能培训是可以进一步加强的。保障贵州易地扶贫搬迁移民生计可持续发展的有效途径是增强移民的“造血”能力，短期目标是搬迁后“能致富”，终极目标是长效脱贫，即生计可持续发展。这两种目标都是能够实现的。政府可以通过确立劳动技能培训的培养目标来满足移民对适应城市发展的需求，从而实现生计的可持续发展。笔者认为，各级政府有能力制定合理的移民就业培训计划，采取适宜的培训方式方法和途径，并精心安排规划和认真组织实施，充分调动起移民的参与积极性和主动性，从而实现移民就业能力的提升。另一方面，在提升移民就业能力的同时，还需不断完善移民劳动就业体系。关于如何加强对移民的就业培训以及如何完善移民劳动就业体系，后文会专门进行论述。

3. 提升移民社会适应能力的可能性

各级政府是有条件通过以下途径来提升移民的社会适应能力的。

---

① 张敏琦：《增能视角下城市安置扶贫移民的生计可持续发展研究——基于对贵州省H县F安置点的调研》，硕士学位论文，扬州大学社会发展学院，2020，第29页。

② 孙海兵：《农村水库移民可持续生计重建的实证研究》，《江苏农业科学》2014年第2期。

一是营造和谐的社区生计环境。实现生计可持续发展是易地扶贫移民搬迁后续发展中走上致富路的关键环节，而移民搬迁所带来的社会网络关系的更替，会使其产生诸多方面的不适应。因此，政府应积极为移民创设和营造生计策略选择、邻里和谐相处和交流的环境。那就必须重视移民在整个城市社区中的话语权，以确保移民平等自由地参与社区交往活动和分享社会资源，从而为其生计发展打下坚实的环境基础。

二是重构移民社会关系网络。具体而言，政府要积极引导移民打破以往传统农业生计方式下的社会关系网络，逐步构建并形成以非农业为主的新型社会关系网络，以适应其在城市生产生活发展的需要。重构移民的社会关系网络，政府所面临的最大困难是，移民对社区开展的一系列活动的参与积极性不高。因此，如何充分调动起移民参与社区活动的积极性和主动性是构建社区关系网络的关键。笔者在访谈中了解到，为调动移民参与社区活动的积极性，移民社区建立了社区公共参与信息收集平台、开展丰富多彩的社区文化活动等，以不断提升移民的社区归属感和认同感。移民社区构建与原住地不同的移民新型社会关系网络的前提是，充分考虑移民的邻里关系，并在移民间搭建起沟通的桥梁，以形成互帮互助的社会网络。当然，这种网络关系既包括原来的亲属关系，也包括新建立的邻里关系。对移民来说，要很好地配合社区管理者建立新型的社会关系网络，须加快转变自身传统的、保守的社交理念，提高自己参与社区活动的积极性和主动性，赢得社区成员的信任和支持，并进一步完善自身已有的社会关系网络。

三是鼓励外部力量帮助移民对新社会的适应。城市移民社区相对开放的市场环境对移民的社会适应带来了极大的影响，解决这一问题仅靠政府和移民自身是远远不够的，还需社会力量的参与。外部力量能够促进移民与外部的交流与合作，移民对新的居住环境以及新环境中的基础设施、消费习惯等方面的认知能力也会得以提升，其生计能动性也会逐渐得以提高，可持续生计发展的目标也会最终实现。[①] 由此可见，鼓励外部社会力量参与移民的社会适应过程，是一种明智且有效的策略选择。

（二）发展载体能力提升的可能性分析

1. 提升基层政府能力的可能性

一是工作人员专业能力的提升。笔者在调研中发现，“十三五”期间实施的易地扶贫搬迁工程，其规模之大前所未有，因此，在管理、实施等方面存在一些工作疏漏也是在所难免的。对于基层政府工作人员出现的工作疏漏情况，我们可以以赋权增能理论为指导，借助社会工作中专业的个案工作、小组工作和社区工作方法加以解决。具体而言，各级政府可以引进社会工作者，为基层政府的工作人员提供专业的服务。这些服务包括但不限于：通过基层工作服务示范来引领实践，倡导基层的积极参与，以及加强对基层工作的监督，从而提升基层工作人员的服务能力；同时，开展各类培训项目，如人才选拔考试培训、知识与技能的更新培训，以及基层工作服务经验交流会等，旨在提高基层工作人员的职业素养。通过这些措施，基层工作人员在处理移民工作相关问题、服务移民的过程中，其能力将不断得到增强，工作信心和动力也将持续提升，进而促使移民对基层工作价值的满意度不断提高。

二是进一步完善基层救助政策和社会保障体系。一方面，以可持续发展理念为指导，制定符合城市移民社区发展实际的基层救助政策，是基层政府在推行基层救助时必须首先考虑的问题。笔者在调研中了解到，移民在安置点已经享受到我国为移民群众统一实施的社会救助政策所带来的福祉。这些社区成立了一站式服务的社会救助事业中心，形成了基层政府救助合力。在具体的社会救助中，社区已改变了以往的给钱、发放必要物资等粗糙的救助方式，转而聚焦于解决那些失去劳动力的移民的基本生活问题，重点完善最低生活保障以及“五保”等社会保障制度，以提供更加全面和细致的帮助。基层政府对于因病

---

① 王三秀：《可持续生计视角下我国农村低保与扶贫开发的有机衔接》，《宁夏社会科学》2010年第4期。

或劳动素质低下而无法正常开展生计活动的移民，提供公益性的工作岗位或优惠的小额贷款，以增强他们的可持续生计发展能力，确保其能够在安置地落地生根，更好地生活和长足发展。另一方面，随着城市移民社区社会保障工作的不断推进，移民社区进一步完善以养老、医疗保险及最低生活保障为重点内容的社会保障体系。在养老保险方面，将养老政策适度向移民倾斜，如适当降低了移民尤其是移民中曾经建档立卡户的社会保险缴费门槛，或者适当降低移民的养老保障标准，保证他们无压力地参加养老保障；在医疗保险方面，进一步扩大移民的参保范围、提升移民的医疗待遇、资助建档立卡户的医疗保险等；对于无劳动就业能力的移民，继续实施兜底保障工作，确保其能够共享社会保障资源，维持其生计可持续发展能力。

三是提升金融服务能力。移民社区已形成了一个以基层政府为主导、金融机构提供支持、银行金融业积极参与合作、旨在促进移民经济收益的金融服务体系。该金融服务体系在合理利用国家投放的财政资金的同时，为进一步保证移民后续发展资金链的完整，已建立了“基层政府＋银行＋重点企业＋移民”的长效合作机制，以促进移民社区金融服务能力的进一步提升，更好地支持移民的生计发展。虽然这种金融服务体系比较适合那些具有一定职业技能和创业能力的移民，但它的运行对于基层政府能力的提升还是很有帮助的。

2. 提升社区能力的可能性

一是完善社区管理机构和组织。为了便于对移民的管理，移民社区在移民迁入之初就已经成立了社区党支部，并形成了以该党组织为领导核心，居委会、社会组织、物管会等多元合作共同参与移民社区管理的规范和完整的管理体制。鉴于移民社区的居民来自农村，在管理上移民社区融合了农村和城镇两种社区治理方式，汲取两种社区管理的经验，剔除其中不利于城镇社区管理的因素，已探索出了一套多元化主体结构下的易地扶贫搬迁移民社区共治机制和模式。在这种治理模式下，各社区治理主体分工比较明确，各尽其责，建立并形成了合作互助机制和利益协调机制。达到这种成效的前提是，基层政府转让部分治理权限给移民社区“两委”，充分调动起各治理主体的积极性和能动性。从赋权增能的角度来看，基层政府的这一做法不仅调动了移民参与社区公共事务的积极性，还极大地促进了移民间的交流与合作，有助于建立合作型社区关系网络，并培育了移民与各社区管理主体之间的信任。在此基础上，为了进一步拓宽资源渠道，基层政府充分发挥移民社区自身的经济优势，积极发挥社区链接作用，通过强化社区自治和服务功能来促进移民的生计发展。另外，基层政府还借助网格化治理创新移民社区网格化服务，以提升社区服务能力，实现社区公共服务的精准化目标。在网格化社区治理方面，移民社区目前采用政府购买社会服务的方式进行。具体而言，依据移民社区规模设置网格和配备网格管理员，由网格管理员有针对性地开展社区治理工作。

二是不断完善并强化社区配套设施建设。一方面，移民社区配套的基础设施是保障社区资源、加强移民与外界交流、满足其日常生活和生计需求的重要条件，也是提升移民生计活动质量的硬件基础。因此，在城市移民社区建设中，基层政府非常重视对移民社区配套公共服务设施的系统规划和社区公共空间的建设。在社区空间建设方面，基层政府着眼于构建宜居社区，重点加强了包括道路、基础教育设施和基本医疗设施在内的社区公共基础设施建设；在提供社区配套公共服务方面，以移民的需求为导向、以实现公共服务配套均等化为出发点、以为人民服务为最终归宿，不断丰富社区配套公共服务内容、提升服务质量，以确保最终形成优质高效、便民快捷、移民的幸福感和归属感不断提升的标准化社区公共服务配套体系。移民社区公共服务的不断优化，社区基础设施的不断完善，对于移民生计发展是具有一定的助推作用的。另一方面，健全配套的交流平台是促进移民社区人际关系和谐、解决社区融合困境的关键之举。易地扶贫搬迁使得移民离开了自己的熟人社会，他们在安置地遭遇的最大困境是，原有社会资源流失和新的社会网络在短时间内都难以适应。这些困惑不同程度地阻碍着移民生计活动的开展。在解决移民的这些困境方面，基层政府积极发挥第三方的衔接作用，在移民间搭建互助平台，成立移民代表组织，及时调查了解移民所面临的生计发展问题，有效维护了移民的共同利益。另外，移民社区还通过举办一些日常娱乐活动或是文化主题活动，来加强移民主体之间的沟通与交流。

三是千方百计确保社区资金的正常运行。基层政府在构建和完善移民社区资金保障机制时，本着“谁受益谁负责”的原则，进一步培养移民自觉缴费的意识和提高移民缴费的积极性和主动性，以保障为移民提供日常生活服务的所需费用。另外，社区“两委”还积极探索增加移民的集体收入，以弥补公共运行经费的不足和填补社区的资金缺口。

3. 提升企业带动发展能力的可能性

在移民生计可持续发展中，企业对于解决移民就业和后续发展问题所起的作用是重要且关键的。其发挥作用的地方主要在实现自身资本积累，激活移民安置区的市场，使得安置地的经济实力和就业吸纳能力都能够得到提高。因为，第一，企业在资金、市场、产业、就业方面具有“四大优势”，能够利用其对市场的敏感度及时发布信息，以降低移民投资产业的风险；根据移民的需求发展扶持设施农业和养殖业；有能力开展并加大培训，以增强移民的对口就业能力。第二，企业能够带动移民安置点的第二、三产业发展，为移民提供更多的就业机会，并充分吸纳移民就业，以实现企业和移民的“共赢”。第三，在带动移民社区发展的过程中，企业也注重加强与政府部门的及时沟通和合作，除了为移民社区营造优良的市场投资环境外，也利用自身主导产业的优势推动技术创新，吸引更多的投资。当然，企业要想更好提升其带动发展能力，就必须加强自身建设，如，结合对易地扶贫搬迁移民所开展的服务，不断创新自身的经营理念和加快转变自身的发展方式，以便能够为移民的生计可持续发展发挥更大的作用。

4. 提升社会组织能力的可能性

作为一支重要的社会力量，社会组织有条件在移民的就业培训、鼓励主动创业等方面发挥积极的帮助作用。它们应与市场积极配合，有效整合并拓展市场资源，以优化市场环境，进而推动移民生计的可持续发展。随着发展的深入，贵州易地扶贫搬迁移民社区已经具备了引进社会工作机构参与安置区移民后续发展管理的条件。理由是，一方面，社会工作机构具有通过采用个案、团体等专业的社会工作方法，帮助移民主动增能，并建立起相对应的增能体系的条件和能力。如：积极引导移民参与就业培训、为移民寻找就业岗位、帮助移民主动创业等；而且还可以为移民提供心理辅导，以增强其心理承受力；投入情感，给予移民更多的人文关怀，以增强移民的自信心。另一方面，社会工作机构还具有帮助移民不断完善社会支持系统、不断整合有效的公共资源链接、不断扩大移民的社交圈和拓展移民的生计来源的能力。如，社会工作机构可以有效发挥自身的联合作用，在与市场配合中促使市场部门联动，从而形成能够推动移民生计可持续发展的合力。当然，社会工作机构在加强自身建设方面还应考虑并注重做好以下两个方面的工作：一是资金配套。配套资金能够保障社会工作机构提供更系统、更全面的服务，通过“引进来，留得住”的方式引进和利用人才，在实现其专业能力提高的同时，也为人才的可持续发展提供了有力保障。二是在与市场的配合过程中，社会工作机构还能积极链接资源，为移民社区构建有利于移民生计可持续发展的经济基础，同时协同社区工作，提高移民的思想意识，从而更好地推动移民生计的可持续发展。

第二节　移民生计可持续发展模式的实现路径探讨

一、政府层面的具体实现路径

（一）进一步盘活移民的土地资源

笔者通过调查了解到，虽然迁入县城的贵州易地扶贫搬迁移民几乎没有可利用的自然资源，但其原有的承包地具有很高的潜在利用价值，盘活移民的承包地，并将其作为提升移民生计发展水平的有效资源，并对其加以有效利用，不失为一种有效策略。

基于贵州塘约模式，笔者想到了盘活移民土地资源的这一策略。如前文所述，塘约村在农民承包地利用方面的成功做法是，通过“三权”促“三变”、

“三变”惠“三农”，来集中经营土地，有效为贫困户筹集资金，使得生产增效明显，也解决了农民就业创业难问题，农民收入多元化，农村发展动力充足，全村最终走上了共同富裕的道路。

塘约村的成功经验给我们的启示是，要盘活并集体经营、分类利用移民所拥有的承包地。具体而言，在土地分类方面，可以参考蔡运龙关于贵州全省土地的分类，他将移民的原有承包地分为沟谷河川与平坝地、岗台地、丘陵地、低山地和中山地五种类型。[①] 在集体经营土地方面，可以针对不同的土地类型，依据其集中连片程度及其连片后的面积大小来规划搞养殖业或种植业。无论是养殖还是种植，都要因地制宜，因时因市场考虑种养的内容，要充分利用好市场的杠杆作用，切不可离开市场而盲目操作，造成浪费，进而影响到移民生计的发展。

此外，在具体的集中经营方面，还可以借鉴宁夏吊庄的做法。不过笔者在此所提倡的吊庄与宁夏吊庄有所不同：宁夏吊庄是一种先吊庄后搬迁的移民模式；而本书所提倡的移民吊庄是以吊庄的方式经营土地，是一种土地经营方式，而非移民搬迁方式。为了与宁夏吊庄有所区别，笔者将移民的这种吊庄方式称为“反吊庄”。即，移民在承包地所在区域搭建临时住所，在集中经营土地的时候居住在临时住所里，待农闲后又回到城市移民社区居住。为了更加便于移民集中经营土地，也可以在承包地所在区域修建相对比较正式的生活区，并配齐基本生活设施，供参与集中经营土地的移民季节性使用。

这里还需要特别强调的是：第一，盘活移民的土地资源需要各级政府制定和完善适合移民发展的土地集中经营政策。具体而言，要求各级政府彻底推进对土地的“确权、赋权、易权”以及“三权”促“三变”改革，确保移民“农二代”职业顺利转型，并共同走上致富道路；尤其是居委会，要严格执行好有关政策，带领移民走“村社一体、合股联营”的发展道路，把移民、合作社、

---

① 蔡运龙：《基于土地类型的土地资源评价——以贵州省为例》，《自然资源》1990年第2期。蔡运龙：《贵阳市土地类型和自然区划》，《地理学报》1986年第3期。

村集体捆绑在一起，确保移民的共同富裕。第二，在盘活和充分利用移民原有承包地的过程中，应以物质资本的分配为重点，即配齐集中经营土地需要的所有工具和设施，以达到“帕累托持续改进”的生计发展状态为目的，不断增加以物质资本为主的移民生计资本，同时对各项资本随时进行合理优化配置，以实现各项资本最大化水平，实现可持续发展资产的有效积累，并使其成为促进移民可持续性生计提升的最有力推动因素，不断推动移民生计的可持续发展。

（二）加强移民的资产建设

资产积累和投资是脱离贫困的关键。虽然贵州易地扶贫搬迁移民已摘除贫困帽子，但对他们的扶持之路还比较长。搬迁前，政府对移民实施了一定的扶持政策。如：有的地方为移民提供专项扶持资金，按照每人平均一定金额入股到合作社，每个移民户每年以入股的5%进行分红，但这种扶持方式移民受益少而且时间短；为移民进行“雨露计划”培训的人力资产建设，参加培训的移民在培训期间每个人可享受到一定的补贴，而且培训结束后可在合作社就业，每个人可得到一定数额的劳动报酬。但与国家为村集体合作社进行的资产建设相比，移民从上述两项资产建设中的收益很小。

在移民的资产建设方面，政府要有组织地引导和帮助移民进行资产积累和投资[①]，走“先建立资产，然后积累资产，再使资产增值”的生计发展道路。因为“资产建设是一种新型的政策研究范式，具有正向的福利效应，其影响和意义已经得到公认和重视，在许多国际和地区得到实践并取得良好的效果”[②]。迈克尔·谢若登提出的资产建设理论，为本书研究移民的资产建设提供了宝贵的借鉴经验，为移民建立“储蓄账户”提供了有效途径和策略。在移民的“储蓄账户”建设中，政府要承担福利供给主体责任，为移民积累家庭资产提供制度条件和保障。构建“储蓄账户”利于移民摆脱代际传递的困境、实现可持续

---

① 李明：《资产建设理论视角下的农村扶贫——以“生态移民”为例》，《安徽农业科学》2016年第5期。

② 何振锋：《资产建设理论形成、实践及启示》，《社会福利（理论版）》2019年第9期。

发展。具体而言，笔者建议制定并推出贵州易地扶贫搬迁移民家庭发展账户方案，并设立资产建设项目，鼓励移民家庭有计划地累积金融性资产，各级政府及有关部门对符合条件的存款进行配比。

家庭发展账户要求参与者必须是政府盘摸清楚并造册登记的低收入户，而且在最近半年内有就业经历、在参与方案期间失业不得超过3个月。只有满足这种条件的移民家庭才符合建立家庭发展账户的标准。其中，低收入户的条件是指，家庭平均收入不超过当地移民家庭平均消费性支出的60%。如果参与其中的移民失业了，就必须接受就业咨询与资源转接，失业3个月及以上者取消参与方案的资格。建议引进企业或慈善机构为家庭发展账户提供相对配款，参与人的相对配合存款额度由政府来决定，3年内持续每个月或每半年存入相当数量的储蓄金额，倘若半年内的存款金额不足指定额度，那么该家庭发展账户就被解约。笔者建议，参与者在完成3年储蓄期以后，才能使用存款，而且只能用于高等教育、创办小型企业和搞种养殖。

（三）提升移民的就业能力

1. 不断提升移民的人力资本

人力资本是贵州易地扶贫搬迁移民生计发展的关键性资本。为了提升移民家庭的人力资本，需要移民个人首先发挥好基础性作用，同时，政府部门、学校、社区也应发挥重要的支撑作用，通过有效提升他们的文化素质，增强其非农就业技能，并确保他们保持身心健康。具体而言，在有效提升移民文化素质方面，需要大力加强对移民文化素质教育的重视程度，并在移民社区开展终身性、全民性和全面性教育，以全面普及移民区中小学义务教育为主要抓手，有针对性地制定符合贵州省易地扶贫搬迁移民区移民特点的教育政策等①，确保从娃娃抓起，逐步提升移民的人力资本。在提高非农就业技能方面，需要开展有针对性的移民职业技能培训。一是充分结合移民区域的发展导向和发展战

① 周宇、付海鸿：《三江源生态移民迁出地教育现状研究》，《北方民族大学学报（哲学社会科学版）》2013年第3期。

略，以及移民所在城市的市场需求，选择与移民群体同特征相对应的职业技能培训项目，并开展订单式培训，使移民所掌握的职业技能与区域主导和支柱产业，以及移民社区内的扶贫车间相匹配。同时，要建立健全易地扶贫搬迁移民非农就业培训体系，并通过职业技能培训大力提升移民的劳动力素质。[①]二是以制定科学、合理、有效的创业培训计划为先导，以加强移民的创业培训为抓手，以最终能够有效推动政府部门在资金、技术、税收等方面积极扶持和鼓励移民就业和自主创业为目的，建立健全移民创业培训体系。在保持身心健康方面，有效提高移民的身体健康水平[②]，不仅需要保证移民的粮食供应和饮用水安全，还要随时给移民普及健康知识，引导移民养成良好的卫生习惯和积极防治传染性疾病，还要为移民开展有计划、多层次的心理讲座与培训[③]，疏导移民的思想观念，给移民传授心理减压方法和进行适应性教育培训，使移民进一步适应新的生活环境，为增强其人力资本和提升就业能力奠定坚实基础。

2. 进一步改善移民的家庭及社会环境

移民良好的家庭环境是需要移民及其所在的社会共同来营造的。[④]从移民的家庭内部环境看，需要不断引导移民维持家庭人口规模、减少耗时的家庭事务和物质支出，将更多的时间、精力和物力财力投入到职业教育培训上，以不断提升自身的职业技能。社会保障制度是移民的安全网[⑤]，健全移民群体的社会保障制度，是构筑更加良好的社会环境，促进移民就业、医疗、养老等制度

---

① 李金香、夏淑琴、冯利盈等：《移民收入差距及其影响因素分析——以宁夏移民区为例》，《安徽农业科学》2015年第24期。

② 何志扬、张梦佳：《气候变化影响下的气候移民人力资本损失与重构——以宁夏南部平旱地区为例》，《中国人口·资源与环境》2014年第12期。

③ 王丽萍、曾祥岚：《宁夏生态移民社会适应与心理健康现状调查——以杨显村等10个移民点为例》，《宁夏社会科学》2015年第3期。马德功、王田宇洋：《西部新型城镇化进程中农民工就业问题探析》，《商业经济研究》2015年第3期。

④ 王淑新、何红：《生态移民就业能力提升路径研究》，《安徽农业科学》2016年第19期。

⑤ 陈丽宇、柳成荫：《关于生态移民社会保障广覆盖可持续对策研究》，《宁夏大学学报（人文社会科学版）》2013年第4期。

不断完善、覆盖面进一步增大的有效举措，同时能够有效降低移民的生活负担和压力，为其营造出生计发展的良好家庭及社会环境。

3. 加快进一步规范移民的就业市场

提升移民就业能力的重要措施是规范其就业市场。规范移民的就业市场，需要依靠各级政府实施的移民劳动力市场政策，不断完善移民基础教育体系、技能培训体系和就业服务体系等，既能有效维系移民劳动力市场供需总量平衡，又能够有效实现移民就业供需结构的良好匹配。需要成立移民就业协会，通过就业协会与就业市场的有效沟通来随时了解移民和就业市场的双向需求，以及进一步规范移民就业市场，为有关部门对移民开展就业培训和移民参与适合自身发展的培训提供指导和帮助，以进一步降低移民的就业风险和提升移民的就业能力。需要结合地域产业及社区内扶贫产业的结构与特色，拓展移民的就业范围与就业领域，推动特色农产品加工、生态旅游开发等产业充分发挥蓄水池的作用，成为吸纳移民就业、提升移民就业能力的支柱型产业。这是一条促进移民“顺利转产过渡”①的有效途径和方式。另外，健全易地扶贫搬迁移民安置区的劳动就业体系，是使移民实现就业增能、生计发展目标的关键之举。因此，移民社区及各级政府除做好移民劳动技能培训工作之外，一是还应构建移民创业平台，并“从建立政策入手到人力资源、金融资源、法律资源的分析再到企业管理、信息交流、技术扶持等一系列创业资讯平台”②。二是还应邀请相关专家进行手把手指导，给移民提供相关评估服务，以解决其生计问题。三是还应在创业贷款政策方面给予移民适度的倾斜，以解决其创业缺少启动资金的问题。③四是还应不断拓宽就业渠道，搭建并完善好“就近就业、外出就业、自主创业”的就业平台，搭建安置区的产业链条，构建“重点企业＋

---

① 董亮：《旅游产业在四川藏牧区生态移民过程中的角色诠释——以四川红原县为个案》，《西南民族大学学报（人文社科版）》2009年第3期。

② 张敏琦：《增能视角下城市安置扶贫移民的生计可持续发展研究——基于对贵州省H县F安置点的调研》，硕士学位论文，扬州大学社会发展学院，2020，第30页。

③ 杨道田：《新时期我国精准扶贫机制创新路径》，经济管理出版社，2017，第163页。

社会组织＋贫困劳动力”的就业扶贫新模式，搭建企业和安置区贫困劳动力的就业双向选择平台。[①] 五是还应针对年龄大、无学历、无技术的移民寻求更多的公益性岗位来解决他们的就业问题。通过这五种途径来建立和完善移民劳动就业体系，为提升移民的就业能力和增加就业机会提供良好的机制保障，以推动实现其生计发展的目标。

（四）多维度优化政策环境

政策环境是易地扶贫搬迁移民生计可持续发展的制度基础和根本保障。因此，应当加强易地扶贫搬迁移民后续发展方面的政策的顶层设计，更应从系统性、整体性和协调性层面优化各层级的政策环境。在政策的系统性层面，要求注重完善与移民生计发展有关的产权安排、投融资体制机制、社会保障制度，以及优化监管与激励制度体系，确保这些方面的设计与调整能够系统、统筹地推进。[②] 在政策的整体性层面，应千方百计释放移民所拥有的潜在财产要素活力，使其生计资本的可持续增值效应不断增强，以奠定移民与资本之间深度合作和利益联结的基础。在政策的协调性层面，政府应完善和优化农村社会保障体系，保证移民在面临风险时保险补偿能得到及时跟进。

（五）更加明晰基层政府的角色定位

基层政府不但在易地扶贫搬迁移民的日常管理和服务中扮演着重要角色，而且对于移民的生计可持续发展也起到了不可替代的关键性作用。在促进移民生计的可持续发展的过程中，基层政府应明晰自身的角色，摆正自身的位置，不应一味地谋求利益而与一些企业合作；应积极引导工商企业与移民合作共赢，不应只顾个别移民或部分移民的利益；应以重点保护移民生计资本和促进移民社区与企业利益共赢为发展目标，引导资本进入移民生计的薄弱环节，带动移民开展现代化生产。如果有必要继续进行土地流转，政府应建立健全相关

---

① 王蕾、马英楷：《“十三五”时期农村贫困地区医疗保障发展问题及对策探析》，《中国市场》2016 年第 2 期。

② 李云新、吕明煜：《资本下乡中农户可持续生计模式构建》，《华中农业大学学报（社会科学版）》2019 年第 2 期。

的管理制度和监督机制，严格按照制度要求流转土地，并引进第三方来监督整个流转流程，以保障移民的长期利益。在土地规模化经营中，政府应拓宽融资渠道，以解决经营主体融资难的问题。如，通过建立政策性担保公司来化解融资困境，通过提供农村小额信贷为移民创造投资基础，通过家庭发展账户积累资产，或者通过商业性小额信贷的改革优化对移民的金融支持机制。另外，政府还应借助惠农政策和项目，通过公共投资为移民提供良好的基础设施，并确保移民能够享受到优质的公共服务。

二、社会层面的具体实现路径

（一）增强资本的社会结构嵌入性

如今，我国在城乡融合发展及乡村振兴战略实施的进程中，与之相伴随的工商资本进入农业农村发展领域已成为长期趋势。这一趋势能够有效改善资本、土地与劳动力间的配置失衡状态，以及农户的谋生方式、利益格局和发展观念，也能够引起生计模式的转变，同时还成为推动农民生活水平提升及生计策略选择趋向多元化的有效力量。[①]这一趋势还是一个资本经营者嵌入乡土网络的社会过程。在此过程中，通过重构乡村社会网络能够实现信任、互惠、利他等认知性社会资本的形成。

移民迁入城市以后，他们原有的乡土社会网络可能会有所减弱，但他们也会逐渐构建并融入新的社会网络之中。资本嵌入移民新的社会网络后，移民与工商资本间的有机衔接会通过社会结构的优化调整而得以推进。移民生计环境的优化和生计选择空间的拓展会通过积累镶嵌在新的社会网络中的社会资本来实现。因此，非常有必要增强资本的社会结构嵌入性。对于资本经营者而言，增强资本的社会结构嵌入性意味着需要转变思维，从以往的单一营利导向转向合作经营、互利共赢的战略，以此实现资本经营的可持续发展；对于移民而

① 李云新、吕明煜：《资本下乡中农户可持续生计模式构建》，《华中农业大学学报（社会科学版）》2019年第2期。

言，则应一改以往对资本经营者所持有的偏见，接纳工商资本，并与之有序对接而谋求合作共赢；对于基层组织而言，则应在此过程中扮演好协调者、引导者等角色，并积极推动工商资本顺利进入移民的可持续性生计发展领域，并确保其能够可持续运营。

（二）充分发挥移民社区在移民生计发展中的重要作用

社区既是移民的居住生活场所，也是其频繁进行社会交往活动的场所，在移民的社会融入及生计发展过程中起到了重要的推动作用。充分发挥移民社区的重要作用，一是需要在移民社区内建立健全各类移民组织，并通过这些组织为移民提供学习和参与社会活动的机会，进而逐步建立移民的社会支持网络。二是针对移民的现实需求，开展诸如组织社区帮扶活动、建立培训基地等专业化社区服务工作，以回应移民的多元化需求和不断改善社区服务。三是在移民参与社区选举与政策制定方面提供制度与政策支持，让移民享受到社区居民的基本权利。四是通过开展丰富多样的社区文化活动来不断加强社区文化建设，不仅让移民的凝聚力在潜移默化中得以增强，而且在创造和谐幸福的社区环境中，利于培育移民对社区的认同感与归属感。

（三）倡导全社会共同关注易地扶贫搬迁移民的生计发展

从社会层面来看，要倡导全社会共同关注贵州易地扶贫搬迁移民的城市社会适应情况和生计发展，尤其要消除对他们即将形成或已经形成的社会偏见。首先要坚决避免对移民的“污名化”。要充分发挥现代公共传媒在舆论传播方面的“正能量”作用，大力宣传移民淳朴、善良、率真、勤劳、勇敢、憨直的优良品行，多报道移民群众对社会所做的贡献，而且要保证诸如广播、电视、报纸等媒介在报道宣传移民时使用相同的评价标准，以此来正确引导社会各阶层客观公平公正地认知和评价移民。其次要大力倡导对移民的人文关怀，倡导全社会共同关心易地扶贫搬迁移民的生产生活，防止移民社区成为城市“孤岛”。对移民来说，进入城镇安置地后，他们所面临的城乡差别实际也是一种急剧的社会变迁。这种社会变迁是影响移民在城镇中的社会适应及生计发展的重要因素，其持续的时间越长，对移民产生的影响越深远，消除其对移民的影响也越困难。因此，要解决这一问题，需要政府在全社会树立科学发展的理念，在充分考虑移民的现实困难与可持续发展需求的基础上，建立指导移民适应社会的相关制度，并继续制定适于移民后续发展的有关政策；参与移民后续发展的企业，应从社会责任的角度，广泛吸纳移民在企业就业，加强对就业移民进行岗位培训和技能培训；广大城市居民应广泛接纳移民，并以开放、包容之心与移民交往，关心移民的生产生活，引导移民更好地融入城市、适应城市生活和尽快过上城市人的日子。

三、移民层面的具体实现路径

（一）进一步培养移民的社区归属感和促进移民市民身份的转变

贵州易地扶贫搬迁移民虽然经历了“稳得住”阶段并逐渐朝着“能致富”的方向迈进，但如第四章所述，移民的衣食住行与原住民间存在较大差距，影响了他们对城市的归属感，进而影响其生计发展。因此，一方面，全社会应高度关注并致力于提升移民的社区归属感，通过有效措施进一步增强他们对城市社区的认同感和归属感。这不仅是移民社区治理的重要任务，也是促进移民社区治理现代化的重要保障，更是移民的生计能够在城市可持续发展的最重要前提。另一方面，应积极引导和促进移民完成从搬迁对象到城市居民的身份转换，确保他们能够真正融入城市、扎根城市，并在城市中长期稳定发展。

移民认同社区管理者是培养其社区归属感的前提条件。移民只有认同社区管理者，支持社区管理者的工作，才有可能积极主动地参与社区活动和社区管理，以彰显其主人翁地位和发挥其社区主人翁的作用，从而逐渐培养其社区归属感。这就需要社区针对移民的共同需求，构建社区的利益共同体，并通过组织系列社区活动等方式进一步培养移民的社区归属感。

促进移民的市民化和身份转换，首要任务是培养其市民意识，而市民意识的形成则往往以其对所在社区的归属感为先导。因此，推动移民市民化的过程，实质上也是对其社区归属感的一种强化。正如前文所述，贵州省在“十三五”期间实施的易地扶贫搬迁，主要采取了城镇化安置方式。然而，对于移民而言，迁居城市仅仅意味着离开了农村和农业环境，并不等同于自动获得了市民身份；他们需要在生产生活方式、理念及城市文明等多方面进行长期的融入与内化，才能真正转变为城市市民。

这一转变过程需要外力的助推与移民自身的内化努力相结合。人的现代化作为市民化转变的核心内容，其重要性不言而喻。然而，调研发现，部分移民至今仍深受农民意识和农村习惯的影响，如妇女光脚穿拖鞋在公共场所行走、居住环境脏乱，甚至在城市阳台上喂养家禽等现象时有发生。

鉴于此，关注并引导移民在观念、行为及生活方式上的转变，成为增强市民意识和促进市民化进程的有效途径。具体而言，在心理层面，移民应主动消除城乡偏见，打破与城市人的心理隔阂，克服交往心理障碍，增强与城市人互动的信心；在行动层面，则需积极摒弃陈规陋习，及时移风易俗，逐步调整生产生活习惯，向城市标准看齐，以加速实现全面市民化。

（二）不断增强移民的进取意识和促进移民快速融入城市

对于贵州易地扶贫搬迁移民而言，不断增强进取意识是其不断取得新发展的思想基础，而不断提振自立自强的精气神是其生计得以可持续发展的坚实后盾。笔者建议移民通过如下途径不断增强进取意识：自觉提升自身的文化素质和提高自身的职业技能，积极参与社区的各项活动；加强与社区居民的沟通交流与合作，主动了解就业市场行情及与自己家庭生计发展有关的发家致富信息；在不断实现自身生计资本提升的同时，不断培植发展家庭可持续生计的原动力；更为重要的是，移民还应更加主动适应城市环境和融入城市生活。尤其是在融入城市生活的过程中，移民应遵循城市社会规则，更加积极地采取行动，主动迎接变化与挑战，为社会减轻负担。这就要求，在思想方面，移民应转变传统观念，进一步培养自身的创业意识、市场意识和抵御风险意识，并主动提升不断适应城市环境变化的能力；在行动上，移民要更加主动学习，勤于实践，要积累更多的能够增强自身可持续生计发展能力的经验；在心理上，移民要不断磨炼克服各种困难的坚韧毅力和应对各种风险的坚强意志，并以健康和谐的心态去面对风险与解决困难，为家庭生计的可持续发展建构强有力的心理支撑。

（三）增强移民自立自强的意识

人生需要自立，只有自立才能自强。对于贵州易地扶贫搬迁移民而言，自立意味着能够在城市独立自主地生活，不依赖他人、国家和社会，有自我管理、自我决策和自我发展能力。只有这样，他们才能够一步步走上富裕的道路。当前，贵州易地扶贫搬迁移民虽然具有自立自强的意识，但这份意识尚显薄弱，需要进一步增强，以转化为推动他们在城市生计中可持续发展的有效动力。遗憾的是，一些移民在生计发展中仍抱着“等靠要”的消极思想，严重影响了其生计发展中的自立自强意识的增强。鉴于此，笔者建议通过以下途径和方法进一步增强贵州易地扶贫搬迁移民的自立自强意识，激发其生计可持续发展的内在潜能。

一是要充分发挥移民的主体性作用。要加强移民的能力建设，确保移民成为满足个人需求与社区公共需求的真正行动主体。移民的持续发展，从根本上讲，依赖于其自身具有的可持续发展能力，否则脱贫后极易面临返贫的风险。从前文的分析可知，移民的可持续发展能力是可以培养出来的，也是可以提升的。这就要求政府通过帮扶来促进移民能力提升，通过帮助来实现移民的自我发展，不断激发移民自立自强的决心和勇气。

二是要充分发挥移民的主动性作用。要充分发挥移民模范带头作用，在移民社区推行诸如“道德超市”等“积分制”管理模式，并将公益美德、移风易俗、教育培训、人居环境改善、组织建设加强、社会治理优化等内容融入积分制管理中。通过积分兑换奖励的形式，调动移民的主动性，使其能够自觉带头发扬自力更生、艰苦奋斗的精神，不断展现并强化移民自立自强的精神风貌。

三是要求移民在信念上和行动上更加自立自强。在理念层面，这意味着移民需完全以本地公民的身份融入城市社会，更加主动地去适应城市的政治、经济、文化环境及生产生活习惯，避免长期以特殊群体（即移民身份）自居，影响其在城市的生存与发展。同时，唯有通过自立自强与自我发展，移民方能真正赢得城市社会的认同与支持。在行动层面，自立自强则要求移民在市场经济环境中，凭借自身的经济实力与竞争力在城市中站稳脚跟，而非依赖政府补助或“吃大锅饭”的方式维持生计。尽管国家为每位移民提供了平等的发展机会，并创造了潜在的富裕条件，但个人能否在城市中率先实现经济上的飞跃，终究取决于其为社会贡献的劳动量与价值。

因此，在城市的安置区内，移民应紧密关注市场动态，培养自我创新与自我完善的能力，学会在激烈的市场竞争中求生存、谋发展，通过勤劳与自强实现个人与家庭的富裕。简而言之，贵州易地扶贫搬迁的移民若想在城市中实现生计的可持续发展，就必须坚定不移地强化自立自强意识，走出一条自强自立、自我发展的道路。

第三节 总结与讨论

一、本章小结

本章在分析提升移民生计可持续发展能力的必要性和可能性的基础上，从政府、社会和移民三个层面提出了促进贵州易地扶贫搬迁移民生计可持续发展的现实路径。即政府应进一步盘活移民的土地资源，加强移民的资产建设，提升移民的就业能力，多维度优化政策环境和更加明晰基层政府的角色定位；在社会层面，应增强资本的社会结构嵌入性，充分发挥移民社区在移民生计发展中的重要作用，倡导全社会共同关注易地扶贫搬迁移民的生计发展；在移民层面，应进一步培养移民的社区归属感，促进移民身份向市民身份的转变，不断增强移民的进取意识，促进移民快速融入城市，增强移民自立自强的意识。

二、讨论

易地扶贫搬迁项目显著促进了移民生计资本的积累与谋生方式的多样化，但在应对移民生计挑战、增强生计可持续性及制定相应战略、政策和措施时，需全面考量多重因素与跨领域影响，涵盖安置区域（农村或城市）、搬迁安置方式、移民在安置区的生计资本状况及其生计发展策略等，同时涉及政治、经济、文化、社会等多个维度。尽管笔者基于深入调研与研究所构建的移民生计可持续发展模式，已从政府、社会及移民三个维度，提出了一系列因地制宜、因人而异的解决方案与策略，旨在解决移民生计难题并推动其可持续发展。然而，本研究在设计上，尤其是问卷设计上，存在对移民民族文化关注度不足及易地扶贫搬迁相关政治因素考量欠缺的问题，这导致分析过程中缺乏必要的政治与文化维度的数据支持，从而限制了从这两方面深入探讨移民生计问题的能力。本章因此未能充分提出基于政治与文化视角的移民生计可持续发展策略，这既是本章内容的局限，也是本研究的不足之处。

展望未来，为进一步完善贵州易地扶贫搬迁的后续研究，笔者计划加强对民族文化与政治因素的深入研究，以拓宽研究视野与领域，从而更全面、深入地探讨并提出促进移民生计可持续发展的策略与路径。

第七章　总结与思考

第一节　研究总结

一、研究回顾

易地扶贫搬迁工程是解决“一方水土养不好一方人”的有效途径和方法。而搬得出、稳得住、能致富是易地扶贫搬迁工程三个环环相扣、紧密相连的关键性环节：搬得出是基础，稳得住是保障，能致富是目标。搬得出，说明群众认可；搬得出、稳得住，说明后续服务跟得好；稳得住、能致富，说明群众就业创业工作抓得实。实践证明，搬迁并非终点，后续服务才是关键。[①]后续服务最有效的举措是提高移民的可持续生计发展能力。基于此，本书以贵州省“十三五”期间的易地扶贫搬迁移民为研究对象，以搬迁到县城无土安置的移民为研究重点，以 DFID 可持续生计框架、资源配置理论、可持续发展理论、赋权增能理论和资产建设理论为指导，运用定性与定量相结合的研究方法，在分析移民的生计资本及生计发展现状的基础上，借鉴宁夏吊庄模式、贵州塘约模式的成功经验，以及《资本下乡中农户可持续生计模式构建》中的农户可持续生计模式构建思路，尝试构建了贵州易地扶贫搬迁移民生计可持续发展模式；最后在分析提升移民生计可持续发展能力可行性的基础上，从政府、社会

① 李丁乔：《既要搬得出也要稳得住，更要能致富》，中国新闻网：https://www.chinanews.com.cn/gn/2020/06-11/9209967.shtml。

及移民三个层面提出了实现该模式的具体思路和方法。

本书的重点是，分析移民的生计资本及生计发展现状，探索构建移民的生计可持续发展模式，提出实现移民生计可持续发展的可行性路径。其中，分析移民的生计资本及生计发展现状是本书的基础性内容，构建移民的生计可持续发展模式是关键性内容，依据移民生计发展现状提出发展其可持续生计的路径是核心内容。

关于移民生计资本现状部分，笔者在对比分析移民搬迁前后的基本条件等基本情况的基础上，通过定性分析移民搬迁前后的生计资本情况及定量测算移民搬迁后的生计资本水平，较为系统地厘清了移民发展生计所拥有的资本量及其在移民生计可持续发展中所发挥的重要作用。关于移民生计发展现状部分，笔者在比较分析移民搬迁前后的职业及生计模式变化情况的基础上，运用聚类分析及回归分析等方法，分析移民所选择的生计策略以及生计策略的影响因素；在比较分析移民搬迁前后的家庭收支变化的基础上，运用回归分析法分析了移民生计结果的影响因素。研究结果显示：第一，贵州易地扶贫搬迁移民的生计资本总量不足。移民的各生计资本水平为：物质资本的值为 0.5318、金融资本的值为 0.3451、人力资本的值为 0.3280、社会资本的值为 0.2244、自然资本的值为 0.0479。生计资本总量化值为 1.4772，仅为理想化生计资本量的 29.6%。第二，移民以外出务工为主要生计策略，物质资本、社会资本、金融资本对移民的生计策略具有显著影响；社会资本、金融资本是影响移民生计结果的重要因素。

在探索构建移民生计发展模式的过程中，笔者首先分析了宁夏吊庄模式和贵州塘约模式中能够参考和借鉴的经验；其次探讨移民目前的生计资本组合方式及可供移民选择的生计资本组合，并运用线性回归模型分析建立了移民生计的回归方程；最后，结合回归方程构建了移民的生计可持续发展模式。所建立的回归方程修正后为：可持续生计 $=1.653+0.275P+0.174F+0.111H$，所构建的生计发展模式见图 5-1。为了能够有效促进这一生计可持续发展模式的实现，笔者以分析提升移民生计可持续发展能力的可行性为先导，从政府、社会及移民三个层面提出了实现移民生计可持续发展的具体路径。

二、问题与不足

本书存在以下四个方面的问题和不足：

一是外业工作进展缓慢且不够连贯。主要表现为：在 2020 年 9 月至 12 月期间，由于笔者仅利用周末进行调研，导致对关岭县的相关人员访谈不够深入全面，且所完成的问卷访问量太少。2021 年 3 月起重启的调研工作中，由于参与外业工作的学生团队有所变动，笔者不得不在调研过程中同步进行新学生的业务培训。加之此期间还需频繁与地方各级部门沟通协调，以获取关于调查点移民生计发展的相关信息，这一系列因素不仅拖慢了调研的整体进度，还不可避免地影响了调研的连续性和最终的工作质量。

二是集中研究的时间比较短。2021 年 3 月再次启动研究以后，笔者缩短了研究进程，简化了研究内容。如，集中外业调研的时间由原计划的 4 个月缩短到 2 至 3 个月；原计划的调查点由 6 个点调整为 3 个点；访谈对象范围缩小，从原计划的县级移民干部、街道办或社区干部、移民及本地人，调整为只访谈县级移民干部和街道办或社区干部；将原计划对 2 至 3 个乡镇的有土集中安置移民点进行深度比较研究，调整为只对普定县猴场苗族仡佬族乡猴场村移民点及恒大集团援建的大方县凤山彝族蒙古族乡栖凤社区幸福二村移民点进行走马观花式的调研，而且在研究过程中，对这两个点的调研资料没有进行分析和论证。

三是对于一些内容的研究不够深入透彻。由于研究时间相对紧凑，导致对社会层面及移民个人层面中影响移民生计发展的核心问题挖掘不够全面和深入。在探讨移民生计可持续发展模式的实现路径时，所提出的社会及移民个人层面的对策显得较为笼统，缺乏具体性和针对性。此外，关于移民生计资本和生计发展现状的研究部分，因缺失了县城无土集中安置移民与乡镇有土集中安置移民之间的比较研究，从而在一定程度上削弱了研究的整体深度。同时，所获取的访谈资料数量有限，且未能充分挖掘这些资料中的深层信息，进而影响了定性分析的深度和广度。这些问题均需在后续研究中加以重视和改进。

四是研究成果的质量不够高。一方面，笔者运用因子分析、聚类分析、回归分析等较高层次统计分析方法分析数据的能力较差，导致对移民生计资本、生计策略、生计结果的定量分析结果解释力不够强；笔者建立的线性回归方程，其预测功能也不够强，其运用的广泛性尚需实践检验。另一方面，由于笔者的水平有限，所构建的移民生计可持续发展模式在针对性上可能不够精准，且可能存在对移民生计发展所面临的问题解释不够充分或准确的情况。至于该模式实现路径的实际可行性，还需要后续的研究去检验、修正和完善。

第二节 未来研究展望

本书历时 2 年，完成了对关岭县、剑河县和威宁县易地扶贫搬迁移民的生计发展问题的深入调查研究，虽然形成了一些研究成果，但此领域的研究空间还很大，需要进一步研究的内容还很多。基于此，笔者认为未来此领域需要在以下几个方面拓展延伸和继续深入研究。

一、思考构建更加适合移民生产生活实际的生计可持续发展模式

本书以 DFID 可持续生计框架为理论架构，以移民的生计资本为切入点，研究构建移民生计可持续发展模式。这种研究思路虽然具有比较严谨的思维逻辑和科学合理的研究逻辑，也能够针对贵州易地扶贫搬迁移民的生产生活实际提出该模式的实现路径，但这种研究思路不是唯一的，所构建的模式也不是唯一的。原因在于，第一，笔者查阅和搜集文献的技术和水平有限，能够搜集到的关于移民的生计发展的研究视角或理论框架，大致只有 CARE 提出的生计安全框架、UNDP 提出的可持续生计方案和 DFID 提出的可持续生计分析框架三种类型，其中实用价值和使用频率相对较高的是 DFID 可持续生计分析框架。至于是否还有更符合研究易地扶贫搬迁移民生计发展的理论框架，则有待

于在后续研究中继续探索发现。第二，笔者结合 DFID 可持续生计分析框架，只为贵州易地扶贫搬迁移民提出了一个生计可持续发展模式，是否还有其他更加适合贵州易地扶贫搬迁移民发展的可持续生计模式，笔者没有进一步分析和尝试构建，留待后来者去探讨与深化。

二、加强对贵州易地扶贫搬迁移民生计的跟踪调查研究

如前文所述，笔者所构建的贵州易地扶贫搬迁移民生计可持续发展模式并非一个可以一劳永逸的解决方案，而是需要结合移民的生计回归方程来动态实施的。具体而言，该模式的实施过程大致应遵循以下步骤：首先，按照笔者提出的实现路径执行一段时间后，需及时计算并更新移民的各项生计资本值及生计资本总值，以科学评估工作成效；随后，根据各生计资本的发展情况及移民生计发展的整体水平，灵活调整实现路径中的具体策略。为实现上述移民生计发展模式的有效实施，必须加强对贵州易地扶贫搬迁移民生计可持续发展模式实施情况及实施效果的跟踪调查与研究，以确保该模式能够促进移民生计的健康发展。

三、重视对贵州易地扶贫搬迁移民社区治理的研究

实现贵州易地扶贫搬迁移民的生计可持续发展，良好的社区发展环境是重要的保障。鉴于此，本书在之前的分析论证中，多次提及与贵州易地扶贫搬迁移民社区治理相关的问题，包括但不限于：部分移民家庭卫生状况不佳、移民对小区公共设施保护意识淡薄、移民小区内公共活动场所及活动器材和儿童游乐设施短缺等。这些问题不仅关乎移民社区的治理现状，也持续引发笔者对易地扶贫搬迁移民社区治理策略的深入思考。特别是在上一章中，关于分析提升移民生计发展能力的可行性部分，笔者明确提出了引进社会工作者在移民社区提供专业社会工作服务的建议；同时，在探讨移民可持续生计实现路径的社会层面时，也强调了移民社区在促进移民生计发展中的关键作用。这些均是当前社会治理能力现代化进程中，社区治理无法回避的核心问题。

易地扶贫搬迁移民社区治理是一项错综复杂的系统工程，它横跨社区的政治、经济、文化等多个领域，要求多方协同合作、共同参与，采取多样化的治理手段。这一过程本质上是一个服务移民的过程，既需要政策的有力支持，也离不开制定并实施切实有效的制度和规范，同时还应组织丰富多彩的、符合移民需求的活动，以全面促进移民社区的和谐与可持续发展。

总之，贵州“易地扶贫搬迁社区具有特殊性，未来可以从政策型社区政府与社会的关系、社区社会组织成长、社区文化建设、移民能力建设等方面加强研究”[①]。

① 吴晓萍、刘辉武等：《西南民族地区易地扶贫搬迁移民的社会适应研究》，人民出版社，2021，第 394 页。

参考文献

一、著作类

[1] 亚当·斯密．国富论 [M]. 富强，译．西安：陕西师范大学出版社，2010.

[2] 迈克尔·谢若登．资产与穷人：一项新的美国福利政策 [M]. 高鉴国，译．北京：商务印书馆，2005.

[3] 世界资源研究所，联合国环境规划署，联合国开发计划署．世界资源报告（1992—1993）[M]. 张崇贤，柯金良，程伟雪，等译．北京：中国环境科学出版社，1993.

[4] 王永平，周丕东，黄海燕，等．生态移民与少数民族传统生产生活方式的转型研究：基于贵州世居少数民族生态移民的调研 [M]. 北京：科学出版社，2014.

[5] 马传栋．可持续发展经济学 [M]. 北京：中国社会科学出版社，2015.

[6] 何雪松．社会工作理论 [M]. 上海：上海人民出版社，2007.

[7] 王思斌．社会工作概论 [M]. 北京：高等教育出版社，2014.

[8] 费孝通．中国绅士 [M]. 惠海鸣，译．北京：中国社会科学出版社，2006.

[9] 杨道田．新时期我国精准扶贫机制创新路径 [M]. 北京：经济管理出版社，2017.

[10] 薛薇．统计分析与 SPSS 的应用 [M]. 北京：中国人民大学出版社，2017.

[11] 吴晓萍，刘辉武，等．西南民族地区易地扶贫搬迁移民的社会适应研究 [M]. 北京：人民出版社，2021.

[12] 陈传波，丁士军．中国小农户的风险及管理研究 [M]. 北京：中国财政经济出版社，2004.

[13] Frank Ellis. Rural livelihoods and diversity in development countries[M]. New York：Oxford University Press，2000.

二、期刊类

[1] Michael M Cernea. For a new economics of resettlement: a sociological critique of the compensation principle[J]. International social science journal, 2003, 55: 37-45.

[2] Jan Hesselberg, Joseph A. An assessment of the extent and causes of food insecurity in northern ghana using a livelihood vulnerability framework[J]. Geo-Journal, 2006, 67(1): 41-55.

[3] E.G. Ravenstein. The laws of migration[J]. Journal of the statistical society of london, 1885, 48(2): 167-235.

[4] E. S. Lee. A theory of migration[J]. Demography, 1966, 3(1): 47-57.

[5] Leete R. Perlis's human development progress and challenges[J]. United Nations Development Programme, 2005, 17: 222.

[6] Dasgupta S., Deichmann U., Meisner C., et al. Where is the poverty-environment nexus? Evidence from Cambodia, Lao PDR, and Vietnam[J]. World development, 2005, 33(4): 617-638.

[7] WN Adger, PM Kelly, A Winkels, et al. Migration, remittances, livelihood trajectories, and social resilience[J]. AMBIO: A journal of the human environment, 2002, 31(4): 358-366.

[8] Luisa Veronis. Environmental influences on African migration to Canada: focus group findings from Ottawa-Gatineau[J]. Population and environment, 2014, 36: 234-251.

[9] David J. Wrathall. Migration amidst social-ecological regime shift: the search for stability in villages of northern honduras[J]. Human ecology, 2012, 40(4): 583-596.

[10] A. Bigsten. The circular migration of smallholders in kenya[J]. Journal of African economies, 1996, 5(1): 1-20.

[11] A. DeHaan. Livelihoods and poverty: the role of migration-a critical review of the migration literature[J]. The journal of development studies, 1999, 36(2): 1-47.

[12] R. E. Bilsborrow, H. Ogendo. Population-driven changes in land use in developing countries[J]. AMBIO: a Journal of the human environment, 1992, 21(1): 37.

[13] Y. Du, A. Park, S. Wang. Migration and rural poverty in china[J]. Journal of comparative economics, 2005, 33(4): 688-709.

[14] S. P. Kothari, T. E. Laguerre, A. J. Leone. Capitalization versus expensing: evidenceon the uncertainty of future earnings from capital expenditures versus R&D outlays[J]. Review of accounting studies, 2002, 7: 355-382.

[15] S. Jackson, A. Sleigh. Resettlement for China's three gorges dam: socio-economic impact and institutional tensions[J]. Communist and post-communist studies, 2000, 33(2):223-241.

[16] Gina Koczberski, George N. Cur-ry. Making a living: land pressures and changing livelihood strategies among oil palm settlers in papua new guinea[J]. Agricultural systems, 2005, 85(3): 324-339.

[17] Longyi Xue, Mark Y. Wang, Tao Xue. "Voluntary" poverty alleviation resettlement in china[J]. Development and change, 2013, 44(5):1159-1180.

[18] Rogers S, Tao Xue. Resettlement and climate change vulnerability: evidence from rural china[J]. Global environ-mental change, 2015, 35: 62-69.

[19] P. K. Singh, B. N. Hiremath. Sustainable livelihood security index in a developing country: a tool for development planning[J]. Ecological indicators, 2010, 10(2): 442-451.

[20] D. R. Smith, A. Gordon, K. Meadows, et al. Livelihood diversification in uganda: patterns and determinants of change across two rural districts[J]. Food policy, 2001, 26(4): 421-435.

[21] E. Soini. Land use change patterns and livelihood dynamics on the slopes of Mt. Kilimanjaro, Tanzania[J]. Agricultural systems, 2005,85(3): 306-323.

[22] J. A. Cherni, Y. Hill. Energy and policy providing for sustainable rural livelihoods in remote locations—The case of Cuba[J]. Geoforum, 2009,40(4): 645-654.

[23] Brian King. Specializing livelihoods: resource access and livelihood spaces in South Africa[J]. Transactions of the institute of british geographers, 2011, 36: 297-313.

[24] Bebbington A. Capitals and capabilities: a framework for analyzing peasant viability, rural livelihoods and poverty[J]. World development, 1999, 27(12): 2021-2044.

[25] Timmerman P. Vulnerability, resilience and the collapse of society[J]. Environmental monograph, 1981, 21(3): 164-173.

[26] Chambers R. Vulnerability, coping and policy（editorial introduction）[J]. IDS bulletin, 1989, 20(2): 33-40.

[27] Ifejika Speranza C, Wiesmann U, Rist S. An indicator framework for assessing livelihood resilience in the context of social-ecological dynamics[J]. Global environmental change, 2014, 28: 109-119.

[28] Khayyati M, Aazami M. Drought impact assessment on rural livelihood systems in Iran[J]. Ecological indicators, 2016, 69: 850-858.

[29] Pandey R, Jha S K, Alatalo J M ,et al. Sustainable livelihood framework-based indicators for assessing climate change vulnerability and adaptation for Himalayan communities[J]. Ecological indicators, 2017, 79: 338-346.

[30] Quandt, Amy. Measuring livelihood resilience: the House hold Livelihood Resilience Approach（HLRA）[J]. World development, 2018, 107: 253-263.

[31] 纳列什 • 辛格，乔纳森 • 吉尔曼 . 让生计可持续 [J]. 国际社会科学杂志（中文版），2000（4）:123-129+6-7.

[32] 郑瑞强，王英，张春美 . 扶贫移民适应期生计风险、扶持资源承接与政策优化 [J]. 华中农业大学学报（社会科学版），2015（4）：101-106.

[33] 许源源，熊瑛 . 易地扶贫搬迁研究述评 [J]. 西北农林科技大学学报（社会科学版），2018，18（3）：107-114.

[34] 卢岳华．全面建设小康社会与我国中西部农村扶贫开发的思考 [J]. 求索，2004（2）：40-41.

[35] 汪洋．攻坚克难　扎实工作　确保易地扶贫搬迁顺利推进 [J]. 学习与研究，2016（3）：4-9.

[36] 程丹，王兆清，李富忠．易地扶贫搬迁研究：以山西省五台县为例 [J]. 天津农业科学，2015，21（1）：70-73.

[37] 陆汉文，覃志敏．我国扶贫移民政策的演变与发展趋势 [J]. 贵州社会科学，2015（5）：164-168.

[38] 王宏新，付甜，张文杰．中国易地扶贫搬迁政策的演进特征：基于政策文本量化分析 [J]. 国家行政学院学报，2017（3）：48-53.

[39] 李博，左停．遭遇搬迁：精准扶贫视角下扶贫移民搬迁政策执行逻辑的探讨：以陕南王村为例 [J]. 中国农业大学学报（社会科学版），2016，33（2）：25-31.

[40] 郑瑞强，徐元刚，施国庆．连片特困区政府减贫行为供需对接障碍与机制优化 [J]. 青海社会科学，2015（3）：81-86.

[41] 何得桂，党国英，杨彦宝．集中连片特困地区精准扶贫的结构性制约及超越：基于陕南移民搬迁的实证分析 [J]. 地方治理研究，2016（1）：31-45.

[42] 何得桂，党国英，张正芳．精准扶贫与基层治理：移民搬迁中的非结构性制约 [J]. 西北人口，2016，37（6）：55-62.

[43] 何得桂，党国英．西部山区易地扶贫搬迁政策执行偏差研究：基于陕南的实地调查 [J]. 国家行政学院学报，2015（6）：119-123.

[44] 李博，左停．谁是贫困户？精准扶贫中精准识别的国家逻辑与乡土困境 [J]. 西北农林科技大学学报（社会科学版），2017，17（4）：1-7.

[45] 覃明兴．扶贫自愿性移民的迁移决策及主体选择性研究 [J]. 南方人口，2007（4）：32-38.

[46] 唐丽霞，林志斌，李小云．谁迁移了：自愿移民的搬迁对象特征和原因分析 [J]. 农业经济问题，2005（4）：38-43.

[47] 王晓毅 . 易地扶贫搬迁方式的转变与创新 [J]. 改革，2016（8）：71-73.

[48] 王金涛，陈琪 . 动员力度、心理聚合与搬迁绩效：以陇中某地易地搬迁为例 [J]. 中国行政管理，2019（9）：82-87.

[49] 王娟，程小放，欧阳书品，等 . 云南异地移民扶贫开发的类型分析 [J]. 生态经济，2002（11）：37-38+44.

[50] 文冰，宋媛，张体伟，等 . 生态移民的搬迁形式研究：云南永善县马楠乡案例分析 [J]. 生态经济，2005（1）：27-31.

[51] 赵昌文，郭晓鸣 . 贫困地区扶贫模式：比较与选择 [J]. 中国农村观察，2000（6）：65-71+79.

[52] 李王鸣，金登杨 . 扶贫移民安置模式分析与实证：以浙江省瑞安市为例 [J]. 经济地理，2008（2）：205-208.

[53] 张茹，王耀麟，张爱国，等 . 陕西省定边县扶贫移民安置模式分析 [J]. 中国人口 • 资源与环境，2014，24（33）：315-318.

[54] 郑瑞强，施国庆 . 扶贫移民权益保障与政府责任 [J]. 重庆大学学报（社会科学版），2011，17（5）：42-47.

[55] 汪三贵，曾小溪，殷浩栋 . 中国扶贫开发绩效第三方评估简论：基于中国人民大学反贫困问题研究中心的实践 [J]. 湖南农业大学学报（社会科学版），2016，17（3）：1-5.

[56] 孔令强 . 易地开发性移民扶贫及其效益评价指标体系 [J]. 学术交流，2006（7）：75-77.

[57] 白南生，卢迈 . 中国农村扶贫开发移民：方法和经验 [J]. 管理世界，2000（3）：161-169.

[58] 张世勇 . 规划性社会变迁、执行压力与扶贫风险：易地扶贫搬迁政策评析 [J]. 云南行政学院学报，2017，19（3）：20-25.

[59] 陈胜东，蔡静远，廖文梅 . 易地扶贫搬迁对农户减贫效应实证分析：基于赣南原中央苏区农户的调研 [J]. 农林经济管理学报，2016，15（6）：632-640.

[60] 郑瑞强 . 我国西部生态脆弱地区移民工作方式探讨：生态环境保护与扶贫双

重目标的移民政策与实践 [J]. 人民长江，2011，42（5）：93-97.

[61] 郑瑞强，王英，涂海华 . 适应期扶贫移民生计贫困多维测度与政策蕴含 [J]. 商业研究，2015（11）：57-62.

[62] 徐君 . 割舍与依恋：西藏及其他藏区扶贫移民村考察 [J]. 西藏大学学报（社会科学版），2011，26（4）：12-19.

[63] 黎洁 . 陕西安康移民搬迁农户的生计适应策略与适应力感知 [J]. 中国人口 • 资源与环境，2016，26（9）：44-52.

[64] 杨甫旺 . 异地扶贫搬迁与文化适应：以云南省永仁县异地扶贫搬迁移民为例 [J]. 贵州民族研究，2008，28（6）：127-132.

[65] 何得桂，党国英 . 秦巴山集中连片特困地区大规模避灾移民搬迁政策效应提升研究：以陕南为例 [J]. 西北人口，2015，36（6）：99-105.

[66] 彭玮 . 当前易地扶贫搬迁工作存在的问题及对策建议：基于湖北省的调研分析 [J]. 农村经济，2017（3）：26-30.

[67] 曹国庆，郑瑞强 . 移民扶贫政策运行系统解构与关键问题研究 [J]. 农林经济管理学报，2015，14（6）：553-559.

[68] 王海 . 贵州省易地扶贫搬迁后续问题及对策思考 [J]. 理论与当代，2020（10）：31-33.

[69] 王珏珏 . 贵州省易地扶贫搬迁的后续困难与对策 [J]. 广东蚕业，2021，55（2）：128-129.

[70] 严登才，施国庆，伊庆山 . 水库建设对移民可持续生计的影响及重建路径 [J]. 水利发展研究，2011，11（6）：49-53.

[71] 石智雷，杨云彦，田艳平 . 非自愿移民经济再发展：基于人力资本的分析 [J]. 中国软科学，2011（3）：115-127.

[72] 苏冰涛，李松柏 .“生态贫民”可持续生计问题研究：以陕南秦巴山区为例 [J]. 中国农业资源与区划，2013，34（5）：68-73.

[73] 严登才 . 广西岩滩库区移民贫困成因与可持续生计路径分析 [J]. 广西民族研究，2013（2）：142-147.

[74] 冯伟林，李树茁，李聪 . 生态移民经济恢复中的人力资本与社会资本失灵：基于对陕南生态移民的调查 [J]. 人口与经济，2016（1）：98-107.

[75] 金梅，申云 . 易地扶贫搬迁模式与农户生计资本变动：基于准实验的政策评估 [J]. 广东财经大学学报，2017，32（5）：70-81.

[76] 黄志刚，陈晓楠，李健瑜 . 生态移民政策对农户收入影响机理研究：基于形成型指标的结构方程模型分析 [J]. 资源科学，2018，40（2）：439-451.

[77] 李健瑜，陈晓楠 . 可持续生计视域下生态移民工程效果探析：基于陕南 599 份农户问卷的实证分析 [J]. 干旱区资源与环境，2018，32（12）：41-48.

[78] 赵文娟，杨世龙，王潇 . 基于 Logistic 回归模型的生计资本与生计策略研究：以云南新平县干热河谷傣族地区为例 [J]. 资源科学，2016，38（1）：136-143.

[79] 杨云彦，赵锋 . 可持续生计分析框架下农户生计资本的调查与分析：以南水北调（中线）工程库区为例 [J]. 农业经济问题，2009（3）：58-65+111.

[80] 李聪，柳玮，黄谦 . 陕南移民搬迁背景下农户生计资本的现状与影响因素分析 [J]. 当代经济科学，2014，36（6）：106-112+126.

[81] 叶菁菁，王文烂 . 福建省“造福工程”成效探讨：基于搬迁农户生计资本的视角 [J]. 发展研究，2016（2）：79-84.

[82] 刘宗华，郛兰娅，刘魏，等 . 易地搬迁移民可持续生计研究：以湖北省宜昌市为例 [J]. 三峡大学学报（人文社会科学版），2019，41（3）：97-101+107.

[83] 徐锡广，申鹏 . 易地扶贫搬迁移民的可持续性生计研究：基于贵州省的调查分析 [J]. 贵州财经大学学报，2018（1）：103-110.

[84] 夏艳玲 . 易地扶贫搬迁移民的可持续生计研究：以广西巴马瑶族自治县为例 [J]. 西南民族大学学报（人文社科版），2019，40（9）：7-13.

[85] 谢大伟 . 易地扶贫搬迁移民的可持续生计研究：来自新疆南疆深度贫困地区的证据 [J]. 干旱区资源与环境，2020，34（9）：66-71.

[86] 黄兴，蒲春玲，马旭，等 . 基于模糊物元的新疆伊犁河谷水库移民可持续生计评价研究 [J]. 浙江农业学报，2015，27（3）：477-483.

[87] 黄海燕，王永平．城镇安置生态移民可持续发展能力评价研究：基于贵州生态移民家庭的调研 [J]. 农业现代化研究，2018，39（4）：643-653.

[88] 李云新，吕明煜．资本下乡中农户可持续生计模式构建 [J]. 华中农业大学学报（社会科学版），2019（2）：63-70+166.

[89] 杨柳．特困地区异地安置效果好：凌云县异地安置扶贫试点的调查 [J]. 广西农村经济，1994（5）：24-25.

[90] 马明，仇旭辉，张闽剑．宁夏实施国家易地扶贫搬迁试点工程初步设想 [J]. 市场经济研究，2002（2）：50-51.

[91] 苏芳，徐中民，尚海洋．可持续生计分析研究综述 [J]. 地球科学进展，2009，24（1）：61-69.

[92] 刘红，马博，王润球．基于可持续生计视角的阿拉善生态移民研究 [J]. 中央民族大学学报（哲学社会科学版），2014，41（5）：31-40.

[93] 何仁伟，刘邵权，陈国阶，等．中国农户可持续生计研究进展及趋向 [J]. 地理科学进展，2013，32（4）：657-670.

[94] 郭圣乾，张纪伟．农户生计资本脆弱性分析 [J]. 经济经纬，2013（3）：26-30.

[95] 唐丽霞，李小云，左停．社会排斥、脆弱性和可持续生计：贫困的三种分析框架及比较 [J]. 贵州社会科学，2010（12）：4-10.

[96] 韦惠兰，罗万云．精准扶贫视角下农户生计脆弱性及影响因素分析：基于甘肃省贫困地区的实证调查 [J]. 河南师范大学学报（哲学社会科学版），2018，45（2）：65-71.

[97] 陈佳，杨新军，尹莎．农户贫困恢复力测度、影响效应及对策研究：基于农户家庭结构的视角 [J]. 中国人口 • 资源与环境，2016，26（1）：150-157.

[98] 刘伟，黎洁，徐洁．连片特困地区易地扶贫移民生计恢复力评估 [J]. 干旱区地理，2019，42（3）：673-680.

[99] 周月秋．资源配置理论探索 [J]. 金融管理科学，1994（3）：9-13+20.

[100] 刘学梅，李明，丁堡骏．对社会主义国家资源配置理论的再认识：习近平系列重要讲话中政治经济学思想研究 [J]. 毛泽东邓小平理论研究，2015（1）：

35-41+91.

[101] 尹敬东，周绍东．基于劳动价值论的资源配置理论研究 [J]. 经济学动态，2015（5）：30-36.

[102] 常江，王忠民．科学发展观对可持续发展理论的创新与发展 [J]. 西北大学学报（哲学社会科学版），2010，40（3）：112-116.

[103] 李俊俊．赋权与增能：农民工弱势地位改变的根本途径 [J]. 重庆文理学院学报（社会科学版），2012，31（1）：74-77.

[104] 钱宁．资产建设理论与中国的反贫困 [J]. 社会建设，2019，6（2）：7-11.

[105] 阙晓冬，李兰英．农户可持续生计资本研究进展 [J]. 福建农业科技，2020（11）：65-69.

[106] 伍艳．贫困山区农户生计资本对生计策略的影响研究：基于四川省平武县和南江县的调查数据 [J]. 农业经济问题，2016，37（3）：88-94+112.

[107] 徐定德，张继飞，刘邵权，等．西南典型山区农户生计资本与生计策略关系研究 [J]. 西南大学学报（自然科学版），2015，37（9）:118-126.

[108] 王瑾，张玉钧，石玲．可持续生计目标下的生态旅游发展模式：以河北白洋淀湿地自然保护区王家寨社区为例 [J]. 生态学报，2014，34（9）：2388-2400.

[109] 刘延国，王青，廖彦淞，等．可持续生计视域下的岷江上游山区生态旅游发展模式 [J]. 旅游研究，2018，10（2）：37-49.

[110] 何昭丽，米雪，喻凯睿，等．农户生计资本与旅游生计策略关系研究：以西北 A 区为例 [J]. 广西民族大学学报（哲学社会科学版），2017，39（6）：61-68.

[111] 王永静，胡露月．乡村旅游视角下农户生计资本对生计策略影响研究：基于重庆乡村旅游地农户调查数据 [J]. 生态经济，2020，36（3）:143-148+196.

[112] 王君涵，李文，冷淦潇，等．易地扶贫搬迁对贫困户生计资本和生计策略的影响：基于 8 省 16 县的 3 期微观数据分析 [J]. 中国人口•资源与环境，2020，30（10）：143-153.

[113] 李丹，许娟，付静．民族地区水库移民可持续生计资本及其生计策略关系研究 [J]. 中国地质大学学报（社会科学版），2015，15（1）：51-57.

[114] 王晓轩，耿天学，赵周华．补助政策、生计资本对农户生计策略和生计结果的影响：以农牧交错带贫困地区样本为例 [J]. 农业科学研究，2020，41（3）：60-69.

[115] 孙海兵．南水北调库区移民可持续生计研究 [J]. 水利发展研究，2015，15（5）：6-9.

[116] 罗强，肖永梅．做好贵州易地扶贫搬迁这项大工程 [J]. 理论与当代，2020（11）：49-50.

[117] 温新荣，杨金德．滇桂黔生态脆弱地区生态移民生计现状及对策 [J]. 农村经济与科技，2019，30（21）：130-132.

[118] 徐鹏，徐明凯，杜漪．农户可持续生计资产的整合与应用研究：基于西部 10 县（区）农户可持续生计资产状况的实证分析 [J]. 农村经济，2008（12）：89-93.

[119] 吴乐，靳乐山．生态补偿扶贫背景下农户生计资本影响因素研究 [J]. 华中农业大学学报（社会科学版），2018（6）：55-61+153-154.

[120] 喻鸥，阎建忠，张镱锂．区域气候变化脆弱性综合评估研究进展 [J]. 地理科学进展，2011，30（1）：27-34.

[121] 和月月，周常春．贫困地区农户生计脆弱性评价及影响因素分析 [J]. 统计与决策，2020，36（19）：70-74.

[122] 刘伟，徐洁，黎洁．易地扶贫搬迁农户生计适应性研究：以陕南移民搬迁为例 [J]. 中国农业资源与区划，2018，39（12）：218-223.

[123] 乔雯．人力资本、社会资本对易地搬迁移民社会融合的影响 [J]. 劳动保障世界，2019（21）：78-79.

[124] 赵文娟，崔明昆，沙建．工程移民的生计变迁与文化适应：以泸沽湖机场移民为例 [J]. 云南地理环境研究，2011，23（3）：7-12.

[125] 崔明昆，杨索，赵文娟，等．云南新平傣族生计模式及其变迁的生态人类学

研究 [J]. 云南师范大学学报（哲学社会科学版），2015，47（5）：30-35.

[126] 沙川淇，陈强，潘选明，等．易地搬迁对凉山彝区贫困户生计模式的影响：基于昭觉县金曲地莫村的调查 [J]. 攀枝花学院学报，2020，37（3）：1-6.

[127] 周丽，黎红梅，李培．易地扶贫搬迁农户生计资本对生计策略选择的影响：基于湖南搬迁农户的调查 [J]. 经济地理，2020，40（11）：167-175.

[128] 魏馨柔，海新权，赵瑞婷．牧民生计资本对其生计策略的影响分析：以张掖市肃南县为例 [J]. 生产力研究，2020（11）：97-100.

[129] 马明，陈绍军，陶思吉，等．易地扶贫搬迁移民生计策略、生计资本与家庭收入影响研究：以云南少数民族深度贫困地区为例 [J]. 干旱区资源与环境，2021，35（8）：1-10.

[130] 王恒．连片特困地区农户生计资本对生计策略影响研究 [J]. 农村经济与科技，2021，32（2）：189-191.

[131] 李聪，柳玮，冯伟林，等．移民搬迁对农户生计策略的影响：基于陕南安康地区的调查 [J]. 中国农村观察，2013（6）：31-44+93.

[132] 徐定德，张继飞，刘邵权，等．西南典型山区农户生计资本与生计策略关系研究 [J]. 西南大学学报（自然科学版），2015，37（9）：118-126.

[133] 蔡洁，马红玉，夏显力．集中连片特困区农地转出户生计策略选择研究：基于六盘山的微观实证分析 [J]. 资源科学，2017，39（11）：2083-2093.

[134] 王谷，过秀成．包含异常数据的居民出行稳健回归分析 [J]. 武汉理工大学学报（交通科学与工程版），2011，35（3）：509-511.

[135] 张萍，田晓萍，黑娟儿，等．宁夏生态移民区土地利用变更的种植养殖技术应变性研究 [J]. 安徽农学通报，2015，21（22）：6+14.

[136] 蒋飞云．集中连片深度贫困村扶贫性生态移民与土地利用变化分析：以贵州省威宁彝族回族苗族自治县扶贫性生态移民区为例 [J]. 湖北农业科学，2021，60（4）：106-110.

[137] 高晓凤，刘梦芸，段云，等．四川民族地区易地扶贫搬迁移民社会支持现况研究 [J]. 现代预防医学，2019，46（1）：62-64+77.

[138] 李英．易地移民搬迁中的社会支持机制与移民的心理健康 [J]. 教育现代化，2018，5（2）：218-219+232.

[139] 聂君，束锡红．易地扶贫搬迁与社会关系重构：基于宁夏回族移民的调查研究 [J]. 贵州民族研究，2020，41（4）：49-54.

[140] 汪一鸣．80 年代中国宁夏的“吊庄”：农村区域开发和协调人地关系的新模式 [J]. 中国人口·资源与环境，1993（4）：36-41.

[141] 王安忠．宁夏南部山区移民吊庄模式和效益分析 [J]. 宁夏社会科学，1998（2）：40-44.

[142] 黄娅蓉．借鉴塘约经验　激发贫困群众脱贫内生动力研究 [J]. 农民科技培训，2019（12）：35-37.

[143] 易其国，陈慧婷，马灿，等．从“塘约经验”思考农村合作经济 [J]. 农村经济与科技，2021，32（3）：3-4.

[144] 夏柱智．集体经济发展和集体产权制度改革反思：对话“塘约经验”[J]. 北京工业大学学报（社会科学版），2021，21（4）：24-32.

[145] 陈卓怡，陈红，郭子钰．陕南扶贫移民搬迁适应期反贫困的生计能力提升机制研究 [J]. 经济师，2017（4）：196-199.

[146] 房艳．精准扶贫视角下搬迁农户生计可持续发展能力提升 [J]. 农村经济与科技，2021，32（7）：122-123.

[147] 王思斌．精准扶贫的社会工作参与：兼论实践型精准扶贫 [J]. 社会工作，2016（3）：3-9+123.

[148] 孙海兵．农村水库移民可持续生计重建的实证研究 [J]. 江苏农业科学，2014，42（2）：417-419.

[149] 王蕾，马英楷．“十三五”时期农村贫困地区医疗保障发展问题及对策探析 [J]. 中国市场，2016（34）：280-282+290.

[150] 王三秀．可持续生计视角下我国农村低保与扶贫开发的有机衔接 [J]. 宁夏社会科学，2010（4）：73-77.

[151] 蔡运龙．基于土地类型的土地资源评价：以贵州省为例 [J]. 自然资源，1990

（2）：38-46.

[152] 蔡运龙 . 贵阳市土地类型和自然区划 [J]. 地理学报，1986（3）：210-223.

[153] 李明 . 资产建设理论视角下的农村扶贫：以“生态移民”为例 [J]. 安徽农业科学，2016，44（5）：262-263+267.

[154] 何振锋 . 资产建设理论形成、实践及启示 [J]. 社会福利（理论版），2019（9）：3-7.

[155] 周宇，付海鸿 . 三江源生态移民迁出地教育现状研究 [J]. 北方民族大学学报（哲学社会科学版），2013（3）：97-103.

[156] 李金香，夏淑琴，冯利盈，等 . 移民收入差距及其影响因素分析：以宁夏移民区为例 [J]. 安徽农业科学，2015，43（24）：325-328.

[157] 何志扬，张梦佳 . 气候变化影响下的气候移民人力资本损失与重构：以宁夏南部干旱地区为例 [J]. 中国人口 · 资源与环境，2014，24（12）：109-116.

[158] 王丽萍，曾祥岚 . 宁夏生态移民社会适应与心理健康现状调查：以杨显村等 10 个移民点为例 [J]. 宁夏社会科学，2015（3）：60-64.

[159] 马德功，王田宇洋 . 西部新型城镇化进程中农民工就业问题探析 [J]. 商业经济研究，2015（3）：135-137.

[160] 王淑新，何红 . 生态移民就业能力提升路径研究 [J]. 安徽农业科学，2016，44（19）：251-253.

[161] 陈丽宇，柳成荫 . 关于生态移民社会保障广覆盖可持续对策研究 [J]. 宁夏大学学报（人文社会科学版），2013，35（4）：155-158.

[162] 董亮 . 旅游产业在川藏牧区生态移民过程中的角色诠释：以四川红原县为个案 [J]. 西南民族大学学报（人文社科版），2009，30（3）：57-61.

[163] 曾永涛 . 精准扶贫必须因户施策“拔穷根”[J]. 中国党政干部论坛，2016（5）：87.

[164] 蔡志海 . 汶川地震灾区贫困村农户生计资本分析 [J]. 中国农村经济，2010（12）：55-67.

三、学位论文

[1] 陈梓焓 . 贵州省易地移民生计可持续性研究 [D]. 贵阳：贵州大学，2018.

[2] 冯利盈 . 宁夏移民安置区农户可持续生计研究 [D]. 银川：宁夏大学，2017.

[3] 崔晓明 . 基于可持续生计框架的秦巴山区旅游与社区协同发展研究：以陕西安康市为例 [D]. 西安：西北大学，2018.

[4] 唐文浩 . 普惠金融背景下农户脆弱性研究：基于苏北地区的实证分析 [D]. 南京：南京农业大学，2017.

[5] 张宸嘉 . 柯西河流域农户生计资本评价与生计可持续性研究 [D]. 成都：中国科学院大学，2020.

[6] 张立新 . 基于资源配置理论的城市土地合理利用研究：以长江经济带城市为例 [D]. 北京：中国农业大学，2018.

[7] 韩冰华 . 农地资源合理配置的制度经济学分析 [D]. 武汉：华中农业大学，2005.

[8] 康晓辉 . 基于可持续发展理论的京津冀建筑产业化发展水平评价研究 [D]. 北京：北京建筑大学，2020.

[9] 孔鑫鑫 . 易地扶贫搬迁农户可持续生计影响因素研究：以保定市涞源县为例 [D]. 石家庄：河北经贸大学，2020.

[10] 吕晓璐 . 陕南脱贫攻坚移民搬迁可持续生计研究 [D]. 上海：上海海洋大学，2020.

[11] 杨梦蓉 . 可持续生计框架下生态移民生计变迁研究 [D]. 贵阳：贵州财经大学，2016.

[12] 姜莹 . 农民家庭生计模式的演变及其启示 [D]. 咸阳：西北农林科技大学，2019.

[13] 张敏琦 . 增能视角下城市安置扶贫移民的生计可持续发展研究：基于对贵州省 H 县 F 安置点的调研 [D]. 扬州：扬州大学，2020.

附录一　调查问卷

贵州易地扶贫搬迁移民生计发展状况调查问卷

您好！

我们是安顺学院的老师/学生，正在开展一项关于贵州省易地扶贫搬迁移民生计发展状况的社会调查，目的在于通过了解易地扶贫搬迁移民的生产生活情况及存在的困难和问题，为进一步改善移民的生计提供对策和建议。您提供的信息对我们的研究很重要，希望您能抽出宝贵时间，根据实际情况填写这份问卷。您的回答没有对错之分，对您所提供的信息我们会严格保密，请您放心作答。

非常感谢您的配合与支持！

要求调查员填写的内容：

1. 调查区域：__________。

（1）关岭县　　（2）剑河县　　（3）威宁县

2. 移民安置点位于_________。

（1）村寨　　（2）集镇　　（3）小城镇

（4）县城　　（5）其他（请注明_________）

3. 安置方式：__________。

（1）集中安置（选择此项后继续回答3-1）

（2）分散安置（选择此项后继续回答3-2）

3-1. 集中安置类型：__________。

（1）城镇安置　　（2）农业园区安置　　（3）工业园区安置

（4）旅游服务区安置　　（5）新农村安置

（6）其他（请注明________）

3-2. 分散安置类型：________。

（1）插花安置　　（2）投亲靠友等方式安置

一、个人基本情况

4. 您的性别：________。

（1）男　　（2）女

5. 您的年龄________岁。

6. 您的民族：________。

（1）汉族　　（2）苗族　　（3）布依族

（4）土家族　　（5）侗族　　（6）其他（请注明___）

7. 您在您家是不是户主？________。

（1）是　　（2）否

8. 您的文化程度：________。

（1）小学及以下　　（2）初中

（3）高中（中专、技校、职高）　　（4）大专及以上

9. 您的健康状况：________。

（1）非常健康　　（2）比较健康　　（3）一般

（4）不太健康　　（5）非常不健康

10. 您的婚姻状况：________。

（1）未婚　　（2）结婚　　（3）离婚

（4）丧偶　　（5）其他

11. 您家目前共有_____人？（住在一起，包括在外打工的人）

二、搬迁基本情况

12. 您所在的这个移民点属于哪种搬迁方式？________。

（1）整村（一个或几个自然村）搬迁

（2）部分（一个或几个自然村的部分村民）搬迁

（3）其他（请注明 _________）

13. 您搬迁到这里的时间（实际居住的时间）是_______年（填写具体的年份）。

14. 搬迁原因：_________。

（1）原住地有泥石流、滑坡等地质灾害

（2）原住地位置偏远、不通路

（3）原住地是保护区，政府要求搬迁

（4）原住地资源匮乏（田地少，没有水源等）

（5）其他（请注明 _________）

15. 搬迁前您家是否属于贫困户？ ________。

（1）是（选择此项后请继续回答 15-1、15-2）　　（2）否

15-1. 请选择您家的贫困户类型：________。

（1）一般贫困户　　（2）低保贫困户

（3）特困供养贫困户　　（4）低保特困供养贫困户

15-2. 精准扶贫期间您家是否为建档立卡贫困户？_________。

（1）是　　（2）否

16. 搬迁时政府为您家提供的条件有：_______。（可多选）

（1）土地　　（2）土地经营权统一流转

（3）宅基地　　（4）住房　　（5）搬迁安置款

（6）技能培训　　（7）其他（请注明 _________）

17. 搬迁后，您家的住房来源：________。

（1）全部自建的　　（2）政府统一建的

（3）部分是自己扩建的

18. 搬迁前，您家所在村的交通条件如何？________。

（1）交通非常便利　　（2）交通比较便利　　（3）交通条件一般

（4）交通不便　　（5）交通非常不便

19. 搬迁前，距离您家最近的学校有多远？______千米。搬迁后，距离您家最近的学校有多远？_____千米。

20. 搬迁前，距离您家最近的集市有多远？______千米。搬迁后，距离您家最近的集市有多远？______千米。

三、搬迁前后移民生计资本变化情况

（一）自然资本

21. 您家搬迁前土地的总量是_______。

（1）耕地（水田、旱地）约_________亩（有耕地的调查对象请继续回答21-1、21-2、21-3）。其中，水田约_______亩，旱地约_______亩

（2）山林约 _______ 亩

（3）其他（鱼塘等）约 ________ 亩

（4）总计约 _________ 亩

21-1. 您家搬迁前耕种的土地的灌溉和排水条件________。

（1）非常好　　（2）比较好　　（3）一般

（4）比较差　　（5）非常差

21-2. 您家搬迁前耕种的土地质量_________。

（1）肥沃　　（2）中等　　（3）贫瘠

21-3. 搬迁后，您家如何利用自家的承包地？__________。（选择前三项中的任意一项后请继续回答21-3-1、21-3-2）

（1）全部流转　　（2）部分耕种部分流转

（3）部分流转部分闲置　　（4）全部自家耕种

（5）部分耕种部分闲置　　（6）全部闲置

（7）其他（请注明 ______________）

21-3-1. 您家每年获得土地流转资金约为__________元。

21-3-2. 您认为通过土地流转得到的资金__________。

（1）非常高　　（2）比较高　　（3）一般

（4）比较低　　（5）非常低

22. 您家搬迁后（在迁入地）有没有农业生产用地？__________。

（1）有（总共 ________ 亩）（选择此项后请继续回答 22-1）

（2）没有

22-1. 搬迁后您家的农业生产用地用途为__________。

（1）全部流转　　（2）部分耕种部分流转

（3）部分流转部分闲置　　（4）全部自家耕种

（5）部分耕种部分闲置　　（6）全部闲置

（二）物质资本

23. 您家搬迁前住房建筑面积约 __________ 平方米，您家搬迁后住房建筑面积约 _________ 平方米。

24. 您家搬迁前住房结构为________，搬迁后住房结构为________。

（1）砖混　　（2）砖木　　（3）钢混

（4）土木　　（5）其他（请注明 _________）

25. 您认为您家现在（在迁入地）的住房条件与搬迁前相比：_________。

（1）非常好　　（2）较好　　（3）差不多

（4）较差　　（5）非常差

26. 您家搬迁前后拥有哪些耐用消费品、生产工具及交通工具？（在表格中填入相应选项编号，可多选）

物质资本		搬迁前	搬迁后
耐用消费品	（1）彩电；（2）冰箱；（3）洗衣机；（4）手机；（5）电脑；（6）电饭煲；（7）电磁炉；（8）燃气灶；（9）电热水器；（10）其他（请注明_____）		
生产工具及交通工具	（1）摩托车；（2）小轿车；（3）卡车；（4）农用车；（5）大中型农机；（6）小型农机；（7）拖拉机；（8）犁耕机；（9）收割机；（10）其他（请注明___）；（11）无生产工具及交通工具		

（三）人力资本

27. 与搬迁前相比，您认为搬迁后您家劳动力（16至60岁的人口）_______。

（1）增加了　　（2）没变化　　（2）减少了

28. 搬迁前，您家是否有人参加过技能培训？__________。

（1）是（选择此项后请回答第30、31题）　　（2）否

29. 搬迁后，您家是否有人参加过技能培训？__________。

（1）是（选择此项后请回答第30、31题）　　（2）否

30. 搬迁前后您或您家人参加技能培训的主要内容。（在表格中填入相应选项编号，可多选）

技能培训的主要内容	搬迁前	搬迁后
（1）农作物种植技术；（2）果蔬栽培技术；（3）养殖技术；（4）家政服务技能；（5）餐饮服务技能；（6）酒店服务技能；（7）建筑行业技能（炮墙、刮灰、铺地砖、装门窗等）；（8）制造行业技能；（9）家电维修技术；（10）车辆修理技术；（11）美容美发技术；（12）其他（请注明___________）		

31. 您觉得参与技能培训的效果怎么样？_________。

（1）很实用　　（2）还可以　　（3）有点用处

（4）用处不大　　（5）没用

（四）社会资本

32. 您的家人、亲戚或朋友中有没有村干部或正式的工作人员？________。

（1）有（______ 人）　　（2）没有

33. 搬迁前，您家在生产生活中遇到困难时通常找谁帮忙？_________。（可多选）

（1）亲戚　　（2）朋友　　（3）同事

（4）邻居　　（5）干部或组织

（6）其他（请注明 ________）

34. 搬迁后，您家在生产生活中遇到困难时通常找谁帮忙？_________。（可多选）

（1）亲戚　　（2）朋友　　（3）同事

（4）邻居　　（5）干部或组织

（6）其他（请注明 ________）

35. 搬迁前，您家参与村里面集体事务的程度如何？____________。

（1）经常参加　　（2）偶尔参加　　（3）从不参加

36. 搬迁后，您家参与现居住地（迁入地）集体事务的程度如何？________。

（1）经常参加　　（2）偶尔参加　　（3）从不参加

37. 与搬迁前相比，您家现在（在迁入地）用于家庭人情送礼的费用变化情况：__________。

（1）变多了　　（2）基本没变　　（3）变少了

38. 与搬迁前相比，您家现在（在迁入地）用于通信的费用变化情况：______。

（1）变多了　　（2）基本没变　　（3）变少了

（五）金融资本

39. 搬迁前后您家金融资本的变化情况。（在表格中填入相应选项编号）

金融资本变化情况		搬迁前	搬迁后
需要借钱时一般找谁借？	（1）亲戚；（2）邻居或朋友；（3）金融机构贷款；（4）其他；（5）从不向别人借钱		
是否申请过金融机构贷款？	（1）是，并贷到了款；（2）是，但没有贷到款；（3）否		

40. 您认为您家目前的收入水平与搬迁前相比：________。

（1）高很多　（2）比较高　（3）差不多

（4）比较低　（5）低很多

41. 您认为您家目前的支出水平与搬迁前相比：________。

（1）高很多　（2）比较高　（3）差不多

（4）比较低　（5）低很多

（六）迁入地的基础设施完善情况

42. 搬迁后您家现居住地基础设施完善情况。（请您在相应的方框内打“√”）

完善的基础设施内容	完善程度				
	非常好	比较好	一般	比较差	非常差
孩子上学					
购买日常用品					
求医看病					
道路交通					
供水供电					
环境卫生					
文体休闲					

43. 您认为您家搬迁后基本条件改善最多的是________。（可多选）

（1）孩子上学　（2）购买日常用品　（3）求医看病

（4）道路交通　　（5）供水供电　　（6）环境卫生

（7）文体休闲　　（8）其他

44. 您对现居住地（迁入地）的公共基础设施的看法：________。

（1）相当满意　　（2）满意　　（3）适度

（4）不满意　　（5）相当不满

四、搬迁前后移民生计策略和生计现状

45. 移民搬迁前后的职业。（在表格中填入相应选项编号）

<table>
<tr><td colspan="3">家庭主要成员
（在右面数字序号下的横线上填上该成员与您的关系）</td><td>1
______</td><td>2
______</td><td>3
______</td><td>4
______</td></tr>
<tr><td rowspan="2">具体职业</td><td rowspan="2">（1）农业生产
（2）在工厂或企业打工
（3）做生意
（4）在超市、饭店等服务性行业做工
（5）搞建筑
（6）打临工
（7）自主创业
（8）其他（学生或无职业）</td><td>搬迁前</td><td></td><td></td><td></td><td></td></tr>
<tr><td>搬迁后</td><td></td><td></td><td></td><td></td></tr>
</table>

46. 搬迁前后您家的收入情况。（在表格中填入相应选项编号，可多选）

家庭收入情况		搬迁前	搬迁后
主要收入来源	（1）创办乡、村企业；（2）承包种养殖；（3）传统种养殖；（4）兼业（种植和打工）；（5）外出务工；（6）家庭手工业；（7）本地务工；（8）个体工商户（做买卖）；（9）低保		
年收入约为多少元？	（1）0.5万元以内；（2）＞0.5万元—1万元；（3）＞1万元—2万元；（4）＞2万元—3万元；（5）＞3万元—4万元；（6）＞4万元—5万元；（7）5万元以上		

47. 您觉得您家目前的家庭收入水平比这里的本地人________。

（1）高很多　（2）高一些　（3）差不多一样

（4）低一些　（5）低很多

48. 您认为搬迁后，您家面临的最大困难是________。

（1）不适应这里的生产方式　（2）不适应这里的生活方式

（3）新邻居不好相处　（4）耕地少或无耕地

（5）收入来源较少　（6）房子不够住

（7）子女上学不方便　（8）政府补偿力度不够

（9）没有困难　（10）其他（请注明 ________）

49. 您对今后提高家庭收入有没有信心？________。

（1）有信心　（2）一般　（3）没有信心

50. 您觉得提高家庭收入最大的困难是什么？________。

（1）没有技术　（2）没有资金　（3）没有门路

（4）其他（请注__________）

51. 目前，您最希望得到哪方面的支持和帮助？__________。

（1）法律保护和政策优惠　（2）资金支持

（3）解决子女上学问题

（4）提供就业帮助（选择此项后请继续回答第 51-1 问）

（5）解决生活困难　（6）帮助解决养老和医疗问题

（7）其他（请注__________）

51-1. 您最希望政府在就业方面提供什么帮助？__________。

（1）联系就业贷款　（2）联系就业岗位

（3）提供技能培训　（4）提供就业信息

（5）其他（请注明__________）

52. 您想通过什么途径提高您的家庭收入？

53. 您对您家或您所在的这个移民区今后的发展还有什么意见和建议？

问卷调查到此结束，再次感谢您的支持与配合！

附录二　访谈资料

一、访谈提纲

（一）县级移民干部访谈提纲

1. 贵地政府推进移民搬迁的主要目的是什么？政府实施移民搬迁的主要措施有哪些？政府的移民政策主要有哪些内容？

2. 你们县移民搬迁是从什么时候开始的？分为哪几个阶段，不同阶段的区别是什么？这项工程目前的进展及完成情况如何？（请简要介绍移民规模、移民方式等）

3. 政府是如何选择移民安置点的？

4. 移民搬迁过程中你们最难做的工作是什么？解决对策是什么？

5. 据您了解，移民在生产生活中主要有哪些困难？

6. 目前你们县移民主要的生计来源是什么？关于移民后续帮扶方面政府主要做了哪些工作？（如果没有提到专业合作社，或对专业合作社的介绍不够详细时，可以围绕这一话题继续追问）

7. 据您了解，这些移民搬迁后能否适应新的生活？如果能，怎么看得出来？如果不能，有哪些表现，或者是哪些方面不适应，主要原因是什么？（注意追问移民不适应新的生产生活方式问题）

8. 对于移民的生计发展，你们有没有好的模式或者好的经验？如果有，请给我们简要介绍一下。

（二）街道办或社区干部访谈提纲

1. 你们这个点入住的移民有多少户、多少人？他们是从哪一年搬到这里来的？他们原来住在哪里？

2. 他们是整村还是部分搬过来的？如果是部分，一般都是哪些人搬迁了，为什么其他人没有搬？

3. 这个移民点是怎么定下来的？（为什么要将安置点选在这里？）

4. 您知道他们为什么要搬迁吗？您是否知道他们以前村寨的情况？（生态、资源、经济发展、交通等）

5. 他们的户口在原来的地方还是在现在的地方？他们在养老保险、最低生活保障等方面都享受什么政策？他们与当地人享受的政策是否相同？如果不同，请简要说说哪些方面不同？

6. 他们搬迁到这里后都从事什么工作？对于他们在这个地方的就业，你们提供了什么优惠政策？

7. 在生产生活方面，你们为他们提供了哪些服务？您觉得他们在生产生活方面最大的困难是什么？

8. 目前当地是否为移民提供生计发展的社会组织？比如像专业合作社之类的组织。政府对这些社会组织给予了什么支持？

9. 为了能够更好地服务于移民，从您个人角度出发，您希望政府从政策层面给予你们哪些方面的支持？

二、访谈记录

（一）关岭县

访谈记录一

访谈对象：关岭县生态移民局副局长李伟

访谈时间：2020 年 10 月 17 日

访谈地点：关岭县生态移民局

访谈者：贾效儒

记录员：潘光才

贾：您好，李局长，我们是安顺学院的教师，正在做一项关于易地扶贫搬迁移民生计发展的研究。我们先去了扶贫办，后来经扶贫办的人介绍就到您这儿来了。过来想跟您了解一下咱们县生态移民搬迁的一些情况，比如搬迁时间、搬迁规模及后续的一些做法等。

李：首先欢迎你们到我们县来了解我们的易地扶贫搬迁情况。从资金方面来看，县里按人均60000元投入规划。我们县2016年以来共有4691户、22140人搬迁，其中贫困人口占90%以上。从工程建设来讲，我们建了14个社区。

贾：安置方式主要是以无土安置为主还是以有土安置为主呢？

李：土地基本是没有的，搬到县城，我们只能给他们提供就业机会，本身县城土地资源就少，我们也分不出多的土地给他们。搬过来的一部分居民无法务工，只能在老家和搬迁社区之间两头跑，白天去老家种地，晚上回搬迁社区居住。

贾：建造扶贫搬迁社区大概投入了多少资金呢？

李：人均补助5.8万元。建房以小高楼为主，搬迁涉及全县每个乡镇，主要解决就业问题，以兜底保障最低生活。搬迁居民以外出务工为主，在本地打临工的容易三天打鱼两天晒网。我们针对在本地务工的搬迁居民设有专门的扶贫车间。在管理方面，省文件要求，1万人以上的社区成立街道办，同康、同心社区共有12000多人，准备在街道办设立副科级的服务中心。

贾：有没有想过引进物业来管理社区呢？

李：我们之前也是讨论过这个问题的，我们的小区移民是属于最贫困的群体，而且物业必须由社区居委会来管理，我们下一步准备慢慢朝这方面发展。

贾：我们提到这个问题，是因为我们看到县城里的移民社区是开放式的，存在很大的安全隐患。

李：我们安置社区配备了警务室，因为土地不集中，公路的两边都有小区，所以我们做不到搬迁社区只设立一个门口，只能加强警务工作，以确保搬迁居民安全。我们理想的搬迁社区最好由占比90%的农民组成，他们在搬迁的过程中及社区的日常运营中将采取亲戚朋友相互协助的方式，以促进社区的和谐与发展。同时，为了支持这些搬迁农民，扶贫工作也在逐渐地走向更加完善的阶段。

贾：3 到 5 年能适应都不错了。

李：对，这个急不来，我们打算用 10 年的时间来让搬迁居民适应这里的生活。

贾：我们在同心社区发现了几个工厂，同康社区这边有工厂吗？

李：工厂是给同心、同康社区共同设立的。目前，我们工厂正在进行招租工作，正在跟广东电子厂商谈入驻事宜。现在我们面临的主要是资金问题，一旦有了资金，就能引进外商，这样搬迁发展还是很快的。

贾：关岭县移民规划规模有多大？

李：建档立卡贫困户 4151 户、19670 人。

贾：李局长，还有个问题啊，就是基层工作各方面您应该都是很熟悉的吧，能不能谈一下干群关系情况？或者是您对易地扶贫搬迁过程中的干群关系有什么看法？

李：干群关系一直都没那么好的，我们做的工作得不到理解。在“十三五”前期，我们做的任何工作，搬迁居民都是独断专行，大都不理解。我们办事必须做到公平公正公开。对一个人或者一群人不管不问，都会得不到信任。比如给社区修建新路，他们就会以为你偷工减料，私吞工程款。所以我们必须做到公开透明。

贾：对的，我从事教师行业之前做了 10 多年的基层工作，也很能理解您所说的这个情况。那咱们社区的养老情况呢？

李：养老情况都是按照国家政策执行的，我们自己上门调查，给符合情况的家庭给予低保。

贾：那开展的技能培训这方面效果还可以吧？

李：关于技能培训，我最希望的是参与培训的工作人员能够把知道的全部讲出来给大家听，这样能让搬迁居民在就业方面更具优势。

贾：最后还得麻烦您一点事儿，给一点咱们县易地扶贫搬迁方面的资料。

您看可以不？李局长。

李：好的，没问题，等会儿我让小王给您送过来。

贾：好的，谢谢您了，李局长。

李：不客气。

贾：那好吧，我就了解这些情况，不打扰您了。

李：好的，欢迎你们常来关岭，多关心我们的工作。

贾：好的，再见，李局长。

李：再见，老师。

访谈记录二

访谈对象：百合街道办事处副主任罗中坚

访谈时间：2021 年 3 月 23 日

访谈地点：关岭县百合街道办事处

访谈员：贾效儒

记录员：田仁林

贾：您好，我们是安顺学院的师生，正在做一项关于易地扶贫搬迁移民生计发展的研究，今天到您这儿来主要是想了解同心社区和同康社区的有关情况。

罗：好的，老师。嗯，是这样的，同心、同康社区的总体规模为 2721 户、12819 人。

贾：那这两个社区后续发展得怎么样？

罗：结合“五个体系”，我们以就业为核心，解决了就业问题，但是为了实现高质量的就业，我们计划让居民能够拿到最低工资的 1.5 至 2 倍，以保障其基本生活水平。

贾：那你们具体都做了哪些工作？

罗：第一，我们每个月会进行一次劳动力排查，给生活能力或者就业能力不强的居民做培训，以提升他们的劳动水平。第二，我们有专门针对妇女和大龄老人的劳动车间。第三，我们有发展自己的产业，并且鼓励居民创业，给创业居民提供低价转租的铺面。

贾：那你们引导居民发展最大的困难是什么？

罗：社区居民只有部分发展起来了，而且工资水平都相对较低。有的也没有就业意愿。

贾：那你们是怎么解决这个问题的？

罗：我们长期致力于为居民推荐就业机会，来激发居民的就业动力。

贾：社区发展还有其他困难吗？

罗：搬迁社区嘛，高龄人口较多，不过我们有专门针对 60 至 70 岁老人的扶贫车间。

贾：什么样的车间？还可以适合老年人工作？

罗：是一个羽毛球加工的车间，后续我们还会引进更多这样的企业。

贾：社区里面的基础设施还可以吗？

罗：我们希望打造的是一个让居民不管走到哪儿都有可以休息的地方，所以社区内部配备了健身场所、老人活动室等。

贾：那可以的。另外，我想问一下，您知道县里哪个部门在具体管理易地扶贫搬迁工作吗？

罗：这个是生态移民局在管理。

贾：那扶贫办管什么？

罗：主要是项目扶持和建档立卡，而且扶贫办快要改成乡村振兴局了。

贾：是这样的，我去找过扶贫办的人，想要一些资料，他们没给我，说是资料太多，没有专门的归纳。

罗：对的，这个你要到移民局去才能有更加详细的资料。

贾：易地扶贫搬迁移民的发展和生计问题也是由移民局管理吗？

罗：不，这个具体落实是我们街道办在做，移民局相当于是领头的。

贾：好的好的，能给两个社区的一些资料吗？

罗：您来之前我打印了一份，您看一下。

贾：好的，谢谢您，给您添麻烦了。

罗：没事的，还辛苦你们跑一趟，以后有什么事儿再跟我联系。

贾：好的，感谢您的配合和帮助，再见。

罗：再见。

访谈记录三

访谈对象：百合街道办事处书记王尧

访谈时间：2021 年 3 月 25 日

访谈地点：关岭县百合街道办事处

访谈员：贾效儒

记录员：田仁林

贾：您好，王书记，我是安顺学院的老师，正在做一个关于易地扶贫搬迁移民生计发展的研究，过来了解一下情况。

王：您好，辛苦你们大老远地跑一趟。我也是刚到这里不久，我让熟悉这里工作的人来给你们说吧。

贾：好的。

王：你们过来调研主要是涉及哪些方面的问题呢？

贾：主要想了解一下同心、同康两个社区的情况。这两个社区都是移民社区吧？

王：是的。

贾：这是我们的公函，你们看一下。

王：好的。

贾：王书记，您老家是哪儿的？听您的口音不像是本地人。

王：我是内蒙古的。

贾：您大学是在这边上的吧？

王：是在云南大学上的。

贾：您到这儿工作有多久了？

王：快满一年了。

贾：一直是在这个街道办事处工作吗？

王：不，我之前是在生态移民局工作的，今天是到这任职的第四天。

贾：我们社区的入住率有多高？

王：社区太大了，还没有走完，现在还在进行低保检查。

贾：搬迁居民以前的土地是怎么处理的呢？

王：看居民自己的意愿，愿意流转的就由政府统一流转。

贾：那一亩地大概可以给到多少的流转费？

王：这个我不清楚，可能需要去移民局问才知道。

贾：土地的流转方式呢？

王：这个我也不太了解。

贾：搬迁居民到这边来是没有土地的吧？

王：这个是没有的。

贾：那他们搬过来以后，就业怎么办？

王：我们会给他们推荐就业岗位的。

贾：从维持社区居民后续生活的角度来看，你们对他们以后的生活有什么打算？

王：县里是有相对应的政策的。

贾：移民这个工作应该是移民局在做吧？

王：是的，移民局牵头，其他单位协助处理。

贾：咱关岭县是刚刚脱贫的吗？

王：是的。

贾：这儿以前的书记是谁呢？

王：（这里）原来的书记也是我们（生态移民局）的同事，由于眼疾，做完手术恢复不是很好，就换作我来任职了。

贾：搬迁居民对水费电费的接受程度怎么样？

王：搬迁居民以前在老家用的基本都是山泉水，不需要花费什么钱，用电的地方也不是很多，所以接受程度还是很低的。

贾：您到社区走访有什么感觉？

王：大部分都是老人在家，生活方面感觉还是可以的。

贾：我们现在主要关注留守儿童。

王：是的。

贾：您上大学学的什么专业？

王：学的环境科学。对了，访谈提纲填好了，你们看一下。

贾：好的，我们过来看到社区里面有个关岭县第三中学。

王：嗯，对的，是在这边，很近的，就在社区旁边。

贾：昨天去调研的时候，我们看到建档立卡上面的入股分红，这是怎么回事？

王：这是社区与外商的合作，以社区为单位分红。

贾：需要社区居民交钱吗？

王：不需要的。

贾：养老金还在交吗？比如现在搬迁居民可以去务工，等到老了应该怎么拿到收入呢？

王：这个我不是很清楚，不好意思啊，刚到这里对工作也还没摸透。

贾：哈哈没事的，你结婚了吗？

王：快了，本来去年就要结婚了，被疫情影响了。

贾：您女朋友在哪上班？

王：在市医院。

贾：那还可以的。

王：在呼吸科，主要是照料病人。

贾：养老金在发放的吧？

王：是的，60 岁以上的都按规定发放。

（以下的访谈对象虽然写的是王尧，但由于他初来乍到，不太熟悉情况，回答者是该街道办具体负责易地扶贫搬迁工作的同志，该同志也姓王。）

贾：养老金有多少钱？

王：这实际是与交的年限有关，今年是一个人一年交300元，往年是一年交100元。

贾：村民的土地流转是怎么办的呢？

王：按村集体流转，如果交给村民自己去处理，收益肯定不高，我们集体流转，收益更高。此外，我们会传授给他们种植等技术，进行规模化的管理。

贾：关岭有电商平台的吧？

王：有的。

贾：老百姓搬过来后，土地没有再种了吧？

王：全部流转出去了。

贾：一亩地大概可以拿到多少钱？

王：看土地的质量，最低都是一亩350元。

贾：搬迁居民以前的村庄有没有什么改造政策？

王：我们是把搬迁居民以前的房屋挖掉，用来种草，目前长势还可以。

贾：产业方面，社区有没有什么打算？

王：我们正在引进企业，主要是给在家带小孩的年轻妇女和年迈的老人提供就业岗位。

贾：我们对留守儿童是采取了怎样的措施？

王：我们经常会走访关爱他们，每到节假日，我们会发放一些社会捐赠的小物品。

贾：对外出务工者我们有技能培训的吧？

王：我们有电焊培训、家政服务培训等。

贾：培训有补贴的吗？

王：有的，参与培训的都有60元的补贴。

贾：培训的参与率高吗？

王：还是比较高的。

贾：我们社区提供就业途径了吗？

王：两周前，我们联合外面的企业搞了个招聘会，带走了很大一批居民外出务工。

贾：社区内部设立有医院吗？

王：有一个卫生院，其实对于社区居民来说，搬过来最方便的就是就医、上学这些方面，因为老家交通不方便。

贾：那环卫这一块呢？

王：由百合街道办事处牵头，统一打扫。

贾：搬到这边来的住户是怎么选择住房的呢？

王：采取的是抽签的方式，按人数来分配住房面积，每个人 20 平方米。

贾：我们社区是通过什么样的方式宣传国家政策的呢？

王：群众大会。

贾：一周能开一次吗？

王：事务多的时候是可以达到一周一次的。

贾：用在宣传政策方面的费用大概是多少呢？

王：这方面花费不多，因为我们都是开会宣传。

贾：社区面临最大的问题和困难是什么？

王：主要是社区内设施还不够完善，管理也没有形成一定的系统。比如无门岗，任何人都可以进来，社区的安全度不高。

贾：对农户有没有做党建方面的工作？

王：有的，社区分为两个支部。

贾：有对同康、同心社区的长期规划吗？

王：除了扶贫车间外，我们还准备建造一个养殖场。

贾：好的，那我们就不耽搁你们了，我们去移民社区了解具体情况。谢谢你们的支持和配合。

王：不客气，再有需要的地方随时联系我们。

访谈记录四

访谈对象：同心社区党支部副书记杨梅

访谈时间：2021 年 3 月 23 日

访谈地点：关岭县百合街道同心社区党支部办公室

访谈员：贾效儒

记录员：田仁林

贾：您好，我们是安顺学院的老师和学生，今天来到这里，主要是想向您了解一下同心社区的居民生活状况。

杨：老师您好，街道办事处已经通知过我了。

贾：好的，我们过来主要是了解扶贫搬迁移民的后续生活情况。

杨：除残疾外的居民都有低保兜底，居民自己也会去找临工。同时，社区还安排有保洁员的工作岗位，主要针对残疾者、老年人或者在家带小孩的年轻妇女，月工资在 1000 元左右。大部分青年在外务工，过年期间小区内车位往往供不应求，即使停满了，也难以满足需求。

贾：那还可以，针对维持扶贫搬迁移民的后续生活水平，你们是怎么做的？

杨：有两个正在运作的扶贫车间，主要做饰品以及飞机上使用的耳机。另外，我们百合街道办事处还投资了一个食品厂，由社区出钱，规模大概 1500 平方米。食品厂每年大概盈利 10 万余元，全部给社区居民分红。还有居民到生产净水设备的水厂做保安。

贾：那依然还有很多居民没有工作，你们怎么样让居民长久地得到生活保障的？

杨：每位居民都享有防灾保险，且还有针对性的临时救助措施。社区居民在参与合作医疗时，可以报销高达 95% 的医疗费用。

贾：这我了解的，我做老师之前也是在政府部门工作过的，很能理解你们的工作。你们的工作应该是很难做的吧？

杨：是的是的，有的居民很固执的，就待在家里面领取最低保障金。当社区工作人员上门劝说这类人去工作时，他们总是找借口推托，或是瞧不上那些小工作。我们在做民政工作时，时常有居民来要低保，说为什么别人有而他却没有；也有居民质疑低保户的真实性，觉得社区分发奖励存在不公平等问题。

贾：哦，那确实难办了，你们社区居委会的构成情况呢？

杨：我是街道办下派的副支书，包括支书在内的 8 个工作人员都是从搬迁居民中产生的。

贾：社区发展移民生计的途径和措施有哪些？

杨：其实大部分居民还是适应了社区生活的，有问题会主动找社区帮忙。我们社区是属于无地社区，不过社区内成立了百润公司，用于管理菜场、铺面，以 7:2:1 的利润来分到每户。由于 10 万元分到每人手上就很少，所以钱就集中用于基础设施建设和技术培训。

贾：你们社区内部情况怎么样？

杨：住户内部脏、乱、挤。我们社区工作人员基本每个月入户一次，发现有很严重的问题，有的老人上完厕所舍不得冲水，觉得浪费。我们社区内部有广播播报，提醒社区居民记得关水关电等。

贾：您这样说倒让我想起了一件事情，我在来你们这之前碰到一个居民，他说社区内停水，也没有个通知消息，修理时间也很慢。我是这样告诉他的："新社区供水供电较慢很正常，希望你们能理解。"

杨：对的，上次是那个水厂刚开始运营，水压控制不好，管子爆开了导致的。其实根据省文件，扶贫搬迁移民人口多的可以申请公租房，租金是每年 1000 元至 2000 元。

贾：政策还是可以的。社区内青年文化水平怎么样？

杨：社区内还是有很多大学生的，我们还准备给其中一栋楼取名为状元楼，因为那栋楼有很多大学生。我们这里的扶贫搬迁移民小区，有进取心的移民还是很多的，后续生活应该不成问题。

贾：好的好的，我也了解得差不多了，非常感谢您给我们提供的信息，我们就不打扰您了。

杨：好的，您后续有什么问题、需要我们帮忙的随时找我们。

贾：好的，再见，杨书记！

杨：再见，老师。

（二）剑河县

访谈记录一

访谈对象：剑河县易地扶贫搬迁指挥部办公室王主任

访谈时间：2021 年 3 月 31 日

访谈地点：剑河县移民局易地扶贫搬迁指挥部办公室

访谈员：贾效儒

记录员：张鹏飞

贾：王主任，您好，我是安顺学院的老师，我姓贾。今天来到这里，主要是想向您了解一下剑河县易地扶贫搬迁的情况。

王：好的，贾老师，您有什么想要了解的我都会告诉您的。

贾：好的好的，我们过来主要是了解咱们县易地扶贫搬迁的情况。

王：好的，贾老师。我们剑河县从 2015 年 12 月开始进行易地扶贫搬迁的相关工作，在 2016 年和 2017 年进行了易地扶贫搬迁。我们共有 4 个安置点，其中 3 个在县城，1 个在集镇，另有 496 户、2229 人搬迁去了凯里的安置点。县城的 3 个安置点为馨怡社区、思源社区、幸福社区，其中，馨怡社区安置 836 户、3600 人，思源社区安置 1064 户、4800 人，幸福社区安置 1945 户、7095 人，均为无土安置。集镇安置 106 户，421 人，为有土安置，土地距离安置点 1000 米左右。

贾：那还不错的，县委、县政府是如何保障扶贫搬迁移民相关工作有序落实的呢？

王：为了贯彻落实中央和省里的文件精神，把易地扶贫搬迁工作执行下去，县里成立了由县长、县委书记担任总指挥的易地扶贫搬迁指挥部，由分管的吴副县长担任副总指挥，移民局局长专门负责咱们剑河县的易地扶贫搬迁工作。为了落实好易地扶贫搬迁的后续工作，县里成立了 7 个工作专班，专门负责易地扶贫搬迁的各项后续工作。

贾：现在群众搬迁到了安置点，县里做了哪些工作让群众稳得住？

王：为了让搬迁群众稳得住，我们在社区里设置了社区服务中心、社区医院、保卫室、就业服务中心，在社区附近设立了小学、幼儿园。为了方便群众出行，我们在每个社区内都设立了公交站点，并且引进了 7 家扶贫车间，有电子厂、食用菌加工厂、刺绣坊、制衣厂等等，附近学生的校服就是由这个制衣厂制作的。安置点楼下的门面都是以优惠价格优先出租给搬迁户，让他们做生意。

贾：目前搬迁户后续发展的最大困难是什么？

王：最大的困难就是搬迁群众土地的流转问题，搬迁户的田地一般都处于山高坡陡的地方，零星分布并不连片，产业发展难。许多搬迁群众的土地都被闲置，流转困难。

贾：县里是如何加强搬迁群众的凝聚力并引导他们转变为新市民的？

王：我们会在节日开展集体活动，让搬迁群众走出家门进行交流，加强群众之间的凝聚力。在卫生监管方面，我们采用楼长负责制，由居民选出楼长，楼长和保洁员包片负责区域卫生。同时，开办农民夜校，对搬迁户进行卫生习惯宣传，不定期搞全社区的大扫除，大扫除后搞一次聚餐，在宣传卫生文明习惯的同时加强社区居民的凝聚力。

贾：这个办法还可以。同时，我也注意到仰阿莎街道办事处离我们的扶贫安置点有点远，在管理上是不是会有不方便的地方？

王：我们县的情况是，整个县城城区只设有仰阿莎一个街道办事处，3 个易地扶贫安置小区所在的居委会由这个街道办事处管辖。根据省里要求，安置点有 1 万人及以上才可以设立街道办事处，上述的 3 个安置点在规模上达不到省里的要求，因此，3 个安置社区都由仰阿莎街道办事处管理。每个社区都配备 15 名管理人员，每 50 户配备 1 名网格员，这样的配置基本能够满足当前社区的管理要求。

贾：现在有没有县城居民看不起搬迁户的情况？

王：这倒没有，现在我们县里有许多农村的居民，为了方便孩子在县城读书，都在县城租了房子，所以这个情况是不存在的。

贾：我进小区的时候看到小区里有很多年轻人在打麻将，关于这些人的就业问题，县里打算如何解决？

王：现在县里面临最大的一项问题就是解决就业问题，即消化失业人口。我们县促进就业的主要政策是积极推动劳务输出，鼓励劳动人口外出打工以解决就业问题。同时，对有创业意向的年轻人进行政策资金等方面的扶持。在集镇上的搬迁户，他们是有土地的，主要收入来源是务农，其他 3 个安置点都是无土安置。

贾：好的好的，我也了解得差不多了，非常感谢您给我们提供的信息，我们就不打扰您了，我们还得去仰阿莎街道办事处一趟。

王：好的，您后续有什么问题、需要我帮忙的请随时联系我。

贾：好的，谢谢王主任，再见！

王：再见，贾老师。

访谈记录二

访谈对象：剑河县仰阿莎街道办事处姚主任

访谈时间：2021 年 3 月 31 日

访谈地点：剑河县仰阿莎街道办事处

访谈员：贾效儒

记录员：张鹏飞

贾：姚主任，您好，我是安顺学院的贾老师，这是我的学生张鹏飞。今天我们来到您这里，主要是想向您了解一下仰阿莎易地扶贫搬迁的情况。

姚：好的，贾老师。

贾：我们主要想了解 3 个易地扶贫搬迁安置社区后续发展存在的最大问题。

姚：3 个安置社区后续发展存在的最大问题是，社区附近稳定的就业岗位几乎没有；县里的工业园岗位不够，且待遇偏低；搬迁群众更愿意去外地务工，但有的家里有老人和小孩就无法出去务工，他们的收入偏低。如果能解决就业问题，发展会好很多。社区里的扶贫车间主要生产手机充电器和变压器以及纺织品等，但这些工作的收入也偏低，最多能挣个吃饭钱。社区居委会没有钱办事，物业管理也会成为问题。搬迁的前 3 年，社区的物业管理都由政府负责，现在是第二年了，再过一年，政府就放手了，我们也很头疼物业管理的这个问题。

贾：我们在进行问卷调查的时候，有的群众说承诺的钱没有给到位，这是什么情况呢？

姚：该给的钱都是给了的，移民搬过来的时候需要把老家的房子拆了，每人要交 2000 块钱，这样每人就有 20 平方米的居住面积。但有的群众不愿意来，老屋被拆觉得很心痛。我有个老乡，花了 20 万新修了个房子，后来他转手卖了房子得了 4 万块钱，并搬到这里，这样他心里面就会有落差。

贾：现在是不是还有很多人的习惯没有改过来，还想回老家住？

姚：是的，很多老人有故土难离的情结，还有的人觉得来了这边没有耕地，买个菜还需要花钱，心里不踏实。住了一段时间后，现在很多人适应了，还是觉得这里好，让他搬回老家都不愿意了。

贾：安置点的居民和城里的居民交流多不多？

姚：我们这个安置点离城区有一定距离，相对来说比较独立。馨怡社区那边要好一点，那边是和城里的人们混住，交流比较多。

贾：对于有创业意愿的移民，你们有什么优惠政策？

姚：安置点这里的门面是优先以优惠的价格租给搬迁群众做生意的，一般都是社区内的居民消费。但是门面的数量有限，很多居民租不到，与凯里安置点的门面数量相比，我们这边的门面太少了。

贾：现在城里的居民会不会歧视搬迁户？

姚：目前来看这个问题不大，但如果以后安置点发展不起来的话就是一个很大的问题，需要通过就业创业来解决。搬迁满 3 年后，政府就不负责物业管理了，生产生活卫生等方面的问题就需要搬迁群众自主解决。

贾：把他们从农村居民变成新市民的过程中，有哪些问题？

姚：这个问题太多了，首先就是卫生方面，搬迁群众在农村养成的卫生习惯根深蒂固，想要改正需要较长的时间。搬迁前我们给搬迁群众宣传的是，搬过来后迁不迁户口，全凭自愿。搬过来后，几乎没有群众把户口迁过来，大多数群众都不愿意迁，现在是给他们办理了市民证。

贾：好的好的，我们也了解得差不多了，非常感谢您给我们提供的信息，我们就不打扰您了，姚主任。

姚：好的，您后续有什么问题随时联系我。

贾：好的，再见，姚主任！

姚：再见，贾老师。

访谈记录三

访谈对象：剑河县思源社区居委会纪书记

访谈时间：2021 年 3 月 31 日

访谈地点：剑河县思源社区

访谈员：贾效儒

记录员：张鹏飞

贾：纪书记，您好，我们是安顺学院的老师和学生，我姓贾。今天来到这里，主要是想向您了解一下你们这个社区易地扶贫搬迁的情况。

纪：好的，贾老师。

贾：好的，谢谢！请问咱们居委会在进行社区管理时的困难多不多？

纪：起初，我们面临的主要挑战是安全问题，以及群众对社区缺乏归属感和凝聚力。为了增强群众的社区认同感，我们精心策划并实施了一系列活动，改进了宣讲方式，并积极为群众提供帮助。这些努力逐渐使得群众对社区有了更深的认同。然而，随着工作的深入，我们遇到了新的问题：当活动不再附带钱粮物资等福利时，群众的配合度明显下降。工作人员在上门走访时，常遭遇群众的不耐烦态度，即便他们在家也拒绝开门，这种情况着实令人感到无奈与恼火。

贾：街道办和县里都给搬迁群众提供了哪些福利呢？

纪：油、盐、米、面这些生活物资就不用说了，搬过来的群众每个人都有1500元的安家费，县工会还给困难职工提供了500元的帮扶补贴。现在很多人觉得扶贫的力度大，依靠扶贫的思想重，有的搬迁群众打那种轻松的零工，一个月的工资有一两千块钱，再加上各种补贴，一个月下来就有五六千元的收入。这样对其他人的积极性打击很大，他们辛辛苦苦打工挣钱还不如一个闲汉挣得多。

贾：社区里面开展了哪些文体活动呢？

纪：活动种类可不少呢，包括吹芦笙、跳广场舞、唱侗歌苗歌等文化艺术类活动，还有乒乓球赛、篮球赛和羽毛球赛等体育竞技类活动。这些活动刚开始时效果非常好，但后来连购买服装和道具的经费都出现了困难，我自己还垫付了一部分资金。按理说，这些费用应该由县文广局承担，毕竟这些活动都是为了支持搬迁群众的文化生活嘛。另外，举办活动和存放物资也需要场地，我们已经提交了申请，但资金和场地的问题一直没能得到解决。搬迁群众对此意见很大，他们抱怨说："当初动员我们组建各种队伍进行彩排，现在怎么连活动都没有了，这不是在逗我们玩吗？"现在，我们急需场地、资金以及专业的老师来进行培训。

贾：搬迁群众到了这边，你们是怎么引导他们转变生活、卫生等习惯的？

纪：这一点也是我们头痛的地方。我们组织宣讲活动时，如果没有发放礼品，他们往往不愿意参与，即便来了也可能心不在焉，有的甚至听着听着就打起了瞌睡。不过，在社区不定期组织的大扫除活动中，我们社区的卫生状况总体还算良好。另外，在丧葬习俗方面，老人们更倾向于在农村老家进行土葬。然而，在县城这边，葬礼只能到殡仪馆办理，相关费用相比农村要高出不少，同时，县城附近的墓地价格也较高。相比之下，如果葬礼在农村老家举办，不仅可以在家中进行，而且墓地费用也会少很多。这种习惯的转变，确实需要相当长的时间来逐渐适应和接受。

贾：现在安置点居民外出务工的多不多？

纪：社区里面多数劳动力都外出打工了，留在家里的一般是老人和孩子。真正想出去打工的还没到正月十五就已经出去了，有些懒的人就一直拖，一开始说过完正月十五就出去打工，十五过完了说二月二再去，再后面又说是清明节过了去，一直在家里耍到下半年才出去打两三个月工，然后又回来了。

贾：我进社区的时候看到绿化的草坪已经快被踩完了，社区在物业方面是如何进行管理的？

纪：现在物业方面的费用是由政府来承担，小区内的电梯由县里的一家公司维护，每栋楼都配有保洁人员打扫公共区域的卫生。我们从搬迁群众中征集了一些人来对小区进行夜间巡逻，每人每月有三四百块钱的补贴，这些费用都是由政府来出的。但是政府只出三年，今年是第二年，再过一年政府就不再负责了，之后物业费的收取也是个大问题。我们考虑成立业主委员会，让搬迁群众参与社区管理当中。

贾：这也是一个不错的工作思路！好的，纪书记，时间关系，今天就和您先谈到这里，我们还要访谈一些移民，就不打扰你们了。我们这几天都在这里调研，有不懂的地方再来向您讨教。

纪：好的，谈不上讨教，您后续有什么问题随时联系我们。

贾：好的，再见，纪书记！

纪：再见，贾老师。

访谈记录四

访谈对象：剑河县五河村村委会熊主任

访谈时间：2021 年 3 月 31 日

访谈地点：剑河县五河村

访谈员：贾效儒

记录员：张鹏飞

贾：熊主任，您好！我们是安顺学院的老师和学生，仰阿莎街道办事处的工作人员介绍我们来您这边的，我们想了解一下咱们五河村的一些情况。

熊：安顺学院啊，我家外甥就是安顺学院毕业的！

贾：这么巧！这说明您跟我们学校真是有缘分呀！是这样的，熊主任，我们在做一项关于扶贫搬迁移民发展情况的调查。听说你们村没有搬迁，过来想了解一下具体的情况。比如，我进村的时候看到这里的村民房子修得不错，他们会在这山上花费好大的力气修房子，为什么要这样做？

熊：我们村外出务工是主要的收入来源，有1000多户人家，主要是老人和小孩在家。小学离村子很近，以前学生挺多的，后面村里多数人为了孩子能在县城上学，都到县城里租房子了，现在只有200多个学生了。在村里，修房子一般费用会超过20万元，一般是修个四五层楼，高的修十层楼的都有。村民的观念都是，在外打工挣钱后就回来修房子，等老了就回老家种地养老，有些家里装修得比县城还好，建房所需的一砖一瓦靠肩扛马驮运进村子。

贾：我一路走进来发现，大部分房子的外墙都是墙砖露在外面，这是为什么呢？

熊：县里可能会给房子统一粉刷，今天我去镇上开会，会上就提到以后五河村就是剑河县的后花园，要发展民宿特色旅游业，把房子弄成布达拉宫的形式，在屋顶上安装尖塔。

贾：为什么在修的时候不统一规划好呢？

熊：资金不够，而且管理水平达不到嘛，像外地的想修房子都是先申请，审核通过了才能修，修出来还要符合规定。没有统一修建的要求，村民想怎么修就怎么修，有钱就修高点，没钱就修矮一点。以前村里都是木屋，挨着修的，万一出现火灾，一把火就会烧成一大片。每个人都有自己的想法，有些人喜欢去县城带娃娃上学，买东西也方便；有些人觉得城里消费高，一个月水电费都是100多，吃点青菜还要花钱买，在村里水电费也就十几二十块钱。打个比方，要是我有钱，我就去凯里、贵阳，去北京，没有钱了嘛，有什么办法。

贾：村民修房的钱是怎么来的？

熊：主要就是靠打工，夫妻俩出去打工，在广东建筑工地做活路，两个人一天能挣三四百块钱，省吃俭用五六年，就有钱修房了。家里上有老下有小的，没办法嘛，有时候要留一个在屋头照看，收入生活这些就要差一点。

贾：我从村口走到村委会发现，村里的条件确实挺艰苦的。

熊：现在比以前好多了，原来没有桥，过河只能靠轮渡，每户每年都交轮渡费。轮渡工作人员每天下午六点下班，下班以后人们想进城买东西或者看病都不得行，2018 年桥通了以后才方便了许多。村干部，比如我，以前一个月就 2000 块钱，现在有 3000 多元。但是出去打工的比我们在村里挣得多了。以前管得没这么严，村主任、支书还可以出去打工，现在不行了。

贾：熊主任，您对村子未来的发展有什么打算？

熊：能有什么打算，钱都没有，一年就 2 万多块钱经费，要召集护林员、村民组长开会，要买纸买水买各种办公用的东西，这些花销下来一年都不止 2 万块。

贾：哦，时间不早了，我们还得赶回县城，今天就聊到这里，以后有机会再来向您讨教，熊主任。

熊：好的，吃了饭再走吧。

贾：不吃了，我们还得赶回县城，再见，熊主任！

熊：再见，贾老师。你们以后有什么事情需要我们帮忙的可以随时联系我们。

贾：好的，熊主任，再见！

（三）威宁县

访谈记录一

访谈对象：威宁县生态移民局易地扶贫搬迁指挥部办公室周主任

访谈时间：2021 年 4 月 6 日

访谈地点：威宁县生态移民局易地扶贫搬迁指挥部办公室

访谈员：贾效儒

记录员：田仁林

贾：您好，我是安顺学院的老师，我们这次来是想向你们了解一下易地扶贫搬迁社区的基本情况。

周：啊，你们是安顺学院的呀，那是我母校呢。

贾：哎呀，这么巧呢，你在那里读书的时候学校是叫师专还是学院呢？

周：叫学院，我 2009 年毕业的嘛。

贾：你以前是学哪个专业的？

周：学的语言文学。

贾：那是现在的汉语言文学，属于人文学院。

周：是吗，好久都没到母校去过了。

贾：那欢迎您常回母校看看。对了，咱们县这个易地扶贫搬迁是从什么时候开始的？

周：是从 2015 年底开始的。

贾：是 2019 年结束的是吗？

周：全省基本都是 2019 年结束的，我们威宁县是去年（2020 年）8 月底结束的。

贾：那我们搬迁居民有土安置的多吗？

周：到这边是没有土地的，不过搬迁居民中 50 岁左右的居民间歇性地回家种田的比较多。

贾：那我们威宁县有就近搬迁的吗？

周：全部都是从农村搬迁到县城的。

贾：距离老家不远的，会不会回老家种地，种完再回县城的呢？

周：这种现象是有的，比如到了春耕时间，居民会回家 10 来天，种完地再回来。

贾：那搬过来之后老家的土地是怎么处理的？

周：由企业统一流转经营，或者租给未搬走的村民。

贾：寨子里全部都搬出来的土地怎么处理呢？

周：这个由乡镇出面处理，给予每亩 240 元的补贴。

贾：我们威宁县共有多少个安置点？

周：7 个安置点，4 个社区。

贾：这 7 个都是纯粹的移民社区吗？

周：这倒没有，里面还有县城的原住民，但我们正在考虑把原住民与搬迁居民分开。

贾：我觉得还是不分开最好。但你们为什么要考虑分开呢？

周：主要是社区内居民太多了，两个社区加起来有 30000 多人。而且原住民跟搬迁居民基本没什么交流。

贾：是的，搬迁居民和县城原住民搞出界限也是个问题。我们的安置点是在哪里？

周：主要在工业园区那边，也靠近县城，比远离城区的其他小区要好很多。

贾：我在剑河时，到过两个移民社区，里面的基础设施如医院、幼儿园都很齐全。

周：其实你发现了吗，现在人们之间的关系比较淡漠，有时候连自己的对门都不一定认识呢。

贾：我主要是担心原住民会歧视搬来的居民。

周：是这样的，省里要求在 2035 年让搬迁居民融入城市生活中来。移民只能通过时间来慢慢适应城市生活了。

贾：安置点有专门的街道办吗？

周：那没有。

贾：关岭县专门为搬迁居民设立了街道办。你们这边的移民区有吗？

周：主要是我们这边每个搬迁安置点都有县城的原住民。

贾：4 个社区距离这里不远吧？

周：不远，就几千米的路程。由于搬迁安置点的人太多，所以我们设立了自管委来管理。

贾：怎么个管理法？

周：以 3000 至 5000 人为单位成立自管委。

贾：那自管委的薪资报酬由谁来解决？

周：由县政府拿出资金发放。

贾：自管委是从什么时候开始管理的？

周：去年的 6 月份开始的。我们也在准备撤掉自管委，建立社区。

贾：是的，听你这么说，搬迁安置点并不好管理，还是建立社区好一点。

周：是的，自管委的付出与收获不算成正比，所以自管委的人员组成不是很稳定。

贾：就算建立社区后，把正式人员招过来，人员还是不够。有没有想过给他们引进物业管理？

周：这个已经是有了的。

贾：那物业费由谁来出呢？

周：目前由县政府来经营并给予物业报酬。

贾：这样可不是很好呢，就没想过让住户自己承担物业费吗？

周：首先，搬迁居民并不适应这里的生活方式，我们计划是到 2025 年再由他们自己来承担物业费。

贾：那有可能会产生很大的问题呢，政府一直给他们承担物业费、电梯维修费等，过几年突然让他们自己承担物业费，他们会有抗拒心理的。

周：是的，这个是避免不了的嘛，只能是一步步地来。

贾：这倒也是！哦，对了，我们想更全面细致地了解情况，您这边可以提供一些移民搬迁的资料吗？

周：没问题的，您稍等，我找给您。

贾：好的，谢谢您了。感谢您对我们的支持与帮助，那就不打扰您了。

周：不客气，老师。欢迎您常来我们县，多给我们工作提出宝贵的意见和建议。

贾：肯定还会来的，再见，周主任！

周：再见，老师！

访谈记录二

访谈对象：威宁县雄山街道办事处易地扶贫搬迁办公室顾主任

访谈时间：2021 年 4 月 7 日

访谈地点：威宁县雄山街道办事处

访谈员：贾效儒

记录员：田仁林

贾：您好，我是安顺学院的老师，我们来这里是想了解一下你们易地扶贫搬迁移民的发展情况。

顾：老师，您好！我们领导跟我大致说了一下。

贾：昨天你们办公室的领导说，您对易地扶贫搬迁工作这一块儿比较熟悉，所以就到这儿来找您了。

顾：我需要提供哪些资料给您呢？

贾：把您最近三年的工作报告给我一份可以吗？

顾：好的，我等一下找给您。

贾：在移民搬迁过程中您具体是做什么工作的？

顾：我是易地扶贫搬迁办的主任。

贾：那雄山易地扶贫搬迁安置点是在哪里呢？

顾：就在这旁边，分为小康馨区和富康馨区两个安置点。一共 2333 户、12400 余人。

贾：附近有哪些基础设施呢？

顾：街道对面是五里岗小学，还有第七小学、五里岗幼儿园和三中都在这儿。

贾：嗯，那还不错。那搬迁居民是从什么时候正式入住的？

顾：我们威宁县是从 2017 年年初开始正式进行搬迁工作的，大部分集中在 2017 年和 2018 年这两年住进来。

贾：你们的搬迁时间是不统一的对吧？

顾：是的，不一样的。

贾：您觉得他们搬迁后面临最大的困难是什么？

顾：主要是就业问题。虽然我国规定的劳动力年龄范围是16周岁至60周岁，但是搬迁对象以弱势群体居多，比如50岁左右的人也属于劳动力，但一般厂房不招收这一类人员。

贾：除此以外还有别的难处吗？

顾：还有就是我们没有足够的人手帮助解决住户遇到的生活问题，特别是搬过来之初，我们工作人员得先解决好这一户的问题才能到下一户帮忙解决问题，所以进程会比较缓慢。政府为住户承担物业费，但物业没有为住户解决社区设施方面问题的义务，这就是与其他物业公司的区别。

贾：这样长期下去也不是个办法，政府也做不到一直拿出财政资金为他们承担物业费，得慢慢让住户自己承担物业费。

顾：是的，下一步我们也打算让住户自己承担物业费。

贾：小区电梯楼多吗？

顾：全部都是电梯楼。

贾：那更麻烦了，一年的电梯费也是很大的一笔开销啊。

顾：是呀，刚开始易地扶贫搬迁小区是不能修建高楼的，2013年国家文件批准搬迁小区建高楼。在我们搬迁小区楼房竣工之后才出台禁止搬迁小区建高楼的文件。所以我们搬迁小区都是电梯楼。

贾：他们搬过来之后就业问题是怎么解决的？

顾：我们先是统计住户劳动力人口，并劝说青年外出务工。不具备外出务工条件者，推荐其前往附近的蔬菜基地上班，日工资80元，每月工作满22天者，政府每日补贴20元，愿意前往蔬菜基地上班者，政府组织公交车每日接送以鼓励就业。

贾：公交车每日接送也不是长久之计啊！

顾：对的，我们打算等住户自己学会坐公交车之后撤销这一服务，并在小区外的道路也设立公交站台。

贾：这附近还有其他的工厂吗？

顾：还有代理服装厂、生产风力发电机扇叶的厂家以及一个菌类种植基地。

贾：那附近就业还可以吧。搬迁居民这么多，工作人员怎么能管理到位的呢？

顾：我们推行楼长负责制，500户至700户设立一个楼长，楼长会定期入户观察搬迁居民家庭各方面的情况。

贾：这些工作人员有报酬吗？

顾：由政府从财政资金里出，每人每月2500元。

贾：楼长是怎么选出来的呢？

顾：是从住户群里推选出来的，被推选的人文化层次相对比较高。同时，我们在楼长下一级设立网格小组长，网格小组长可以由在家带孩子的妇女等担任，月薪600元。相当于我们有四个体系：街道办—居委会—楼长—网格小组长。

贾：这相当于一个乡镇的体系了。你们在引导他们搬迁方面做了哪些工作呢？

顾：自愿签合同搬到县城的，我们大力支持。不愿搬到县城的，我们同样给他们办理市民证，把他们的农村低保转移成城镇低保。

贾：对于日常的行为规范、道德规范，你们又做了哪些工作呢？

顾：楼长会定期发放相关知识手册，我们办事处工作人员更是大力关注精准扶贫对象。

贾：还有一个潜在的问题，不知道您是否发现了，随着家庭人口增加，人均住户面积好像还不足20平方米。

顾：是的，我们也在关注这个问题，但暂时还没有很好的解决办法。

贾：好的，那搬迁居民老家的土地怎么利用呢？

顾：我们把其旧房夷平，对其宅基地再次利用，对其耕地优先考虑流转。

贾：好的，非常感谢您提供这么多信息。

顾：您能到我们这个地方开展工作已经是在帮助我们了，我们也感谢你们！

贾：我想到你们的移民小区转转。

顾：好的，贾老师，我带您到小区去看看吧。

贾：好的，再次感谢您。

顾：没关系，我们走吧。

贾：好的。

访谈记录三

访谈对象：威宁县五里岗街道五里岗社区党支部杨书记

访谈时间：2021 年 4 月 7 日

访谈地点：五里岗社区居委会服务大厅

访谈员：贾效儒

记录员：田仁林

贾：您是这里的书记吧？

杨：是的。

贾：请问您贵姓？

杨：我姓杨。

贾：杨书记，这个社区里的居民全都是易地搬迁来的吗？

杨：对的，这里面都是。

贾：是这样的，杨书记，我们正在做一项调查，大致是关于移民搬迁后的生计发展的。我们第一个到的点是安顺市的关岭县，第二个到的点是黔东南州的剑河县，威宁县是我们调研的第三个点。

杨：好的好的，我需要为你们做什么？

贾：你们这里的住户是哪一年搬过来的？

杨：差不多都是 2017 年搬迁过来的。

贾：大概有多少人搬迁到了这里？

杨：667户、3517人。

贾：搬迁方式是整个村都搬过来呢，还是村里的个别住户搬过来？

杨：一般都是一个村的个别住户或一部分住户搬过来。

贾：搬迁涉及面有多大？

杨：涵盖威宁县的29个乡镇，一般都是由于地质灾害搬过来的。

贾：我们这儿精准扶贫户多不多？

杨：一共有570户、3051人。

贾：大家搬过来后是通过什么途径维持生活的？

杨：就业。

贾：怎么让他们就业的？

杨：主要是提供就业信息，让他们外出就业，有700多人在外省就业。其次是通过我们周边的工业园区，有针对老年人就业的蔬菜基地。

贾：那在本地务工的收入怎么样？

杨：收入那是参差不齐的。

贾：月收入最高能达到多少？

杨：像那种技术工种的活，收入大概在4000元至5000元。

贾：一般的收入有多少？

杨：像在厂房上班的普通工人，工资大概是3000多元。

贾：居民搬迁到这之后，老家的土地怎么处理呢？

杨：一部分流转，一部分自家耕种。其实自家耕种的收益并不高。

贾：您觉得从2017年以来对小区住户进行管理有哪些困难？

杨：第一是阳光馨区住户来自不同的地方、不同的民族，他们的各种习惯也都不一样。第二是刚搬过来的老年人，很多都不会按电梯、冲马桶，家里的很多电器也不会用，需要我们社区工作人员进行教学。

贾：现在还有人想回老家居住吗？

杨：基本没有了，想回老家的主要是上了年纪的老人，他们很难适应这里的生活。

贾：小区住户主要是由哪些民族组成的呢？

杨：主要是苗族、彝族、仡佬族、回族，还有少量的穿青人。

贾：这里比较有民族特色的可能就是苗族和回族了吧？

杨：是的，保留得还可以。

贾：还有一个问题，领取兜底保障金的居民好管理吗？

杨：领取兜底保障金的居民大多是老弱病残者，管理起来是很方便的。

贾："两不愁三保障"还在进行吗？

杨：我们经常走访观察住户的家庭情况，了解他们的就业情况，还有就是看有没有老弱病残者。

贾：说到管理，社区居委会现在有多少工作人员？

杨：目前有 7 个人。

贾：那你们是怎么管理好社区里这么多人的呢？

杨：我们社区内部设有 4 个楼长，我也负责了两栋楼。

贾：设立这个"楼长制"又是采取怎样的方式管理的？

杨：就像刚刚说的，我们会经常走访小区住户，时刻掌握居民情况。

贾：这样做好是好，不过是治标不治本，你想，政府要是把替居民承担的物业费等费用取消了，住户会怎么想？

杨：确实这也是个问题，不过当前也只能按照这个方法来做。我们的保洁员费用是由工业园物业公司来发的。

贾：哦，是这样的。我也认为尽早成立自己的物业公司是最好的，小区设施出现什么问题解决也快。

杨：是的，之前有个领导也说了，让我们着手成立一个物业公司。对我们基层干部来说，成立物业公司也为我们工作减少了很多麻烦。

贾：还有一个问题，政府撤掉对住户的垫资后，很多费用都得住户自己解决，你觉得他们到时候会理解吗？

杨：这个是迟早要面临的问题，不过带来的麻烦就大了。

贾：我之前在关岭调研的时候，关岭移民工作人员告诉我，他们已经在发愁物管问题了，而且很多住户不愿意配合。

杨：是的，你看像我们这个居委会，本来就没什么集体资金，涉及住户下水道堵塞之类的事情，我们都得掏钱替他们解决。

贾：自从2017年搬到这里来，住户的生活习惯改变得怎么样了？

杨：有一些住户改不了一些旧习惯。针对这一群体，我们长期入户开展工作，协助他们转变生活方式。在开展这些工作时，我们遇到过一个住户说，“我天生就是懒人，我不能工作”。

贾：针对这一类人你们是怎么开展工作的？

杨：举办群众会、安全生产知识讲解会等，此外，我们也会进行卫生评比活动。

贾：卫生评比活动可以给予适当的奖励，激发他们注意卫生的主动性。

杨：有的，我们有适当奖励的。

贾：我们学校有两个老师在关岭县沙营镇路支村驻村帮扶的时候，在那儿开了一个道德超市，住户家里卫生搞得好就可以获得积分，住户可以用一定的积分在超市兑换日常物品。对于这个“楼长制”，我给你个建议，你直接管理楼长就可以了，楼长下的住户给楼长管，这样你就轻松许多了。

杨：嗯，那可以啊，我们内部是有小组长的。主要是有个问题，开会取得的效果不高，因为参会者多半是老年人或者带小孩的妇女。

贾：这样，你可以趁着春节前后，年轻人都在家，把重要精神、主要思想给他们传达一下。

杨：你这倒是个好办法，可以试一下。我们在入户走访的时候，有的老年人不仅不清楚子女的电话号码，更不清楚子女在哪儿务工。

贾：在外务工的有自主创业的吗？

杨：有在云南承包土地经营的年轻人。我们基本上都是通过电话交流，而且他们也挺配合我们工作的。最难管的是没有工作、整天闲逛的年轻人。

贾：最怕这部分人成为无业游民，存在潜在隐患。

杨：是的。我们这儿有一对很倔的两口子，非得要在一起上班。

贾：这工作可不好找，首先能力水平都不一样，再说选择范围本来就不广。现在我们社区居民的生活有困难吗？

杨：主要是年龄大的人，没有工作就没有收入来源，在城市无法就业，维持基本生活就成了问题。为了扩大就业，政府组织居民到附近的蔬菜基地上班，并安排公交车接送。

贾：从长远看，你觉得社区居民存在无法维持生活的问题吗？

杨：没有，基本都可以找到工作。只是有些住户在我们工作人员入户调查的时候，会把自己说得很穷。比如上一次我陪同县纪委入户调查，一个男子说自己近几年没有任何收入，一直在家带孩子。但他是有班上的。如果不是我清楚他的工作情况，那纪委就会以为这一户的生活存在很大困难。

贾：对啊，我在关岭做调研的时候，在移民社区内调查的第一个人就有点胡说，我急忙抓住他以孩子为傲的线索，顺着夸他教育得好，后面他才敞开心扉地配合我们调查。

杨：是的，要掌握住户的心理。

贾：你们面对弱势群体都有哪些做法呢？

杨：我们都会尽量给他们安排工作。有一位女性，自身残疾，老公已故，独自带4个孩子。我们立马给她安排了保洁员的工作，加上政府补贴，她每个月可以拿到4000多元的工资。

贾：那还可以。这门口的车都是住户的吗？

杨：大部分是，小部分是一楼商铺老板的。

贾：好的，我们就聊到这里。杨书记，打扰您了，谢谢您的支持与帮助。

杨：您客气了，这是我的本职工作。

（四）大方县凤山乡栖凤社区幸福二村

访谈记录一

访谈对象：大方县凤山乡栖凤社区幸福二村自管委主任助理周小军

访谈时间：2021 年 4 月 9 日

访谈地点：大方县幸福二村

访谈员：贾效儒

记录员：张鹏飞

贾：周先生，您好，我们是安顺学院的老师和学生，过来是想了解一下咱们村移民搬迁过来后的生产生活情况。

周：好的，您请讲。

贾：好的，谢谢。您家的日子过得很不错嘛。

周：这个也是看个人怎么做了，如果搬过来后就偷懒，什么都不做，日子怎么能过得好。我们这个村有 60 户人家，有 400 多人在村边的大棚里工作，现在这个季节种圣女果，能卖三块钱一斤（1 斤 =500 克），到了冬天种羊肚菌，每斤六十块，有一个公司专门负责种植和销售。

贾：搬过来以后村民原来的土地是怎么处理的呢？

周：都流转出去了。现在居民一般都是在村边的大棚里打工或者外出务工，收入最多的一家，有 8 口人，大都在外打工，一年能有 20 多万元的收入；收入最低的人家，一年也能有两三万块钱。

贾：刚刚我和隔壁那家主人聊了会儿天，他说他们家困难得很，大儿子还没成家，小儿子手断了，他们在外面打工一个月只有两三千块钱，你是自管委主任助理，对他们家的情况了解吗？

周：他儿子是在广东那边打工，一个月只有两三千块钱，不可能嘛。他大儿子之前在外面认识了个女的，两个人孩子都有了，应该是女方那边不同意，女方把娃娃带走了，两个人也没有结婚证。他小儿子是在外面打工，手被车床弄伤了，并没有断。他这个人不说实话，就爱哭穷，村边的大棚里有岗位，让他去上班，他说他身体不好，不去，同村有一个腿有残疾的都能做，他有手有脚、四肢健全的就是不去。村里还有打扫卫生的公益岗位，每个月有 500 块钱，他老婆去了，他不去，每天就爱喝酒，现在有时候说话都是颠三倒四的。

贾：咱们这边搬迁后的条件怎么样？

周：原住地不易生存的、路不通的、独门独户在山上的，给他们通水通电以及修路的成本太高了，就让搬迁了。现在的房子和里面的装修都是恒大搞的，援建的几个村和我们村一样，主要靠蔬菜大棚就业，现在恒大已经撤走了。

贾：村子周边的土地是怎么来的呢？

周：现在的土地都是从原来的村民手里流转过来的，每年都要交流转费。

贾：村民的生活、卫生习惯转变得怎么样？

周：不管是搬到城里住还是到镇上住，人勤快，日子就好过。我们这个安置点，刚开始群众习惯也不好，后面适应期过了才好一点。刚开始是每家每户集资搞卫生，每户出一块钱，村里补贴一块钱，县里补贴一块钱，每个月举办卫生评比活动、最美庭院评比活动，做得好的就奖励油、米、面之类的，做得不好的就在大会上面批评，人都是好面子的嘛，这样就能激发群众养成讲卫生的习惯。在大棚里上班的，我们在开会时会给他们发放工资，让群众看到做事情的就有钱拿，没做的就没有，让他们有工作的念头。在大棚里工作，工资不是很高，但是这里离住的地方非常近，可以方便照顾老人和小孩。

贾：安置点这里离学校多远？

周：离学校有 1.5 千米，小学、初中都有。

贾：现在村里面临的最大困难是什么？

周：最大的困难就是有部分人有喝酒的习惯，扶贫先扶志嘛，有些人的思想还停留在以前，一天天地不知道干活，就在屋里喝酒，每天早上起来就要喝，一天不喝酒，就浑身难受。为了纠正他们这个习惯，大棚在招工的时候，都不要喝酒的，工作时间闻到有酒气的就让他们离开大棚，不让他们在里面工作，我们也会在大会上点名批评喝酒的人，这样弄下来，喝酒的人少了很多，但还是有少部分人改不了这个毛病，就比如老师您刚才访谈的那家。

贾：如果后面大棚搞不下去了怎么办？

周：如果搞不下去了那就靠劳务输出，去省外或者周边的村子里打工挣钱。还有要把教育搞好，现在不是人人都能读大学，我亲戚家的孩子不喜欢读书，初中毕业没考上高中，家里给他找了个技术学校读，想让他学会一门技术，这样以后出去打工也能多挣点钱。

贾：时间不早了，就和您先聊到这儿，我们还要赶回安顺。非常感谢您给我们提供了这么多信息。

周：好的，不客气。老师，您后续有什么问题、需要我帮忙的随时可以联系我。

贾：好的，再见，周助理！

周：再见，老师。

访谈记录二

访谈对象：大方县凤山乡栖凤社区幸福二村村民印××

访谈时间：2021年4月9日

访谈地点：大方县幸福二村

访谈员：贾效儒

记录员：张鹏飞

贾：大哥，您好，我们是安顺学院的老师和学生，过来是想了解一下您家搬迁到这里之后的基本情况。

印：嗯，好吧。

贾：您家现在日子过得怎么样？

印：日子艰难得很，我身体不好，两年没做活路了，我家大儿子还没成家，小儿子手断了，造孽得很。

贾：搬过来有没有土地？

印：没有土地了，以前在大棚里种羊肚菌，每斤能卖60元，现在没种了，身体不好，身上痛得很，也没钱治病。

贾：搬过来之前全家一年有多少收入？

印：一年只有几千块钱。

贾：现在呢，一年有多少收入？

印：现在一年有七八千块钱，两个儿子都20多了，现在都还没成家，在广州打工，一个月就两三千块钱，大儿子和媳妇离婚了，娃娃每个月读书要1000多块钱。我和我老婆天天吵架，她出去打扫卫生也不接我电话。

贾：有没有低保呢？

印：没有，他们说我有手有脚的，还有两个儿子就没有给我评低保，我小儿子去年手骨折了，今年过年都没回来，嫌家里穷，孙子7岁了，在重庆读一年级。之前村里给我弄了什么补助，我也不懂，每个月有500块钱。

贾：好的，大哥，您好好休息，我们就不打扰您了。

印：好的，谢谢你们来关心我们。

贾：好的，再见大哥！

印：再见，老师。